本书由中央财政支持贵州财经大学
民族学重点学科建设经费资助出版

贵州少数民族非物质文化遗产传承人保护研究

陈静梅 著

中国社会科学出版社

图书在版编目（CIP）数据

贵州少数民族非物质文化遗产传承人保护研究/陈静梅著.
—北京：中国社会科学出版社，2016.5
ISBN 978-7-5161-8555-1

Ⅰ.①贵… Ⅱ.①陈… Ⅲ.①少数民族—民间艺人—保护—研究—贵州省 Ⅳ.①J03

中国版本图书馆 CIP 数据核字（2016）第 158423 号

出 版 人	赵剑英
责任编辑	卢小生
责任校对	周晓东
责任印制	王　超
出　　版	中国社会科学出版社
社　　址	北京鼓楼西大街甲 158 号
邮　　编	100720
网　　址	http：//www.csspw.cn
发 行 部	010-84083685
门 市 部	010-84029450
经　　销	新华书店及其他书店
印　　装	北京君升印刷有限公司
版　　次	2016 年 5 月第 1 版
印　　次	2016 年 5 月第 1 次印刷
开　　本	710×1000　1/16
印　　张	14.75
插　　页	2
字　　数	221 千字
定　　价	55.00 元

凡购买中国社会科学出版社图书，如有质量问题请与本社营销中心联系调换
电话：010-84083683
版权所有　侵权必究

摘　要

在非物质文化遗产的保护和传承过程中，传承人发挥着至关重要的作用。如果传承人没有了，活态的文化便立即中断，剩下的只能是没有生命的纯物质的"文物"。因此，非物质文化遗产保护和传承的关键在于传承人。目前，我国传承人的保护面临着极大的危机，其中尤以少数民族地区的传承人危机最为严重。本书即以贵州为例，探讨贵州少数民族非物质文化遗产保护中存在的问题及其完善。

首先，介绍国内外非物质文化遗产传承人的保护状况。国外部分，重点对日本、韩国的"人间国宝"制度进行引介；国内部分，以2006年为界，介绍我国非物质文化遗产及传承人保护的发展历程，重点从传承人的认定、津补贴、传承活动的扶持、传习人培养、生产性保护等方面介绍我国的传承人整体保护方案。并且对2006年以来的非物质文化遗产传承人研究进行综述。分别从传承人的人生历程和口述史、传承人的认定、传承人的权利义务、传承人的保护方法四个方面对我国近年来传承人的研究进行了整体梳理，作为本书研究的理论起点。

其次，介绍贵州少数民族非物质文化遗产及其概况。贵州建立了一套包含国家、省、市（州）、县四级较为完整的非物质文化遗产代表性传承人的保护体系。因此，分析了贵州各级传承人在年龄、民族、性别等方面的特点。提出尽管贵州省国家级传承人存在年龄偏大的问题，但省、市（州）、县级传承人的年龄结构较为合理，从30—60岁的传承人比例较为恰当。贵州存在大量的未识别族群，其传承人数量偏少的问题值得重视，传承人在非物质文化遗产项目的覆盖面也不够广泛。传承人的保护面临着有利和不利两个方面的生境。

以此为基础，本书重点探讨了行政保护措施存在的问题及其完善。贵州也建立了一套从认定到发放津贴为主的传承人整体行政保护制度，这一制度对提高非物质文化遗产的社会认同度和传承人的社会地位、改善传承人的生活等方面发挥了重要作用。但是，这一制度也存在一定的问题：一是传承人认定程序不合理，在一定程度上影响了社区和谐；二是没有建立相应的传习人激励机制，传承人后继乏人；三是整体性保护措施没有完全考虑到传承人生活水平的差异和保护诉求的不同，保护效果不佳；四是部分传承人从乡间出走或变身老板，文化身份模糊。针对上述问题，本书提出完善传承人认定程序、根据"效用"对传承人进行分类保护、建立专门的传习人激励机制、完善群体性传承人的认定等措施。

再次，分析非物质文化遗产传承人的私权保护。除行政保护体制外，传承人的私权保护也很重要。通过私权保护，传承人可以主动行使权利，抵制对非物质文化遗产的不当开发与歪曲适用，获取相应的利益，提高保护非物质文化遗产的积极性。探讨了对传承人进行知识产权保护和构建惠益分享制度的必要性和可行性。贵州部分少数民族非物质文化遗产传承人已经具有一定的知识产权保护意识，但知识产权保护还主要限于非物质文化遗产的衍生利益，非物质文化遗产本身得到的保护不多。在非物质文化遗产开发中，非物质文化遗产传承人应当获得更多的知识产权利益。同时，可以通过合同法、公司法的规定以及政府制定相应的强制性和授权性规范，完善非物质文化遗产开发中的惠益分享模式，使相应的开发利益在传承人、传统社区、政府、外来投资者之间能够得到合理分配。

最后，探讨非物质文化遗产的制度反思和理论构建。虽然传承人制度对于非物质文化遗产的保护意义重大，但学界对其负面作用也多有讨论。此外，现行传承人研究重点在于构建制度化的保护模式，大多着眼于实际，解决传承人存在的实际问题，还停留在资料积存和制度创建的程度，因此，构建研究理论是下一步传承人研究得以深入的一个重点方向。本书分析了民间故事传承人研究中理论构建的得失，初步认为，可以将以下几个方面作为传承人理论研究的突破点：一是研究传承人与非物质文化遗产保护的"原真性"问题；二是在传承人研究中加入性别视野；三是研究传承人与调查的互动及影响；四是传承人群体的比较研究。

此外，非物质文化遗产传承人的保护，还需要政府、学界更加深入的田野调查，也需要不断完善理论研究加强对传承人保护的指导。全国非物质文化遗产种类繁多、保护模式也大相径庭，国家一般不可能在一些具体措施方面都统一立法。拥有立法权的黔东南、黔南等自治地方，应当利用自身优势，运用民族区域自治立法，在非物质文化遗产传承人的保护方面做出贡献。

关键词： 少数民族非物质文化遗产　传承人　行政保护　私权保护　理论构建

目 录

引 言 ………………………………………………………………… 1

第一章 非物质文化遗产传承人的国内外保护状况 …………… 6

    第一节 非物质文化遗产传承人的国外保护现状 ……………… 6

    第二节 非物质文化遗产传承人的国内保护现状 ……………… 9

    小 结 …………………………………………………………… 20

第二章 非物质文化遗产传承人研究述评 ……………………… 22

    第一节 传承人的人生历程和口述史 ………………………… 22

    第二节 传承人的认定 ………………………………………… 24

    第三节 传承人的权利义务 …………………………………… 29

    第四节 传承人的保护方法 …………………………………… 31

    小 结 …………………………………………………………… 36

第三章 贵州少数民族非物质文化遗产及其传承人概况 ……… 38

    第一节 贵州少数民族非物质文化遗产概况 ………………… 38

    第二节 贵州少数民族非物质文化遗产传承人概况 ………… 54

    第三节 贵州少数民族非物质文化遗产传承人

           面临的生境 …………………………………………… 79

第四章 少数民族非物质文化遗产传承人的行政保护措施存在的

         问题及制度完善 ………………………………………… 87

    第一节 问题的直观呈现

　　　　　　——对部分传承人、文化管理干部、
　　　　　　　群众的访谈笔录 ………………………………… 87
　　第二节　传承人认定制度及其完善 …………………………… 97
　　第三节　传习人培养制度的问题及完善 ……………………… 104
　　第四节　对少数民族非物质文化遗产传承人分类
　　　　　　保护的必要性和方案 ………………………………… 109
　　第五节　传承人文化身份的模糊及解决 ……………………… 116
　　小　　结 ………………………………………………………… 120

第五章　少数民族非物质文化遗产传承人的私权保护 ………… 122
　　第一节　少数民族非物质文化遗产传承人
　　　　　　私权保护的必要性 …………………………………… 122
　　第二节　少数民族传统知识的知识产权保护试点情况
　　　　　　调研及问题
　　　　　　——以贵州三都水族自治县为例 …………………… 126
　　第三节　贵州少数民族非物质文化遗产传承人知识产权
　　　　　　保护调研及问题研究 ………………………………… 137
　　第四节　少数民族非物质文化遗产开发中传承人的
　　　　　　利益分享制度 ………………………………………… 147
　　小　　结 ………………………………………………………… 163

第六章　传承人的制度反思与理论构建 ………………………… 165
　　第一节　传承人的制度反思 …………………………………… 165
　　第二节　理论研究在民间故事传承人领域的尝试 …………… 169
　　第三节　传承人理论构建的主要突破点 ……………………… 172

结　　语 …………………………………………………………… 181

附　　录 …………………………………………………………… 185

参考文献 …………………………………………………………… 218

引 言

非物质文化遗产是联合国教科文组织于2000年前后提出并逐步向世界推广的一个新概念。根据联合国教科文组织《保护非物质文化遗产公约》,非物质文化遗产是指被各群体、团体、有时为个人所视为其文化遗产的各种实践、表演、表现形式、知识体系和技能及其有关的工具、实物、工艺品和文化场所。[①]

在我国,短短的十多年时间里,非物质文化遗产一词汇迅速从小范围的研究变为全社会熟知。我国是非物质文化遗产极其丰富的国家,中华民族五千年不间断的历史长河中,各民族创造了无比绚烂多彩的文化。截至2013年,我国共有昆曲、古琴艺术、侗族大歌等38个项目入选联合国教科文组织"人类非物质文化遗产代表作名录",成为世界上入选非物质文化遗产项目最多的国家,同时也是联合国教科文组织"人类非物质文化遗产代表作名录"、"急需保护的非物质文化遗产名录"、"优秀实践名册"三项名录中都有项目列入其中的少数国家之一。

在国际竞争的格局下,非物质文化遗产保护不仅关系到民族文化的延续,更关系到国家文化安全和文化主权。[②] 少数民族非物质文化遗产是我国非物质文化遗产的重要组成部分,"保护好少数民族非物质文化遗产,是守护住中华民族文化多样性精神家园的历史使命"。[③]

[①] 国务院办公厅:《国务院国家级非物质文化遗产代表作申报评定暂行办法》,中国非物质文化遗产网,2009年5月11日发布,http://www.chinaich.mobi/350/15678/351968/879048/content.html,2012年10月12日。

[②] 刘壮:《论非物质文化遗产保护的人权价值》,《民族艺术》2010年第2期。

[③] 金星华、张晓明、兰智奇:《中国少数民族文化发展报告(2008)》,民族出版社2008年版,第114页。

少数民族非物质文化遗产是维系和加强少数民族群体认同的重要纽带，其保护既涉及各少数民族文化的繁荣与发展，也关系到各民族之间的和谐共处。因此，加强少数民族非物质文化遗产的保护，是促进民族文化繁荣和社会和谐发展的重要工作。

在我国西部城市化、工业化快速发展的背景下，少数民族地区社会、经济、文化正经历着巨大变迁，少数民族非物质文化遗产极易被强势的外来文化所吞噬。与汉族非物质文化遗产相比，少数民族非物质文化遗产更具脆弱性。祁庆富指出："在发展过程中，许多少数民族都面临着传统与现代的两难选择：一方面渴求尽快实现现代化；另一方面又希望长久保留本民族的传统文化，担忧以致恐惧传统文化消失。"[1] 随着改革开放的强劲东风，贵州也逐渐驶入了现代化的快车轨道。贵州封闭的山门逐渐打开，一条条高速公路、高速铁路，高架在贵州崇山峻岭之间，翻山越岭，深入苗岭山脉、乌蒙山区、武陵腹地，乡村公路蜿蜒着伸进了每一个乡镇，全世界旅游者的足迹随之也踏遍了贵州那些有着山水田园之美和文化差异的乡村。各地绚丽多姿的非物质文化遗产，也作为一种吸引外地游客的旅游资源被以各种方式加以开发。部分非物质文化遗产在重新获得活力的同时，也面临着被异化、被瓦解和被遗忘的风险。

在非物质文化遗产的保护和传承过程中，传承人发挥着至关重要的作用。著名民俗学家刘锡城提出："非物质文化遗产的大部分领域，如口头文学、表演艺术、手工技艺、民间知识等，一般是由传承人的口传心授而得以代代传递、延续和发展。在这些领域里，传承人是非物质文化遗产的重要承载者和传递者，他们以超人的才智、灵性，储存着、掌握着、承载着非物质文化遗产相关类别的文化传统和精湛技艺，他们既是非物质文化遗产的活的宝库，又是非物质文化遗产代代相传的'接力赛'中处在当代起跑点上的'执棒者'和代表人物。"[2] 著名作家、文化保护专家冯骥才先生也指出："当代杰出的民间文化

---

[1] 祁庆富：《少数民族非物质文化遗产的抢救与保护》，《光明日报》2005 年 6 月 17 日。

[2] 刘锡城：《传承与传承人论》，《河南教育学院学报》（哲学社会科学版）2006 年第 5 期。

传承人是我国各民族民间文化的活宝库，他们身上承载着祖先创造的文化精粹，具有天才的个性创造力。……中国民间文化遗产就存活在这些杰出传承人的记忆和技艺里。代代相传是文化乃至文明传承的最重要的渠道，传承人是民间文化代代薪火相传的关键，天才的杰出的民间文化传承人往往还把一个民族和时代的文化推向历史的高峰。"[1]如果传承人没有了，活态的文化便立即中断，剩下的只能是没有生命的纯物质的"文物"。因此，非物质文化遗产保护和传承的关键在于传承人。[2]但是，目前我国传承人的保护面临着极大的危机，其中尤以少数民族地区的传承人危机最为严重，主要表现为：一是对传承人的挖掘远远不够，大量传承人生活在偏僻的村寨，其技艺无人赏识也无人继承；二是传承人年龄普遍偏大，人亡艺绝的悲剧时有发生。以贵州为例，国家公布的第三批非物质文化遗产传承人中，以六七十岁的居多，年龄最大的已经89岁；三是少数民族地区普遍贫困，发展经济、开展民族文化旅游的冲动较大，非物质文化遗产的文化土壤正受到严重"剥蚀"，对传承人进行抢救性保护迫在眉睫；四是传承人研究的理论供应不足，多数研究还停留在资料收集整理的层面，不能为保护传承人提供有力的理论支撑。因此，本书对于少数民族非物质文化遗产传承人的保护具有极大的现实意义和理论价值。

一 研究意义

第一，本书基于传承人的上述现状，以非物质文化遗产十分丰富而传承危机又非常严重的贵州少数民族地区为例，研究如何保护好传承人及其传承活动，具有非常大的实际应用价值。同时，本书拟借鉴国外传承人研究的理论，不是停留在对传承人进行资料收集整理层

---

[1] 中国民间文艺家协会编：《中国民间文化杰出传承人调查、认定、命名工作手册》，2005年8月印行，第11页。

[2] 文化部2015年5月22日下发《文化部开展国家级非物质文化遗产代表性传承人抢救性记录工作通知》，强调截至2015年1月底，文化部公布的4批1986名国家级非物质文化遗产代表性传承人中已有235人离世，在世的国家级非物质文化遗产代表性传承人中超过70周岁的已占50%以上。对此，开展传承人抢救性记录工作已刻不容缓。对国家级非物质文化遗产代表性传承人的抢救性记录工作已被列为《文化部"十二五"时期文化改革发展规划》的重要任务。贵州省非物质文化遗产网，http://www.gzfwz.com/WebArticle/ShowContent? ID=2848，2015年12月14日。

面，而是以对较大规模传承人的调查作为支撑，研究传承人的系统理论，为我国传承人的理论研究做出贡献。

第二，本书具有较大的资料积存意义。本书通过大量的田野调查，对贵州少数民族非物质文化遗产传承人保护的现状、问题进行了集中梳理，对非物质文化遗产保护中存在的矛盾加以集中呈现。贵州作为"文化千岛"地区，少数民族非物质文化遗产既丰富又脆弱，非物质文化遗产传承人保护中产生的问题在全国具有典型意义。这样的资料积存，对于文化行政管理部门以及研究者具有较大的参考价值。

二 研究方法

本书在研究过程中，主要采取了以下研究方法：

（一）深度田野调查法

田野调查是本书获取研究资料的主要方法，本书的田野重点放在黔南、黔东南两个少数民族自治州。主要田野方法包括：

（1）对大量传承人、普通民众、文化管理干部等进行了普查性访谈。笔者调查的范围包括黔南州的三都水族自治县、黔东南州的凯里、丹寨、雷山、榕江、从江、台江、黎平等县市，足迹遍及30多个少数民族村落。在调查过程中，访谈了上百名非物质文化遗产传承人，非物质文化遗产集中村落的民众、文化管理干部、知识产权（科技）管理部门干部、村支书、村长、游客等，了解非物质遗产开发的现状、存在的问题、各方诉求、外来者的看法等。

（2）对重点村落参与观察。除普查性的访谈之外，笔者还选取了一些典型村落进行深度参与观察，在当地居住一段时间，与本地人同吃同住，观察、记录非物质文化遗产开发中存在的问题。这些村落包括：①非物质文化遗产富集或民族文化保护完好的村落，如"侗族大歌窝"从江县高增乡小黄村、三都水族自治县三洞乡水根村、达便村、三都水族自治县恒丰乡塘党寨；②非物质文化遗产开发较早的村落，如"水族马尾绣第一村"三都水族自治县三洞乡板告村、"水族卯文化中心"三都水族自治县九仟镇水各大寨；③热门的民族文化旅游村寨，如雷山县西江千户苗寨、郎德上寨、从江县岜沙苗寨等。

当然，在调查过程，研究者也对相关文献资料进行了收集，如收集有关少数民族非物质文化遗产的档案和资料；收集民族地区的地方文字资料，如碑文、铭文、家谱、民间故事、神话传说等，记录非物质文化遗产传承人和其他重要的传统知识保有者的生活史、日常生活等。

（二）比较分析方法

对贵州省各少数民族地区非物质文化遗产的开发保护进行比较；比较分析国际上尤其是非物质文化遗产丰富且法律保护机制比较成熟的国家的成功经验。

三 研究的主要内容

本书主要内容为六章，分成以下几个部分：

引言部分论述研究意义、研究方法、研究内容和范围。

第一章是国内外传承人保护的状况研究。引介了日韩等国的"人间国宝"制度，分析我国非物质文化遗产传承人保护的发展历程，详细介绍了我国非物质文化遗产传承人的整体保护方案。

第二章对近年来非物质文化遗产传承人研究进行综述，整体梳理了2006年以来我国非物质文化遗产传承人研究的成果，作为本课题研究的理论起点。

第三章介绍贵州少数民族非物质文化遗产及传承人概况，分析了其年龄、民族、性别、覆盖的非物质文化遗产项目方面的特点，作为本书研究的对象，使我们对贵州省少数民族非物质文化遗产及其传承人有一个整体的把握。还分析了贵州少数民族传承人所面临的有利和不利两方面的生境。

第四章和第五章是本书的主体部分，分别从行政保护和私权保护两个方面分析贵州少数民族非物质文化遗产传承人保护中存在的问题。

第六章反思了非物质文化遗产传承人制度存在的问题，提出了理论构建的必要性，并初步提出从加强传承人研究的性别视野、研究传承人与调查者的互动及影响、传承人群体的比较研究等几个方面，加强传承人的理论研究。

结语部分对本书研究进行了简单总结，并认为黔东南、黔南等自治地方，应当利用自身优势，运用民族区域自治立法，在非物质文化遗产传承人的保护方面做出贡献。

第一章 非物质文化遗产传承人的国内外保护状况

第一节 非物质文化遗产传承人的国外保护现状

联合国教科文组织是世界保护非物质文化遗产的倡导者和组织者。联合国教科文组织成功地在2001年、2003年、2005年三次组织并宣传了世界90项"人类口头与非物质文化遗产代表作",这一举世瞩目的非物质文化遗产保护的举措,带动了全世界对非物质文化遗产的保护。2003年,联合国教科文组织公布的《保护非物质文化遗产公约》及时地引导了世界对非物质文化遗产的保护。世界范围积极开展对非物质文化遗产的保护,这与联合国教科文组织的支持和帮助是分不开的。世界各国在保护非物质文化遗产传承人方面也各有特色。

一 日本

日本对历史文化遗产进行有意识的保护开始于明治四年(1871年)。1950年,日本在原有基础上通过了综合性的《文化财保护法》。在这部法律里第一次提出了"无形文化财"的概念。《文化财保护法》颁布以来,这项法律已经取代了以往所有关于文化遗产保护方面的法律法规,一直沿用至今。

"指定制度"是指由政府出面对重要文化财进行强制性指定,从而实现文化遗产永久保存的目的。在无形文化财指定的过程中,可将无形文化财及其所有人(该技艺的持有人)一并指定。拥有该技艺的艺术家或者工艺美术家不是"无形文化财",而是被称为"人间国宝"。日本的都、道、府、县都有权在自己的辖区内指定属于自己的文化遗产。[①]

1955年日本首次公布经过认定了的"重要无形文化财"。其共有三种认定方式，包括"个项认定"、"综合认定"和"持有团体认定"。"人间国宝"属于"个项认定"中的"身怀绝技者"。一般先由日本文部科学省下属的文化厅在咨询文化财专门调查会成员的基础上筛选出认定名单，提交文化审议会审议，经审议通过后，由文部科学大臣最终批准并颁布认定书。日本法律还明确规定，文化财产持有者同时也应该是文化财产的传承人。如果文化财产的持有者将自己的技艺秘诀不传人，那么，无论他的技术有多高，都不会被政府指定为"人间国宝"或"重要无形文化财的持有人"。据日本文化厅统计，日本文化厅年度预算超过1000亿日元，其中10%用来保护国内重要的有形文化财和重要的无形文化财，"人间国宝"每年都可以在政府那里得到200万日元的补助金，用于培养和传承"技艺"，但必须向政府报告补助金的用途。正是这种尊崇和保护制度，使日本传统的手工纸、手工伞、漆器、雕刻、陶瓷、织锦、和服、净琉璃等各种古老手工艺得以流传，并高技术地保留至今。

二 韩国

韩国自20世纪60年代开始就着力于传统民族、民间文化的搜集和整理，并于1962年制定了《韩国文化财保护法》。半个世纪以来，韩国已经陆续公布了100多项非物质文化遗产。《韩国文化财保护法》根据价值大小将非物质文化遗产分为不同等级，国家确定哪些具有重要的价值，并将给予100%的经费保障；省、市确定的非物质文化遗产国家将给予50%的经费保障，剩余的则由所在地区筹集资助。

1964年韩国开始启动"人间国宝"工程。"人间国宝"是指那些在艺术表演领域具有突出的表演才能、精湛的表演技艺并愿意将自己的这些技艺传给后人的杰出的艺术家，而在工艺制作领域则特指那些身怀绝技并愿意通过以带徒的方式将自己的技艺传给后人的著名艺

[①] 王庆：《非物质文化遗产主体制度设计研究》，硕士学位论文，西南大学，2009年，第32页。

人、匠人。① 韩国政府制定了金字塔式的文化传承人制度，最顶层被授予"保有者"的称号，他们是全国具有传统文化技能、民间文化艺能或者是掌握传统工艺制作、加工的最杰出的文化遗产传承人，共有199名，国家给予他们用于公演、展示会等各种活动以及用于研究、扩展技能、艺能的全部经费，同时政府还提供每人每月100万韩元的生活补助并提供一系列医疗保障制度。对具有重要价值的无形文化遗产的传承者或者保持团体授予"人间国宝"荣誉称号并确定其责任获得认证后，都能够得到中央和地方政府的大力支持和保护以及财政支持。对于能培养代表性传承人的大师级人物，不仅给他们薪水以支持其提高技艺，而且还要给他们研究经费和传承费。其中有优秀的学生，国家和政府也给他们研究经费，他们的老师一旦去世就由他们来继续传承。

同为东亚国家，日本、韩国《文化财保护法》中对于非物质文化遗产传承人制度的相关规定为我国非物质文化遗产传承人制度的建设、优化提供了许多具有可借鉴意义的宝贵经验：

一是对传承人的扶持保护力度更强，日本《文化财保护法》中规定获评"人间国宝"的非物质文化遗产传承人能够得到不低于当地人均最低收入的资金扶持，而韩国《文化财保护法》则更加明确地提出要为非物质文化遗产项目"保有者"提供医疗保障和公演机会，确保传承人的基本生活，使其传承活动得以正常开展。日本对被称为"人间国宝"的传承人的补贴每年约合17万元，韩国大约是7.5万元。

二是对传承人的权利义务要求更为细致，甚至具体到传承人每年至少应该公演的场次、授徒的人数等，通过有效监督，敦促传承人推动项目传承。

三是十分注重市场机制的引入，通过将非物质文化遗产项目同文化旅游产业对接的方式，吸引市场资源化入非物质文化遗产传承活动中，为传承人开展传承活动搭建平台，提供资金支持。

四是在非物质文化遗产保护过程中重视公众的参与，并对参与的

---

① 王庆：《非物质文化遗产主体制度设计研究》，硕士学位论文，西南大学，2009年，第26页。

方式和内容有着多样化的规定，推行公众参与的方式，使整个社会加入到非物质文化遗产的保护和推广中来，有利于营造非物质文化遗产保护的氛围，改善非物质文化遗产生存的环境，为非物质文化遗产的发展和传播助力。

三　其他国家

在欧美、日本等地，民间故事传承人受到了较高的重视。具体体现如下：

一是发现传承人、采录他们身上所承载的非物质文化遗产信息，很少涉及传承人本身的文化结构等理论问题。

二是建立传承人理论，它表现为对传承人生活史与其所负载的非物质文化遗产的比照研究。

三是提升传承人研究的理论水平阶段，突出成就是将传承人的研究放回他所生活的文化传统中考察，在静态的文本和动态的生活中把握传承人的本质。

除此之外，美国对传承人采取直接的知识产权保护模式，巴拿马等国家和地区对传承人采取知识产权特殊保护模式。法国的非物质文化遗产传承人部分税收减免制度、泰国的传承人医疗丧葬政府负担机制、菲律宾的传承人数据库管理等制度措施近年来也逐渐受到学界关注，为我国非物质文化遗产传承人制度的优化完善提供了借鉴。

第二节　非物质文化遗产传承人的国内保护现状

一　我国非物质文化遗产传承人保护的发展历程

（一）初创阶段（2006年之前）

2006年之前，我国并没有明确的非物质文化遗产传承人制度，传承人扶持措施仅仅是非物质文化遗产保护制度中的一部分内容。2000年，文化部、国家民委联合发布《关于进一步加强少数民族文化工作的意见》，各地对民族文化艺术遗产的收集整理，保护少数民族老歌手、老艺人工作相继开展。2002年，中国民间文艺家协会开始实施国家重点文化建设项目"中国民间文化遗产抢救工程"。2003年1月20日，文化部与财政部联合国家民委、中国文联启动了中国民族民间文化保护工程。2005年国务院颁布《国务院关于加强文化遗产保护的通知》（国发〔2005〕42号）表，《通知》首次提出，要对非物质文化遗产传承人加以保护扶持，要求各级政府资助、鼓励代表性传承人开展传承活动。2006年文化部颁布《国家级非物质文化遗产保护与管理暂行办法》，进一步做出规范，对"国家级非物质文化遗产项目代表性传承人"的认定标准和权利义务做出说明。

不过，在一些地方法规中可以找到民族文化传承人保护的端倪。如贵州省2002年颁布（2003年1月1日起施行）的《贵州省民族民间文化保护条例》（以下简称《条例》），《条例》第十五条规定："符合下列条件之一的公民，可以申请命名为贵州省民族民间文化传承人：

（一）熟练掌握某种民间传统技艺，在当地有较大影响或者被公认为技艺精湛的；

（二）在一定区域内被群众公认为通晓本民族或者本区域民族民间文化形式和内涵的；

（三）形成了只有本人和徒弟才有的特殊技艺的；

（四）大量掌握和保存本民族民间传统文化原始文献、资料和实物，并且有一定研究成果的。"

在《条例》中，没有明确规定传承人的权利，传承人仅是一种荣誉称号。《条例》第三十一条规定，"鼓励民族民间文化传承人或者传承单位选择、培养新的传人和依法开展传艺、讲学以及艺术创作、学术研讨等活动"，更多的是一种没有实质约束力的鼓励性措施。

再如，福建省2004年制定的《福建省民族民间文化保护条例》（闽常〔2004〕14号）中，首次明确了评判民族民间文化传承人的具体标准，明确了传承人和传承单位有权获得的传承、创作、研究、获得县级以上人民政府资助等权利，规定了传承人和传承单位应当履行的保存项目原始资料、培养传人、积极开展宣传展示等义务，为此后福建省非物质文化遗产传承人制度的建立奠定了法律基础。

(二) 发展、成型阶段 (2007年至今)

2007年3月，湖南省《湘西自治州民族民间文化遗产传承人保护管理暂行办法》，被认为是我国第一个真正意义上专门的非物质文化遗产传承人制度。2008年，我国当前非物质文化遗产传承人制度的核心——《国家级非物质文化遗产项目代表性传承人认定与管理暂行办法》(以下简称《暂行办法》)出台。《暂行办法》对传承人的概念、代表性传承人评定标准、传承义务等内容进行了明确，并且第一次较为全面、完整地提出了传承人保护扶持的具体措施。随后，全国各地掀起了评选各级各类非物质文化遗产传承人的热潮。《暂行办法》实施至今，共评选出4批国家级非物质文化遗产代表性传承人，1986位国家级非物质文化遗产代表性传承人的传承活动因此得到了资助和扶持。2011年2月25日，中华人民共和国第十一届全国人民代表大会常务委员会第十九次会议通过了《中华人民共和国非物质文化遗产法》(以下简称《非物质文化遗产法》)（自2011年6月1日起施行），第一次将非物质文化遗产和传承人的保护提高到了国家基本法律的层面，标志着我国非物质文化遗产的保护工作将进入到一个全新的阶段。在《非物质文化遗产法》中，明确规定了非物质文化遗产传承人的认定标准、政府对传承人的支持义务、传承人的义务、传承人的退出等基本问题。2012年2月，文化部结合历年非物质文化遗产传承人制度实施的实际情况，制定了《关于加强非物质文化遗产生产性保护的指导意见》(文非物质文化遗产发〔2012〕4号)，对加强非物质文化遗产传承人的支持和保护做出了更加细致的规定，包括对学艺者采取助学、奖学等措施，鼓励传承人设立工作室等。

各省、市、自治区也纷纷结合地方实际，制定本地的《非物质文化遗产保护条例》，公布了省级非物质文化遗产传承人，加强对非物质文化遗产和传承人的保护。如贵州省人大2012年3月通过的《贵州省非物质文化遗产保护条例》(以下简称《条例》)第五章用五个条文，对"非物质文化遗产代表性项目的代表性传承人"的相关问题加以规范，对传承人的申报程序、申报提交的材料、表彰和奖励等进行了细化和补充。《条例》还特别对非物质文化遗产传承人的权利进行了明确，弥补了《非物质文化遗产法》在此方面的缺失，《条例》

第二十五条规定:"传承人享有下列权利:

(一) 开展传艺、技艺展示、讲学以及艺术创作、学术研究等活动;

(二) 享受人民政府规定的传承补贴;

(三) 按照师承形式或者其他方式选择、培养传承人;

(四) 依法提供有关原始资料、实物、场所等;

(五) 参加有关活动取得相应的报酬;

(六) 其他与非物质文化遗产保护相关的权利。"

云南省2013年制定的《云南省非物质文化遗产保护条例》除对传承人的遴选条件、遴选机制、生活补助、义务、传承人的重新认定等加以明确之外,还特别强调了传承人丧失传承能力后的待遇保留和传承人的知识产权保护问题。《条例》第二十二条规定:文化、工商、版权等行政管理部门,应当指导非物质文化遗产项目保护责任单位和代表性传承人依法保护其享有的知识产权。

二 非物质文化遗产传承人的行政整体保护方案

2003年9月,联合国教科文组织通过的《保护非物质文化遗产公约》中,首次在联合国的框架内确立了较为具体的非物质文化遗产整体性保护方案:一是确定一项总的政策,使非物质文化遗产在社会中发挥应有的作用,并将这种遗产的保护纳入规划工作;二是指定或建立一个或数个主管保护其领土上的非物质文化遗产的机构;三是鼓励开展有效保护非物质文化遗产,特别是濒危非物质文化遗产的科学、技术和艺术研究以及方法研究;四是采取适当的法律、技术、行政和财政措施,以便既可促进相关保护机构的建立,也可确保对非物质文化遗产的享用,同时对享用这种遗产的习俗予以尊重,还可以建立非物质文化遗产的文献机构并促进它的利用;五是通过教育、宣传和能力的培养,促进非物质文化遗产的普及和传承;六是通过设立非物质文化遗产代表作名录的方式,强化其价值和传承。

在我国,非物质文化遗产沿用的就是整体性保护方案,即将各类型非物质文化遗产作为一个整体,设立专门的机构,制定一套自上而下的整体保护措施,将分散的、无组织的各类型非物质文化遗产,从国家层面进行抢救、整理和保护、研究。贵州也援用了这一套非物质文化遗产传承人的整体保护方案，具体包括以下措施。

第一，传承人命名制度。将传承人认定、命名为国家、省（自治区、直辖市）、市（地区、州）、县（区、市）级的传承人，这既是对传承人技能的一种政府层面的肯定，也是对传承人技艺的一种褒扬，还是一种荣誉性的鼓励和精神性的权利。截至2015年1月底，国家共分4批命名了1986名国家级非物质文化遗产项目代表性传承人，全国各地方命名的省、市、县级传承人数量更为庞大。贵州则有57名国家级传承人，404名省级传承人以及若干市（州）、县级传承人。

第二，传承人生活补贴、津贴制度。传承人生活补贴、津贴制度是目前对于传承人保护最为实际的一项措施，目的是通过向传承人发放固定的生活补贴、津贴，改善传承人的生存、生活条件，使他们能够专心钻研其技艺，并从事传承活动。从2007年开始，国家、省、州对非物质文化遗产传承有一定固定资金的补贴，国家级、省级及州级传承人每年的补贴金额分别为8000元、5000元和3000元。《中华人民共和国非物质文化遗产法》出台后，从2011年开始，对国家级非物质文化遗产传承人的补贴提高到10000元；自2016年起，中国1986名国家级非物质文化遗产代表性传承人补助标准将提高至每人每年2万元人民币。按照文化部的规划，"以后在国家财力允许情况下，补助标准在这个基础上再有所提高，争取基本解除传承人的后顾之忧，使他们能更加专心地从事技艺的传承"。① 此外，各地方政府对地方各级非物质文化遗产传承人都有不同程度的补贴，如贵州三都水族自治县的县级传承人每年能获得补贴600元左右不等的补贴。

第三，部分传承人和传习单位得到了传习活动的资助，使他们得以开展传艺授徒活动。例如，全国贫困县甘肃省环县，每年拨给国家级非物质文化遗产项目道情皮影剧团老传承人每人500元作为开展传习活动的补贴。云南、湖北、湖南等地一些较好的少数民族歌舞传习

---

① 董燕玲：《国家级非物质文化遗产传承人补助上升至每人每年2万元》，新华网（2016年3月30日），http：//news.xinhuanet.com/local/2016-03-30/c_128849028.htm，2016年5月13日。

所，也得到了相应的资金资助，进行传习授徒活动。

图1-1 贵州雷山县国家级非物质文化遗产（芦笙制作工艺）传承人莫厌学的传承人省级补助

图1-2 贵州省台江县方召乡反排苗寨

图1-3 反排苗寨建立苗绣传承基地

第四，有一批代表性传承人获得大力资助，由保护单位对代表性传承人的技艺做抢救性的录音和摄像，为代表性传承人精湛技艺的活态保存或数据库建立准备素材。例如，辽宁省国家级传承人、著名的民间故事讲述家谭振山老人，获得国家20万元的资助，由保护单位对老人讲的上千则民间故事做录音摄像工作。

第五，设立了民族文化传习所为传承人提供传承场所，培养传习人。贵州一些少数民族地方，通过设立民族文化传习所的方式保护非物质文化遗产，为传承人提供传承条件，同时培养传习人。如2008年，三都水族自治县在九阡镇水各大寨建立"水族卯文化风情园"，作为水族文化传习所；2013年5月，贵州省第一个侗年文化传习所——榕江县乐里镇本里村侗年文化传习所正式挂牌投入使用。侗年，也称小年，侗语称为"年更"，是贵州省榕江县七十二寨、四十八寨等侗族村寨的传统节日。虽各地侗族过侗年的时间先后不一，但多是在农历十月到十一月间进行的。节日期间，各家杀猪宰羊，或杀鸡杀鸭，请客访友，宴饮作乐。节日前一天，备豆腐、鱼虾，当晚用酸水煮熟，经一夜冷却成"冻菜"，节日当天便以"冻菜"祭祀祖先。2007年，侗年被列入贵州省第二批非物质文化遗产名录。为保护和弘扬侗年文化，2013年，榕江县乐里镇本里村在有关部门的支持下，建立侗年文化传习所，通过图片和实物的方式，向人们展示侗年文化。

第六，通过学校教育的方式传承非物质文化遗产，培养传承人。教育传承是非物质文化遗产保护和传承人培养的重要手段。2006年年底，在北京召开了中国高等院校首届非物质文化遗产教育教学研讨会，会议经过讨论，正式通过并推出《非物质文化遗产教育宣言》（以下简称《宣言》）。《宣言》中倡导面向中国非物质文化遗产的全方位教育传承的实现，不仅是高等教育，也包括中小学及幼儿教育，需要不同层次、不同社会方式的教育都应参与进来。贵州省很多少数民族地区也开展了非物质文化遗产进课堂的教育传承活动，如三都水族自治县让马尾绣、水歌、水书等非物质文化遗产走进了课堂，在三都水族自治县民族中学，每周至少安排一次非物质文化遗产的学习课；从江县小黄村则聘请了村内歌师在小学教唱侗族大歌。从笔者了解的情况来看，教育传承的效果并不理想，一是教师队伍不稳定，经费无法完全保障；二是对学习效果也没有强制性要求，多数学生只是抱着玩的态度在学习，由于其他方面的学习任务很重，绝大多数同学对于课堂上学的这些非物质文化遗产几乎没有兴趣，教学效果并不好。因此，教育传承的形式大于实质内容。

第七，部分传承项目的传承人，特别是工艺类项目传承获得非物质文化遗产生产性保护的全面扶持。非物质文化遗产项目的生产性保护是我国非物质文化遗产保护的重要方式之一，特别是部分工艺类非物质文化遗产，其富有民族和地方特色的产品可以转化为广受欢迎的旅游商品。该类型非物质文化遗产中一些知名传承人，得到政府在资金、技术、创业指导方面的大力支持，将非物质文化遗产项目商品化、产业化。部分传承人得以发家致富，如贵州从2006年起，连续七年举办了"多彩贵州"旅游商品展销大会、旅游商品设计大赛和能工巧匠选拔大赛（以下简称"两赛一会"）。到2011年，六届"两赛一会"，共有2万余件作品和1.1万余位能工巧匠参赛，累计评出"贵州名创"290件、"贵州名匠"550名，带动100多万名农民和民间手工艺者从事旅游商品制作，催生了一批旅游商品生产企业、流通企业、旅游商品一条街、旅游商品专业村镇，对全省的旅游商品产业产生了巨大影响。"十一五"期间，贵州旅游商品产业长足发展，成为促进我省经济发展的新兴产业，旅游商品品种达1000多个，省级旅游商品定点生产经营企业127家。2010年，全省旅游购物收入达182亿元，占旅游总收入的17.2%，是2005年的4.86倍，全省旅游商品产业直接和间接带动就业人员100多万人。很多非物质文化遗产传承人因为"两赛一会"声名鹊起，成为小老板，如首届"贵州名匠"第一名——三都水族自治县的韦桃花，其绣制马尾绣制品价格在成为"贵州名匠"后大幅上涨，其在三都水族自治县县城经营的马尾绣制品销售门店已经发展为4个，为其带来了极大的经济效益，解决了800多名当地妇女的就业。此外，如黔东南州剑河县国家级非物质文化遗产名录传承人刘礼洪、邰引岩等4人在政府的扶持下注册了"引岩民族银饰加工行"、"绣之魂民族服饰有限公司"、"兴园民族刺绣厂"等微小企业。①

此外，学界对非物质文化遗产传承人的整体行政保护提出了很多建议，并做了很多工作。如云南省文化厅编著的《云南省非物质文化遗产传承人名录》，收录了云南省230位国家级和省级的传承人和传统文化资料保存者名录，简单介绍了他们的人生历程和技艺；贵州省文化厅、贵州省非物质文化遗产保护中心编写的《传衍文脉：贵州省非物质文化遗产项目代表性传承人小传》一书，对贵州省37名国家级非物质文化遗产代表性传承人的保护、传述事迹做了简要记述。②王文章主编的"中国民间艺术传承人口述史"丛书，就是传承人口述历史记录的杰出代表。该套丛书目前共出版10册，记录了唐卡、剪纸、年画、皮影戏、惠山泥人、土家织锦、陶瓷、风筝、布袋布偶、雕漆10种具有鲜明特色的民间艺术发展历程。

图1-4 贵州丹寨宁航蜡染有限公司对苗族蜡染进行规模化生产

---

① 杨茂、杨海冰：《剑河县为非物质文化遗产传承人挂"身份证"》，贵州民族报原生态黔东南特刊官方微博（2013年4月26日），http：//blog.sina.com.cn/s/blog_ 932f64fa0101o5fq.html，2013年5月14日。

② 云南省文化厅编著：《云南省非物质文化遗产传承人名录》，云南大学出版社2009年版；贵州省文化厅、贵州省非物质文化遗产保护中心编写：《传衍文脉：贵州省非物质文化遗产项目代表性传承人小传》，贵州民族出版社2009年版。

三 其他方面的保护

政府在非物质文化遗产保护中发挥着核心作用,当然,所谓的政府机构的保护绝对不能和行政审批以及不正当干预相等同。现实生活中,一些地方政府机构凭借自己的强势权力,改变原生态环境,或者以经济利益或者以旅游为目的,任意利用或无度开发非物质文化遗产资源,使非物质文化遗产受到了保护性破坏。因此,除了政府机构之外,学术界、商业界以及新闻媒体界等在非物质文化遗产保护过程中也发挥着各自不同作用。学术界在非物质文化遗产传承人保护理论、传承人的挖掘、传承活动记载、政府政策的反思等方面发挥着至关重要的作用;在传承人的生产性保护活动中,商业界可以利用其资金、信息、经营模式的优势,在传承人保护方面发挥作用;新闻媒体界则在非物质文化遗产保护的宣传报道、非物质文化遗产知识的普及、保护政策的监督等方面发挥着重要作用。近年来,对非物质文化遗产传承人的报道和宣传持续不断,形式也是丰富多彩,有的是以新闻形式,有的采取专访,有的还设立了专题栏目,频率和信息量也是前所未有。如中央电视台第10频道2003年专门拍摄了8集《留住手艺》专题纪录片,重点关注一些濒临消亡的民间技艺的传承和非物质文化遗产传承人的生存现状。政府与来自学术界、商业界、新闻媒体界以及其他方面的资源进行整合,充分发挥好各方面的优势,共同推进非物质文化遗产的保护。

当然,作为非物质文化遗产的重要载体,传承人自身的能动保护也至关重要。在传承非物质文化遗产活动中,传承人应当创造性地传承非物质文化遗产,使民族文化能够常变常新,继承民族文化精髓的同时发展民族文化,不断适应社会变迁和社会需求。传承人自身的传承方式主要有家庭传承和社会传承两种,对于大部分传承人来说,家庭传承是主要的传承方式,但是,传承人的家庭传承模式使大部分社会上的人没有办法接触到传承人所掌握的技艺。有些传承人在家庭传承的过程中,仍保留着传男不传女的思想,认为自己的传承技艺只能传给儿子不能传给女儿,这也是传承人自身的保护方法之一。另外,传承人也可以通过社会传承,在外面招收徒弟,把自己所掌握的技艺传承下去,也是从侧面对自己的传统技艺进行保护。传承人还可以积极参加省、市、县里组织和举办的各种传统技艺展示活动及比赛,在展示和比赛的过程中也可以将传承人自己掌握的技艺向社会公众进行展示,从而让更多的人认识和了解到非物质文化遗产的魅力,从侧面保护自己所掌握的传统技艺,加深社会公众对非物质文化遗产的认识和了解,从而使社会对传承人的关注度加以提高,进而实现自己的权利。

笔者调查中发现,部分民间人士出于对本民族文化的热爱,耗时耗钱耗力自发投入对民族文化的保护之中,无意中也成为"非物质文

图1-5 贵州省三都水族自治县三洞乡板告村水族村民韦家贵创建"水族家庭博物馆"

图1-6 "水族家庭博物馆"馆内藏品

化遗产"保护的一道亮丽的风景线,这样的人物,即便他自身没有特殊的技艺,也应当考虑将其纳入传承人的特殊保护渠道之中。例如,在贵州省三都水族自治县三洞乡板告村,村里农民韦家贵自办了全国第一个家庭博物馆。韦家贵是一个仅有初小文化程度、土生土长的水族农民,30多年前,改革开放的浪潮激发了他的商品意识,他于是将水族地区的马尾绣背带、绣花鞋、绣片和水族工艺品带入市场。经营中,他开始意识到本民族遗产的宝贵和价值,于是他就用经营的利润,一边做生意,一边收集水族文物。2006年,他把收集来的水族物品分类整理、上架,在全国唯一的水族自治县办起了第一个家庭博物馆。博物馆有水族群众的农作工具、生活用品、服装、鞋、帽、银饰配件、乐器、学习用具;有首批国家级非物质文化遗产"水族马尾绣"和"水书",以及代水族地区使用的钱币等。

图1-7 "水族家庭博物馆"馆内藏品

小 结

总体上看,我国各级人民政府已经基本形成了一套从国家到地方较为完整的非物质文化遗产传承人行政保护方案,学术界、商业界、新闻媒体界在非物质文化遗产传承人保护中发挥着各自的作用，部分传承人自身也积极调整文化传承方式以适应社会变迁。从政府到民间的努力，共同将我国非物质文化遗产和传承人的保护推向了一个前所未有的热潮。当然，在喧嚣背后，各界也清醒地意识到，非物质文化遗产和传承人保护中的各类法律和政策远未臻于完整和完美，非物质文化遗产传承中人亡艺绝、人亡歌息的危机依然存在，任重而道远，继续不断地检讨、反思非物质文化遗产传承人各项保护政策的效果，仍是学术界不可推卸责任。

第二章 非物质文化遗产传承人研究述评[①]

在非物质文化遗产的保护和传承过程中，传承人发挥着至关重要的作用。对此，学界已基本达成共识，并进行了大量卓有成效的研究。我国的非物质文化遗产研究大致在2006年以后形成热潮，本章主要拟对2006年至今的非物质文化遗产传承人研究成果进行梳理和总结，从"传承人的人生历程和口述史、传承人的认定、传承人的权利义务和传承人的保护方法四个方面展开述评，以期为传承人保护的实务工作开展和进一步的理论探讨提供参考。

第一节 传承人的人生历程和口述史

要保护非物质文化遗产，必须要摸清家底，搞清保护对象的状况，才能做到心中有数，对症下药，为此，进行非物质文化遗产普查这项基础性工作非常有必要。[②] 各地区在非物质文化遗产保护中做了大量的普查工作，形成了体系庞大的非物质文化遗产数据库。对传承人人生历程的记述，是此项工作中重要的组成部分之一。因此，早期的成果多数是对某一地域范围内传承人及其技艺的简单罗列，如云南省文化厅编著的《云南省非物质文化遗产传承人名录》，收录了云南230位国家级和省级的传承人和传统文化资料保存者名录，简单介绍

[①] 本部分主要内容已发表于《贵州师范大学学报》（社会科学版）2012年第4期，参见陈静梅《近年来我国非物质文化遗产传承人研究述评》。

[②] 宋兆麟：《非物质文化普查之我见》，载王文章《非物质文化遗产保护与田野工作方法》，文化艺术出版社2008年版，第18页。

了他们的人生历程和技艺①；贵州省文化厅、贵州省非物质文化遗产保护中心编写的《传衍文脉：贵州省非物质文化遗产项目代表性传承人小传》一书，对贵州省37名国家级非物质文化遗产代表性传承人的保护、传述事迹做了简要记述。②针对此现象，王建民从理论建设角度，提出研究者应该将以文化传承人为中心的民族志研究方法运用到研究中去，以深度访谈作为调查手段，采用一种循其生活轨迹提问的方式，去发现传承人日常生活中实践的主位文化观点。③

近年来，用"口述历史"的方式来研究传承人，在传承人研究中颇为引人注目。作为活态文化的传承载体，传承人很少通过文字来记录他们的生命历程、艺术生涯及其所从事的艺术背后相关文化的由来、发展和演变过程。基于此，有论者强调应该把对传承人文化主体性的挖掘作为传承人口述史的核心，文化的原生性则成为传承人口述史的评判标准，在此过程中还应注意传承人口述史的民俗语境。④

随着口述历史成为搜集和保存相关原始资料的一种重要手段，目前已出现了很多有影响力的成果，最具代表性的如王文章主编的"中国民间艺术传承人口述史"丛书。该丛书目前共出版10册，记录了唐卡、剪纸、年画、皮影戏、惠山泥人、土家织锦、陶瓷、风筝、布袋布偶、雕漆10种具有鲜明特色的民间艺术发展历程，描述了这些传承人的技艺传承过程，他们的精湛技艺，以及他们对技艺的思考；展现了他们如何以生产性保护的方式，使这些不同的技艺在传统的浸润中融入了新的艺术元素，并得到人们的喜爱，而他们也因此具有持续传承的经济基础。⑤

此外，《浙江档案》杂志社编著的《传人：浙江省国家级非物质

---

① 云南省文化厅编著：《云南省非物质文化遗产传承人名录》，云南大学出版社2009年版。

② 贵州省文化厅、贵州省非物质文化遗产保护中心编写：《传衍文脉：贵州省非物质文化遗产项目代表性传承人小传》，贵州民族出版社2009年版。

③ 王建民：《非物质文化遗产传承人的生活史研究》，《民俗研究》2014年第4期。

④ 潘刚、马知遥：《民俗语境下非物质文化遗产传承人口述史原则与方法》，《云南师范大学学报》（哲学社会科学版）2015年第1期。

⑤ 王文章主编：《西兰卡普的传人》（土家织锦大师和传承人口述史），中央编译出版社2010年版。

文化遗产传承人口述档案集萃》一书，从民间音乐、民间舞蹈、传统戏剧、曲艺、民间美术、传统手工艺、传统医药和民俗等方面，全方位展示了25位浙江国家级非物质文化遗产传承代表的口述历史，其中涉及受访者的学艺经历、艺术制作技艺和过程、艺术创作和表演的心路历程、所获荣誉以及从艺心得和体会，是浙江省国家级非物质文化遗产传承人集体记忆的缩影。① 魏国英、祖嘉两位教授主编的《我的民间艺术世界——八十位女性的人生述说》，从女性学的视角，运用口述历史与田野调查方法，对不同地区和民族的80位民间女艺人的生命历程、生活百态、艺术追求、创造与感悟进行了介绍，从一个独特的视角引发人们对中国妇女民间艺术的关注与反思。② 贵州省档案馆、贵州省史学会编著的《揭秘水书——水书先生访谈录》一书，对荔波、三都、独山、都匀水族地区极富声望的16位水书先生和水书研究员进行了深度访谈，重点访谈了水书先生的丧葬、建筑、祭祀等方面的咒语和仪式。该书不仅为水书文化研究者提供一把开启水书文化之门的钥匙，为挖掘、开发水书先生脑藏知识开辟了一条新的途径，而且为水书文化的准确传承、全面弘扬提供了一个可资借鉴和参考的模式，为史学研究观念的转换和研究方法的更新，为历史解释的多样性提供了现实的可能。③

第二节　传承人的认定

传承人的认定是传承人保护的前提和首要步骤，只有形成科学、合理、有效的认定制度，才能遴选出能够真正代表民族文化的传承人并加以保护。

---

① 《浙江档案》杂志社编：《传人：浙江省国家级非物质文化遗产传承人口述档案集萃》，浙江摄影出版社2011年版。
② 魏国英、祖嘉主编：《我的民间艺术世界——八十位女性的人生述说》，北京大学出版社2007年版。
③ 贵州省档案馆、贵州省史学会编：《揭秘水书——水书先生访谈录》，贵州民族出版社2010年版。

传承人大致有两种类型：一是个体传承人，如故事、歌谣、手工艺技能等非物质文化遗产项目即依赖个体传承；二是群体传承人，如节日、庙会、宗教信仰等项目即依赖集体传承。由于个体传承人对象明确，易于选择，一直是学界研究和政府关注的重点。对个体传承人认定的研究，主要集中在以下三个方面：一是认定标准；二是认定和退出程序；三是对综合性传承人的认定。对此问题，尽管文化部2008年发布的《国家级非物质文化遗产项目代表性传承人认定与管理暂行办法》和2011年2月通过的《非物质文化遗产法》等法律、法规、规章已经有所规定，但是，相关研究中提出的问题仍然值得关注，主要表现为以下几点。

一 传承人的认定标准

国家相关法律法规对传承人的认定给出了一定标准。根据文化部颁行的《国家级非物质文化遗产项目代表性传承人认定与管理暂行办法》，国家级代表性传承人是经国务院文化行政部门认定的，承担国家级非物质文化遗产名录项目传承保护责任，具有公认的代表性、权威性和影响力的传承人。[1]《中华人民共和国非物质文化遗产法》第二十九条第二项规定，传承人应"掌握并承续某项国家级非物质文化遗产；在一定区域或领域内被公认为具有代表性和影响力；积极开展传承活动，培养后继人才"三个积极条件。[2]

有学者认为，现行法律规范只规定了可以申请命名传承人的条件，而且条件过于概括抽象，实践中不便于掌握。众多学者除强调传承人传统的"深厚"、技艺的"杰出"以及具有"公认的影响力"等方面外[3]，还认为应从不同角度对传承人的认定加以细化。有学者认为，是否具备传承者资格主要看其是否适于在民俗调查中回答调查者提出的问题。[4] 宋兆麟认为，传承人的认定标准应当"既要考虑到共

---

[1] 文化部：《国家级非物质文化遗产项目代表性传承人认定与管理暂行办法》，http://www.gov.cn/gongbao/content/2008/content_1157918.htm，2012年10月12日。

[2] 《中华人民共和国非物质文化遗产法》，http://www.gov.cn/flfg/2011-02/25/content_1857449.htm，2012年10月20日。

[3] 祁庆富：《论非物质文化遗产保护中的传承及传承人》，《西北民族研究》2006年第3期。

[4] 张紫晨：《中外民俗学词典》，浙江人民出版社1991年版，第225页。

性或共同标准,又要注意个性或特殊性,万不可粗线条地'一刀切'。尤其对某些特殊的门类如传统医药类的传承人的评定,应当注意其传承人的特殊性,制定其传承人的特殊评选标准"。① 萧放提出应从两个向度,即纵向的传承历史和横向的社会文化资源分布于普通传习人生存状态来考虑传承人的认定。② 另有学者认为,传承人应当通晓本地区或民族的民间传统文化活动内涵、形式、组织规程,并大量掌握和保存民族民间传统文化原始文献和其他实物、资料。③ 还有学者强调传承谱系清晰是判断传承人资格的重要依据。④⑤ 也有学者注重传承人"传"和"承"两方面的功能,认为传承人是"在特定民族或地域内,通晓一定技艺或占有相应的非物质文化遗产表现形式,为人们所熟知和认可,并愿意以自身努力推定非物质文化遗产发展的人"。⑥ 由于法规中对传承人的认定是根据其在"一定的区域内",但这个区域的范围如何确定,它是根据行政区划还是依据自然地域,对此法规却没有明确规定。有学者针对此点提出依据行政区划划分利于政府对传承人管理,但容易切断非物质文化遗产地域上的连续性,非物质文化遗产是民间整体文化,依据自然地域更有利于保护非物质文化遗产的连续性,但跨省市的文化地区如果不分开容易导致责任不明,主体之间相互推诿,不利于非物质文化遗产的保护。⑦

二 传承人的认定和退出程序

科学、合理、公正的认定程序,有利于选拔出真正能代表传统文

---

① 宋兆麟:《评选传承人应当有统一的标准》,《中国文化报》2007年5月9日第4版。
② 萧放:《关于非物质文化遗产传承人的认定与保护方式的思考》,《文化遗产》2008年第1期。
③ 田文英:《民间文学艺术传承人的法律地位》,《中国知识产权报》2002年7月5日第3版。
④ 叶盛荣:《非物质文化遗产传承人的法律机制探讨》,《长沙民政职业技术学院学报》2010年第9期。
⑤ 李荣启:《论非物质文化遗产保护的主要原则与方法》,《广西民族研究》2008年第2期。
⑥ 周安平、龙冠中:《我国非物质文化遗产传承人的认定探究》,《知识产权》2010年第5期。
⑦ 徐辉鸿:《非物质文化遗产传承人的公法与私法保护研究》,《政治与法律》2008年第2期。

化的传承人,很多学者在肯定现行传承人认定机制的同时,也认为其存在一定的问题。

有学者提出现行传承人的国家认定机制存在较大局限性,建议在保护传承人的过程中,可以同时配合实行申请备案制度和群众推荐制度。通过申报、推荐、审查、公示等程序,允许自我申报或群众推荐产生传承人。在三类传承人认定制度中,应当以申请备案制度为主,国家认定制度和群众推荐制度作为有益补充,同时在实施过程中政府应当注意对具有家族保密性、地域保密性的项目采取相应的保密措施。① 很多学者强调田野调查在认定传承人时的作用,在对非物质文化遗产传承人进行调查时,要弄清楚其传承谱系、传承路线(传承链)、所掌握和传承的内容或技艺、传承人对所传承的项目的创新与发展,把他们所掌握和传承的内容或技艺原原本本地用文字和绘图记录下来。② 也有学者强调名录应当与传承人的认定相关联或统一,而不是相互分科,对列入名录重要的、有代表性的非物质文化遗产项目,政府应当明确指定代表性传承人并采取措施支持、帮助其实现传承;评定时采用专家委员会评定机制,政府以专家委员会的评定为依据,并予以公示后确认。③ 还有学者认为,漫长的、至少两年一次的国家级非物质文化遗产申报周期,很容易因漏报而使那些非常珍贵的非物质文化遗产因传承人的病危或传承环境的急剧改变而彻底蒸发,建议借鉴日本的"临时性指定制度"。④⑤

很多学者也强调传承人的认定、保护、监管应该制度化,对于传承人要定期考核、检查、定期认定、变更、撤销,有退出机制。如果

---

① 周安平、龙冠中:《我国非物质文化遗产传承人的认定探究》,《知识产权》2010年第5期。

② 徐辉鸿:《非物质文化遗产传承人的公法与私法保护研究》,《政治与法律》2008年第2期。

③ 朱兵:《非物质文化遗产传承人的保护及法律制度》,中国人大网,http://www.npc.gov.cn/npc/xinwen/rdlt/,2012年5月10日。

④ 临时性指定制度,又称"假指定",1919年日本颁布的《古迹名胜天然纪念物保护法》中规定:如情况紧急,地方政府可在没有获得上级主管部门正式批复的情况下,对面临破坏威胁的文化遗产实施临时性指定,并施以必要保护。参见苑利《日本文化遗产保护运动的历史和今天》,考古中国,http://www.kgzg.cn/thread-2489-1-1.html,2016年5月13日。

⑤ 苑利:《从日本韩国经验看中国戏曲类文化遗产保护》,《艺术评论》2007年第1期。

传承人不承担为国家社会传承技能的责任，不为国家社会提供必要的服务，就应该取消他的称号。如果出现自然死亡，就应该终止或者变更该项文化遗产的传承人①，或者传承人如果无正当理由不履行传承义务，经核实批准后，应被取消资格，并重新认定该项目传承人。②有学者提出对非物质文化遗产传承人要扶持与监管并重。每隔三年要对传承人资格重新审查，定期检查传承人开展传承活动的状况，达不到要求的，取消其称号和待遇。③ 不过，也有学者反对传承人的资格取消制度，认为这会招致"文化人"的反感，授予"身份"而又"随意"剥夺其"身份"无疑是对传承人的"重创"。④

三　集体性传承人的认定

在研究个体性传承人认定的同时，很多学者也注意到了综合性传承人的认定和保护问题。然而，对于节日、庙会等集体传承的非物质文化遗产项目是否需要评定传承人，学界尚有一定争论。

有学者认为并非所有的非物质文化遗产项目都有明确的传承人，比如一些属于"文化空间"概念的民俗节庆、社火庙会等就是通过群体传承的，就不会有具体的传承人。⑤ 但很多学者赞同设立集体性传承人，认为有关节日、习俗等集体传承项目，没有认定传承人，这些项目实际上处于自生自灭的状态，非常不利于这类非物质文化遗产的保护。对于设定集体性传承人的方法，分歧不大，一般认为可按非物质文化遗产的样态进行切分，找出主干的文化环节，然后确定其中具

---

　　① 萧放：《关于非物质文化遗产传承人的认定与保护方式的思考》，《文化遗产》2008年第1期。
　　② 叶盛荣：《非物质文化遗产传承人的法律机制探讨》，《长沙民政职业技术学院学报》2010年第9期。
　　③ 吴平：《传承人当代生境与传承——基于黔东南非物质文化遗产传承人的调查研究》，《原生态民族文化学刊》2010年第4期。
　　④ 李华成：《论非物质文化遗产传承人制度之完善》，《贵州师范大学学报》（社会科学版）2011年第4期。
　　⑤ 徐辉鸿：《非物质文化遗产传承人的公法与私法保护研究》，《政治与法律》2008年第2期。

有组织推动力量的关键人物确定为传承人。①②③

第三节 传承人的权利义务

传承人是否基于其独特身份享有特定的权利,是对传承人进行保护的理论前提;而传承人在享有权利的同时,应当承担哪些义务则是对传承人进行监督、管理的依据。为此,学界围绕传承人的权利义务进行了广泛讨论。

在权利方面,2011年出台的《非物质文化遗产法》第二十九条规定了代表性传承人的资格认定,第三十条规定了对代表性传承人的资助措施,第三十一条规定了代表性传承人的义务,但该法案没有对传承人的权利做出相关规定。

一些学者提出,非物质文化遗产传承人的权利应当成为非物质文化遗产法律保护的核心内容,他们普遍强调传承人有获得国家补贴、报酬等权利。但就精神和财产方面的具体权利类型则分歧较大:如有学者比照著作权法的相关规定,认为传承人的权利包括署名权、传承权、改编权、表演者权、获得帮助权等。④⑤ 有学者认为,应当明确区分"传承人"和"代表性传承人",代表性传承人的权利应当包括精神权利和财产权利两种类型。精神权利至少应包括表明"代表性传承人"身份的权利以及保护"代表性传承人"形象不被不适当使用、贬损使用的权利。财产权利,如明确规定"代表性传承人"享有获得

---

① 宋兆麟:《评选传承人应当有统一的标准》,《中国文化报》2007年5月9日第4版。
② 萧放:《关于非物质文化遗产传承人的认定与保护方式的思考》,《文化遗产》2008年第1期。
③ 吴平:《传承人当代生境与传承——给予黔东南非物质文化遗产传承人的调查研究》,《原生态民族文化学刊》2010年第4期。
④ 田艳:《论非物质文化遗产传承人的权利与义务》,《光明日报》2011年4月29日第6版。
⑤ 田艳:《非物质文化遗产传承权制度初探》,《贵州民族研究》2010年第4期。

政府救济或帮助的权利,另外在传授技艺时有获得报酬的权利等。①也有学者强调保护传承人的精神利益,应当严禁戏仿具有宗教色彩或涉及民族尊严的非物质文化遗产等行为,保护非物质文化遗产传承人的精神利益。②有学者主张传承人应当享有知情权和利益分享的权利,在他人开发利用非物质文化遗产时,有权知悉该非物质文化遗产开发的相关信息,并分享利益和商业开发中获得的效益。③

在义务方面,学界基本达成共识,即传承文化是传承人的基本义务,但具体内容表述不同。萧放认为,传承人的义务包括:一是有传承自觉,公开宣传本遗产;二是注意培养传承人;三是注重传统同时有积极的演化,反对与制止对非物质文化遗产的滥用与盲目改造;四是要有为国家社会服务的义务与情怀,以自己传承的非物质文化遗产成果回报社会。④宋兆麟提出,传承人有其基本义务,每个传承人都应该完整保存其所掌握的知识、技艺及有关的原始资料、实物、建筑物、场所等,依法开展展示、传播非物质文化遗产等活动,每个传承人每年都应该按照师承形式或者其他方式选择、培养新传承人,有条件的传承人应该讲述自己的口述史或留下书面著作。⑤苑利则从保护与传承非物质文化遗产是否需要创新的角度,指出尽管可以鼓励传承人在继承传统之余进行创造性的自由发挥,但为确保所传遗产的真实,传承人应始终铭记自己的本职工作时在传承过程中必须力保传承项目不走样、不变味,以确保传承项目的传统基因纯正。⑥

---

① 汤凌燕、柳建闽:《非物质文化遗产代表性传承人认定与管理的法律思考——以福建省为主要分析对象》,《福建农业大学学报》(哲学社会科学版)2010年第6期。

② 刘云升:《论传承人精神利益的保护——关于歪曲、篡改与戏仿非物质文化遗产行为的认定及责任》,《河北法学》2009年第6期。

③ 齐爱民、赵敏:《非物质文化遗产商业开发中的利益分享机制之确立》,《电子知识产权》2007年第8期。

④ 萧放:《关于非物质文化遗产传承人的认定与保护方式的思考》,《文化遗产》2008年第1期。

⑤ 宋兆麟:《评选传承人应当有统一的标准》,《中国文化报》2007年5月9日第4版。

⑥ 苑利:《保护与传承非物质文化遗产是否可以创新(三人谈)》,《中原文化研究》2015年第4期。

第四节　传承人的保护方法

目前，学界普遍认同我国传承人的保护面临着极大的危机，如何对传承人进行保护，是传承人研究中的重点和核心问题，此方面的研究成果甚多。研究重点集中在传承人的综合保护、传承人的法律保护、传承人的知识产权保护。

一　传承人的综合保护

在保护与传承非物质文化遗产的过程中，学者苑利指出，有必要区分非物质文化遗产的传承主体与保护主体。非物质文化遗产真正的传承主体是那些深深植根于民间社会的文化遗产传承人，而保护主体是指那些处于传承圈之外，虽与传承无关，但却是对非物质文化遗产传承起着重要推动作用的外部力量。这一群体包括各级政府、学界、商界以及新闻媒体等。[1]他进而强调，如果我们弄乱了保护主体与传承主体职能上的区别，作为保护主体的政府放着自己的本职工作不做，而亲自参与到非物质文化遗产传承中来，就很容易将自己所熟知的官方文化、当代文化等外来文化添加进来而改变非物质文化遗产的原有基因，使"民俗"变成"官俗"，使"真遗产"变成"伪遗产"。[2]也有学者从人类学的主位、客位概念出发，认为应当采用客位保护为指导、主位保护为根本的形式，让传承人成为真正的保护的主体。[3]还有学者针对现行的非物质文化遗产"代表性传承人"保护政策，指出其存在着较为明显的实验性特征，其中对"传承人群体"的忽视是一重大缺陷，该学者提出应加强相应的保护措施，例如扩大"代表性传承人"的内涵，使其既包括"传承人个体"，也包括"传承人群体"，并在政策表达上予以确定；从观念认识和政策表达上提高对"一般性传承人"的认同和重视程度；消除"代表性传承人"

---

[1] 苑利：《非物质文化遗产保护主体研究》，《重庆文理学院学报》2009年第2期。

[2] 苑利：《非物质文化遗产传承人保护之忧》，《探索与争鸣》2007年第7期。

[3] 赵世林、田婧：《主客位语境下的民族文化遗产保护》，《云南社会科学》2008年第1期。

的"独占"地位，打破"政策垄断"等。①

　　一些学者针对传承人离土离乡，导致传承人文化土壤缺失的问题，指出要精心培育民族文化产业，大力支持文化传承人进行有偿传承活动，帮助文化传承人解决好生计问题，抓好年青一代传承人的培养，使整个民族文化的传承永续进行。②针对非物质文化遗产传承人进入名录后可能被商业资本裹挟离开乡土的问题，有学者建议除了补贴和授予荣誉称号外，还可以带徒授业的方式拴住传承人，要求他们必须带领一定数量的徒弟，并且为他们配备助教。③有学者提出，对无力开展传习活动的濒危型重要非物质文化遗产项目的代表性传承人，以及非物质文化遗产抢救性课题研究、书籍影像出版项目等，由符合条件的传承人、项目负责人提出申请，省非物质文化遗产保护中心牵头组织专家评审委员会进行评审，通过后报请上级批准予以补助。④有不少人认为，高校在培养民族文化传承人中应当发挥更大的作用⑤，必须合理利用传承人及高校⑥，但必须对高校现行的传承人人才培养模式进行改革。⑦

　　还有学者以民间美术人才培养为例，认为培养传承人的关键是整合学院美术与民间美术课程，将田野调查与实习采风相结合。⑧还有学者从传习人角度谈如何培养传承人。他们指出，"传习人"的支持、培养与传承人保护同等重要，建议设立保护性基地扶持重要非物质文

---

　　① 杨征：《论非物质文化遗产"代表性传承人"保护政策中"群体性"的缺失》，《云南社会科学》2014年第6期。

　　② 安学斌：《民族文化传承人的历史价值与当代生境》，《云南民族大学学报》（哲学社会科学版）2007年第6期。

　　③ 苑利：《名录时代的非物质文化遗产保护问题》，《江西社会科学》2006年第3期。

　　④ 陈秀梅：《福建省非物质文化遗产项目代表性传承人现状分析与保护对策》，《福建艺术》2008年第5期。

　　⑤ 王敏：《非物质文化遗产专业成艺考新亮点，高校培养传承人任重、途艰、道远》，《艺术教育》2012年第3期。

　　⑥ 彭一敏等：《非物质文化遗产"合理利用"问题的探讨》，《学术探索》2012年第2期。

　　⑦ 张雪梅：《民族地区高校民族民间文化传承人培养模式探讨》，《凯里学院学报》2011年第8期。

　　⑧ 杨雁秋：《论云南地方高校对民族民间美术传承人的培养》，《云南艺术学院学报》2011年第4期。

化遗产项目的传习人。① 也有学者针对当前非物质文化遗产传承人总体保护制度存在较大弊端,提出了类型化保护方案,如将传承人保护分为扶持性保护、引导性保护和开发性保护三大类,据此制定个性鲜明的传承人保护方案,以此来纠正当下非物质文化遗产传承人保护中的一些问题,拓展传承人的存在意义与发展路向。② 有学者针对传承人、民间组织、政府在非物质文化遗产保护中因"政见不同"而相互猜忌、埋怨与冲突,认为应当在传承人与政府间构建协调博弈的"中介缓冲"合作模拟式以及参与动力,促进双方的深入互动与主动和解。③ 另有部分论者将完善传承人档案建设作为保护传承人的重要手段。④

在具体的保护方法上,学者们普遍认同为传承人提供经济保障(补贴)、社会福利保障和精神关怀。如萧放认为,要将非物质文化遗产传承人的保护工作落到实处,必须做到:一是经济生活保障;二是提高其社会声望评价与社会福利保障;三是精神关怀与鼓励。⑤ 另有学者提出,可以适当在人大代表、政协委员中配备一定的传承人名额,重视对传承人的精神关怀与鼓励⑥,政府还要充分考虑到民间艺人最关心的大病统筹等问题。⑦

对于上述三种普遍认同的传承人保护方式,也有学者进行反思,

---

① 吴平:《传承人当代生境与传承——基于黔东南非物质文化遗产传承人的调查研究》,《原生态民族文化学刊》2010 年第 4 期。
② 孙正国:《论非物质文化遗产传承人的类型化保护》,《求索》2009 年第 10 期。
③ 聂华林等:《非物质文化遗产保护中传承人与政府的策略互动研究》,《丝绸之路》2012 年第 2 期。
④ 这类观点如李树青《传承人档案:非物质文化遗产档案管理的核心》,《山东档案》2014 年第 3 期。王云庆、魏会玲《论建立非物质文化遗产项目传承人档案的重要性》,《北京档案》2012 年第 2 期。
⑤ 萧放:《关于非物质文化遗产传承人的认定与保护方式的思考》,《文化遗产》2008 年第 1 期。
⑥ 吴平:《传承人当代生境与传承——基于黔东南非物质文化遗产传承人的调查研究》,《原生态民族文化学刊》2010 年第 4 期。
⑦ 苑利:《从日本韩国经验看中国戏曲类文化遗产保护》,《艺术评论》2007 年第 1 期。类似的观点如郑晓幸就特别针对农村一些无经济收入来源的传承人,提出应按照"政府终生补贴、居家养老与传习所养老相融合、特殊养老金基金和完善养老保障相配套"的思路,让传承人老有所依。参见郑晓幸《农村非物质文化遗产代表性传承人养老问题研究》,《中华文化论坛》2014 年第 1 期。

认为其可能带来负面影响。如学者苑利认为，应当对传承人给予适当的经济补贴，但补得太多，他就会因满足而失去前进的动力，补得太少，艺人就会因生活所累而失去创作激情。还应考虑到不同地区的收入差以及不同艺术门类间的收入差。当然，金钱补贴只是一种"输血"方式，"造血"才是解决问题的关键，即政府应当充分动用自己的行政资源，为国家级非物质文化遗产传承人身价的增值提供一个说法，一个理由，使杰出的民间文化传承人获得价值不菲的回报，同时也增强他们的自信心和责任感，但也应注意不得滥用行政资源，破坏文化遗产固有的传承秩序。①

二 传承人的法律保护

很多学者强调，对传承人的保护最终要落实到法律制度上来。朱兵提出，当前一个重要和紧迫的任务就是要通过国家立法建立非物质文化遗产立法保护的法律制度。建立代表性传承人保护制度，目的是要建立一个以代表性传承人为核心、科学有效的传承机制。②还有学者主张对非物质文化遗产应以行政法的保护为主，并应在法律文本中细化政府对待不同类型非物质文化遗产的保护。在私法保护方面，应当根据非物质文化遗产的不同情况赋予不同的非物质文化遗产传承人民事权利，在合同法、公司法等民商事法律中寻求保护。在非物质文化遗产的其他商业利用中，传承人应有一定的利益分享权。还可利用传承人身份为相关企业做宣传，以其所掌握的技艺在公司里投资入股、开设经营实体、开办私人培训机构进行商业培训等。③④

也有学者关注对非物质文化遗产及其传承人进行刑法保护的问题。在现行法律中，对非物质文化遗产传承人的犯罪行为，是按照普

---

① 苑利：《从日本韩国经验看中国戏曲类文化遗产保护》，《艺术评论》2007 年第 1 期。

② 朱兵：《非物质文化遗产传承人的保护及法律制度》，全国人大网，http：//www.npc.gov.cn/npc/xinwen/rdlt/，2012 年 5 月 10 日。

③ 徐辉鸿：《非物质文化遗产传承人的公法与私法保护研究》，《政治与法律》2008 年第 2 期。

④ 章建刚：《对非物质文化遗产立法保护的几点思考》，中国民俗学网，2010 年 8 月 13 日，http：//www.chinesefolklore.org.cn/web/index.php？NewsID = 7336，2012 年 5 月 10 日。

通的刑事案件进行处理，但有些对非物质文化遗产传承人的伤害，却会严重影响到非物质文化遗产的保护，如伤害剪纸传承人的手，会使精湛的剪纸不能再现。有必要对一些故意伤害侵害传承人或毁坏非物质文化遗产传承物品等行为，如果其目的使其丧失传承功能，应当在刑罚上从重或加重处罚，以实现对传承人的特殊保护。① 学者赵方针对浙江泰顺的国家级非物质文化遗产项目"药发木偶"传承人周尔禄，因表演需要自制黑火药，涉嫌非法制造爆炸物罪这一案件，认为有必要对非物质文化遗产及传承人给予刑法保护。②

三 传承人的知识产权保护

对非物质文化遗产及其传承人提供知识产权保护，在学界引起的争议较大。《非物质文化遗产法》也只是在附则第四十四条中为非物质文化遗产及其传承人的知识产权保护留下了空间，但并不具体。对知识产权的权利主体、权利内容、利益划分等问题均无涉及，这一问题的争论还远未结束。

有学者反对用现代知识产权制度保护非物质文化遗产。他们认为，非物质文化遗产作为法律保护的一种新的客体，超越了知识产权制度：一方面，非物质文化遗产是一个社区的共同财产，而现有的知识产权法会将它私有化，这有可能给后代们生产和生活中使用这种知识造成法律障碍；另一方面，西方知识产权概念与传统社区的实践和文化不相融，而且价值取向上不一致。③ 更重要的是，由于权利主体难以明确，权利主体本身的权利、义务和责任不明确，相关诉讼的实体法难以定位，导致了在非物质文化遗产的诉讼救济中出现了既尴尬又难以规避的空白地带。④

不过，也有学者提出，现行知识产权制度是一个开放性的制度，

---

① 吴安新、朱凤：《论非物质文化遗产传承人的刑法保护问题》，《兰州学刊》2010年第12期。
② 赵方：《我国非物质文化遗产的法律保护研究》，中国社会科学出版社2009年版。
③ 李居彩：《传统知识的知识产权保护》，硕士学位论文，中国政法大学，2010年，第18—21页。
④ 王培新：《内蒙古少数民族非物质文化遗产的法律保护》，《广播电视大学学报》（哲学社会科学版）2008年第3期。

其本身也应当在不断超越和发展之中，可以通过现行的专利、商标、著作权、商业秘密以及调整现行知识产权制度中保护非物质文化遗产的种种不适应，建立专门的知识产权保护制度，为传承人提供知识产权保护。[①] 例如，它可以遏制"伪民俗"等表演。[②] 还有学者主张对非物质文化遗产传承人进行知识产权保护：知识产权的主体是一种集体与个人相结合的二元主体机构，既包括传承人也包括传承群体，传承人的具体权利包括成果确认权并给予相应的奖励；原创维护权、无期限保护权、持有使用权；传承群体的具体权利包括署名权、改编权、个人或全体的演唱权及相关的邻接权、传播权、经济利益的追偿及分享权。[③] 有学者通过在贵州的调查，发现只有小部分传承人有一定的知识产权意识或"品牌"意识，非物质文化遗产传承人的知识产权保护与非物质文化遗产的产业化发展高度关联，保护对象不是非物质文化遗产本身而主要是知识产权的衍生利益，知识产权保护也可能进一步拉大代表性传承人与社区民众的生活差距，导致更大的不公平。[④]

小　结

近年来，学界关于非物质文化遗产传承人的研究，对于推动全社会关注非物质文化遗产问题起到了很好的作用。传承人的人生历程和口述史记录，为我国非物质文化遗产保护积存了大量珍贵的资料与分析文本，也为传承人的理论研究奠定了基础。研究者提出的很多保护方案，如补贴制度、传承人培养制度、学校教育制度等，已经在相关

---

　　① 齐爱民：《非物质文化遗产的知识产权综合保护》，《电子知识产权》2007 年第 6 期。
　　② 李晓秋、齐爱民：《商业开发和非物质文化遗产的"异化"与"反异化"——以韩国"人类活的珍宝制度"设计为视角》，《电子知识产权》2007 年第 7 期。
　　③ 甘明、刘光梓：《论非物质文化遗产保护法权利主体制度的构建》，《广西民族研究》2009 年第 1 期。
　　④ 文永辉：《少数民族非物质文化遗产传承人知识产权保护问题研究——以贵州为例》，《贵州民族研究》2012 年第 1 期。

的法律或地方性法规中得以体现并变成现实。对于传承人保护制度中存在的一些问题，如传承人边缘化、政府过度干预、"民俗变官俗"、传习人数量不足、传承人补贴制度导致的社区不和谐等，已经引起国家相关部门的重视。简言之，学界近年来的研究成果，对于我国非物质文化遗产及传承人的立法、保护工作做出了重要贡献。不过，笔者认为，关于传承人的研究，仍有以下三个方面值得深入：

首先，应积极关注集体性传承人的认定和保护。集体性传承人的设定对于民俗类非物质文化遗产项目的保护至关重要，尽管学界对于集体性传承人的缺位及其不良影响已有所涉及，但如何认定集体性传承人、如何设定良好的保护措施等，仍然留有较大的研究空间。

其次，传承人的权利内容应更加明晰。目前，传承人享有哪些具体权利，学界对此论述得十分杂乱，我国的《非物质文化遗产法》等法律法规对此也无明确规定；而传承人与非物质文化遗产主体之间的权利如何划分等问题，也还需要更加深入的理论探讨。

最后，部分问题的研究尚需大量的田野材料支撑。例如，传承人的补贴制度可能导致社区不和谐，传承人认定程序的不合理可能导致以次充好、以假乱真现象，传承人制度导致传承人远离故土与"垄断"等问题，学界有一定的论述，但立足于深度田野调查的研究成果并不多，成果的说服力和可信度都还有待加强。还必须进一步加强田野调查，反思现行传承人制度、发现新问题并根据实践提出可行的解决方案。

第三章 贵州少数民族非物质文化遗产及其传承人概况

第一节 贵州少数民族非物质文化遗产概况

少数民族非物质文化遗产在贵州的非物质文化遗产领域中占绝对重要的地位。例如，在贵州的105项国家级非物质文化遗产中，有97项属于少数民族，占92%。贵州是一个多民族杂居的省份，拥有苗族、侗族、布依族等49个少数民族，少数民族人口有12547983人，占全省人口的36.11%。[①] 在漫长的历史长河中，贵州各民族创造了丰富多彩、令人叹为观止的各类民族民间文化。连绵不绝的崇山峻岭阻隔，使贵州各民族内部交流与外界交流都极为困难，阻碍了经济发展的同时，也在贵州各地形成了成千上万种风格独特、绚丽多姿的文化岛屿，不经意间保存下了各种精彩绝伦的非物质文化遗产，这些文化遗存犹如一粒粒闪亮的珍珠，在贵州的大山深处熠熠生辉，令世人神往。目前，贵州拥有国家级非物质文化遗产105项，居全国第三位，拥有561项省级非物质文化遗产。

一 国家级非物质文化遗产

根据国务院先后公布的四批国家级非物质文化遗产名录（含扩展名录），截至2014年年底，贵州现有国家级非物质文化遗产105项，

[①] 贵州省统计局：《贵州省2010年第六次人口普查主要数据公报》，新华网贵州频道，http：//www.gz.xinhuanet.com/2014-05/26/c_1110865577.htm，2013年3月2日。

其中，民间文学7项，民间音乐13项（含扩展项目5项），民间舞蹈11项（含扩展项目4项），传统戏剧13项（含扩展项目5项），曲艺1项，民间美术8项（含扩展项目5项），传统手工技艺19（含扩展项目8项），民俗26项（含扩展项目8项），传统医药6项（含扩展项目1项），传统体育、游艺与杂技1项（见表3-1）。

表3-1　　贵州省国家级非物质文化遗产保护名录

项目名称	申报地区或单位
（1）民间文学（7项）	
苗族古歌	台江县、黄平县
刻道	施秉县
仰阿莎	黔东南苗族侗族自治州
布依族盘歌	盘县
苗族贾理	黔东南苗族侗族自治州
珠郎娘美	榕江县、从江县
亚鲁王	紫云苗族布依族自治县
（2）民间音乐（8项）	
侗族大歌	黎平县
侗族琵琶歌	榕江县、黎平县
铜鼓十二调	镇宁布依族苗族自治县、贞丰县
苗族民歌	雷山县
布依族民歌	惠水县（好花红调）
芦笙音乐（侗族芦笙、苗族芒筒芦笙）	丹寨县
布依族勒尤	贞丰县、兴义市、镇宁布依族苗族自治县
土家族民歌	沿河土家族自治县
（扩展项目）（5项）	
多声部民歌（苗族多声部民歌）	台江县、剑河县
侗族大歌	从江县、榕江县
彝族民歌（彝族山歌）	盘县
侗族琵琶歌	从江县
苗族民歌（苗族飞歌）	剑河县
（3）民间舞蹈（7项）	
苗族芦笙舞（锦鸡舞、鼓龙鼓虎—长衫龙、滚山珠）	丹寨县、贵定县、纳雍县

续表

项目名称	申报地区或单位
木鼓舞	台江县
毛南族打猴鼓舞	平塘县
瑶族猴鼓舞	荔波县
彝族铃铛舞	赫章县
阿妹戚托	晴隆县
布依族转场舞	册亨县
扩展项目（4项）	
狮舞（布依族高台狮灯舞）	兴义市
铜鼓舞（雷山苗族铜鼓舞）	雷山县
苗族芦笙舞	雷山县、关岭县、榕江县、水城
苗族芦笙舞	普安县
（4）传统戏剧（8项）	
花灯戏	思南县
侗戏	黎平县
布依戏	册亨县
彝族撮泰吉	威宁彝族回族苗族自治县
安顺地戏	安顺市
木偶戏	石阡县
黔剧	黔剧团
傩戏	德江县
扩展项目（5项）	
花灯戏	省花灯剧团
花灯戏	独山县
仡佬族傩戏	道真仡佬族苗族自治县
傩戏（荔波布依族傩戏）	荔波县
傩戏（庆坛）	金沙县
（5）曲艺（1项）	
布依族八音坐唱	兴义市
（6）民间美术（3项）	
苗绣（雷山苗绣、花溪苗绣、剑河苗绣）	雷山县、贵阳市、剑河县

续表

项目名称	申报地区或单位
水族马尾绣	三都水族自治县
侗族刺绣	锦屏县
扩展项目（5项）	
剪纸（苗族剪纸）	剑河县
泥塑（苗族泥哨）	贵州省黄平县
水族剪纸	黔南布依族苗族自治州
苗绣	凯里市
苗绣	台江县
（7）传统手工技艺（11项）	
苗族蜡染技艺	丹寨县
苗寨吊脚楼营造技艺	雷山县
苗族芦笙制作技艺	雷山县
玉屏箫笛制作技艺	玉屏侗族自治县
苗族银饰锻制技艺	雷山县
茅台酒酿制技艺	茅台酒股份有限公司
皮纸制作技艺	贵阳市、贞丰县、丹寨县
建水紫陶烧制技艺	平塘县
苗族织锦技艺	麻江县、雷山县
枫香印染技艺	惠水县、麻江县
彝族漆器髹饰技艺	大方县
扩展项目（8项）	
侗族木构建筑营造技艺	黎平县、从江县
蜡染技艺	安顺市
苗族银饰锻制技艺	黄平县
蜡染技艺	黄平县
银饰锻制技艺	剑河县、台江县
苗族织锦技艺	台江县、凯里市
苗族芦笙制作	凯里市
都匀毛尖茶制作技艺	都匀市
（8）民俗（18项）	
苗族鼓藏节	雷山县

续表

项目名称	申报地区或单位
水族端节	三都水族自治县
布依族查白歌节	兴义市
苗族姊妹节	台江县
侗族萨玛节	榕江县、黎平县
仡佬毛龙节	石阡县
水书习俗	黔南布依族苗族自治州
苗族独木龙舟节	台江县
苗族跳花节	安顺市
苗年	丹寨县、雷山县
布依族"三月三"	贞丰县、望谟县
侗年	榕江县
歌会（四十八寨歌节）	天柱县
月也	黎平县
苗族栽岩习俗	榕江县
仡佬族三幺台习俗	道真仡佬族苗族自治县
侗族服饰	黔东南苗族侗族自治州
布依族服饰	贵州省
扩展项目（8项）	
苗族服饰	桐梓县、西秀区、关岭布依族苗族自治县、纳雍县、剑河县、台江县、榕江县、六枝特区、丹寨县
侗族萨玛节	黎平县
报京"三月三"	镇远县
苗族鼓藏节	榕江县
屯堡抬亭子	安顺县
规约习俗（侗族款约）	黎平县
彝族火把节	赫章县
农历二十四节气（石阡说春）	石阡县
（9）传统医药（5项）	
同济堂传统中药文化	贵州省同济堂制药有限公司

第三章　贵州少数民族非物质文化遗产及其传承人概况　43

续表

项目名称	申报地区或单位
瑶族医药	从江县
苗医药	雷山县（骨伤蛇伤疗法、九节茶药制作工艺） 黔东南苗族侗族自治州
侗医药	黔东南苗族侗族自治州
布依族医药（益肝草制作技艺）	贵定县
扩展项目（1项）	
中医传统制剂方法（廖氏化风丹制作技艺）	贵州省遵义市红花岗区、汇川区
（10）传统体育、游艺与杂技（1项）	
赛龙舟	铜仁市、镇远县

资料来源：根据国务院公布的《国家级非物质文化遗产代表性项目名录》整理，参见国发〔2006〕18号、国发〔2008〕19号、国发〔2011〕14号、国发〔2014〕59号通知。

二　省级非物质文化遗产

贵州省级非物质文化遗产保护名录分为16大类，共计561项，贵州省级非物质文化遗产保护名录分四次公布。

（一）贵州省第一批省级非物质文化遗产代表作名录[①]

第一批省级非物质文化遗产名录共92项：

1. 民间信仰类（6个）：侗族萨玛节（榕江县）、哥蒙的"哈冲"（黄平县）、独山愿灯（独山县）、布依族扫寨（都匀市）、仡佬族毛龙节（石阡县）和盘县地坪乡彝族毕摩祭祀文化（盘县）。

2. 民间音乐类（6个）：侗族琵琶歌（榕江县）、侗族大歌（黎平县）、洪州琵琶歌（黎平县）、布依族铜鼓十二则（贞丰县）、盘江小调（关岭县）和铜鼓十二调（镇宁县）。

3. 岁时节令类（11个）：苗族茅人节（榕江县）、稿午苗族水鼓节（剑河县）、苗族鼓藏节（雷山县）、注溪娃娃场（岑巩县）、清水江杀鱼节（福泉市）、水族端节（三都水族自治区）、水族卯节（三都水族自治县）、查白歌节（兴义市）、赶毛杉树（安龙县）、大狗场

[①]《贵州省人民政府关于公布首批省级非物质文化遗产代表作名录的通知》（黔府发〔2005〕27号），《贵州省人民政府公报》2006年第1期。

吃新节（平坝县）和水城南开三口塘苗族跳花节（水城县）。

4. 文化空间类（14个）：双倍嘎（从江县）、四十八寨歌节（天柱县）、社节（天柱县）、报京"三月三"（镇远县）、隆里花脸龙（锦屏县）、苗族弄嘎讲略（黄平县）、月也（黎平县）、古思州"屯锣"（岑巩县）、苗族姊妹节（台江县）、思南上元沙洲节（思南县）、仡佬族敬雀节（石阡县）、万山锣（万山特区）、安顺屯堡文化（安顺市）和六枝梭嘎箐苗文化空间（六枝特区）。

5. 人生礼俗类（4个）：占里侗族生育习俗（从江县）、平秋北侗婚恋习俗（锦屏县）、水族婚俗（都匀市）和茅坪花苗婚俗（湄潭县）。

6. 传统体育竞技类（3个）：勾林（天柱县）、侗族月牙铛（天柱县）和侗族摔跤（黎平县）。

7. 民间手工技艺类（18个）：苗族蜡染技艺（丹寨县）、石桥古法造纸（丹寨县）、剑河锡绣制作工艺（剑河县）、苗族服饰文化（雷山县）、苗族银饰锻制技艺（雷山县）、苗族芦笙制作技艺（雷山县）、思州石砚制作工艺（岑巩县）、布依族土布制作、扎染工艺（罗甸县）、水族马尾绣（三都水族自治县）、牙舟陶器制作技艺（平塘县）、玉屏箫笛制作技艺（玉屏侗族自治县）、小屯白棉造纸工艺（贞丰县）、乌当手工土纸制作工艺（贵阳市乌当区）、花溪苗族挑花制作工艺（贵阳市花溪区）、彝族赶毡制作工艺（威宁县）、马场乡苗族大筒箫的制作与演奏（盘县）和茅台酒传统酿造工艺（贵州茅台酒股份有限公司）。

8. 民间舞蹈类（15个）：苗族格哈（丹寨县）、锦鸡舞（丹寨县）、畲族粑槽舞（麻江县）、反排木鼓舞（台江县）、鼓龙鼓舞长衫龙（贵定县）、布依族"雯当姆"（荔波县）、瑶族打猎舞（荔波县）、松桃瓦窑四面花鼓（松桃县）、莲花十八响（沿河县）、苗族板凳舞（安龙县）、彝族撮泰吉（威宁彝族回族苗族自治县）、苗族芦笙技巧舞"滚山珠"（纳雍县）、苗族大迁徙舞（赫章县）、彝族铃铛舞（赫章县）和采月亮（仁怀县）。

9. 民间文学（口头文学）类（3个）：苗族"刻道"（施秉县）、苗族"古歌古词"神话（黄平县）和苗族古歌与古歌文化（台江

第三章　贵州少数民族非物质文化遗产及其传承人概况　45

县）。

10. 民间知识类（2个）：千户苗寨建筑工艺（雷山县）和中国水书——水族信仰记忆纲文化（黔南州）。

11. 戏曲类（8个）：侗戏（黎平县）、思州傩戏傩技（岑巩县）、福泉阳戏（福泉市）、思南花灯（思南县）、德江傩堂戏（德江县）、石阡木偶戏（石阡县）、布依戏（册亨县）和安顺地戏（安顺市）。

12. 民间杂技类（1个）：德江土家舞龙（德江县）。

13. 曲艺类（1个）：布依族"八音座唱"（兴义市）。

（二）贵州省第二批省级非物质文化遗产代表作名录

第二批省级非物质文化遗产代表名录共202项①：

1. 民间文学（8个）：苗族神话叙事歌《仰阿莎》（剑河县、黔东南州民族文化研究所）、苗族《古歌》（施秉县、普定县、龙里县）、苗族口头经典"贾"（丹寨县、黔东南州民族文化研究所）、侗族民间文学《珠郎娘美》（榕江县、从江县）、布依族摩经（贞丰县、关岭县）、苗族历法（丹寨县）、苗族民间文学《阿蓉》（榕江县）和布依族口传史诗"布依族盘歌"（六盘水市）。

2. 民间音乐（24个）：苗族多声部情歌（台江县、剑河县）、苗族飞歌（雷山县）、苗族芒筒芦笙祭祀乐（丹寨县）、侗族大歌（从江县小黄乡、榕江县）、布依族民歌《好花红》（惠水县）、布依族勒尤（贞丰县、兴义市、镇宁县）、侗族河边腔（黎平县）、河边腔苗歌（锦屏县）、十二诗腔苗歌（锦屏县）、侗族歌䣎（锦屏县平秋镇）、土家族打溜子（沿河县）、龙灯铰（铜仁市）、布依族婚俗音乐（贞丰县）、薅秧歌（金沙县、红花岗区）、船工号子（思南县、赤水市）、苗族阿江（普定县）、凤冈吹打乐（凤冈县）、黔北打闹歌（余庆县）、布依山歌十八调（贵定县）、绕家呃嘣（都匀市）、高腔大山歌（桐梓县）、仡佬族哭嫁歌（道真县）、苗族"游方歌"（施秉县）和屯堡山歌（安顺市）。

3. 民间舞蹈（22个）：苗族铜鼓舞（雷山县）、苗族芦笙舞（雷

---

① 《贵州省人民政府关于公布第二批省级非物质文化遗产代表作名录的通知》（黔府发〔2007〕16号），《贵州省人民政府公报》2007年第7期。

山县、关岭县、凯里市、榕江县、水城县、乌当区)、苗族长鼓舞（贵定县）、苗族猴鼓舞（花溪区）、毛南族打猴鼓舞（平塘县）、瑶族猴鼓舞（荔波县）、苗族板凳舞（凯里市）、苗族踩鼓舞（镇远县）、土家族摆手舞（沿河县）、金钱杆（江口县）、阿妹戚托（晴隆县、兴仁县）、苗族烧灵舞（兴仁县）、彝族酒礼舞（威宁县）、彝族铃铛舞"恳合呗"（钟山区）、苗族花鼓舞（乌当区）、卡堡花棍舞（乌当区）、矮人舞（余庆县）、响蒿舞（独山县）、苗族夜乐舞（罗甸县）、素朴金钱棍（黔西县）、四桐鼓舞（威宁县）和仡佬族踩堂舞（遵义县）。

4. 传统戏剧（9个）：阳戏（天柱县）、文琴戏（黔西县、铜仁市、遵义市、乌当区）、花灯戏（普定县、独山县、黔西县、福泉市、花溪区、遵义市、余庆县、石阡县、印江县）、仡佬族傩戏（道真县）、黔剧（贵州省黔剧团）、思州喜傩神（岑巩县）、镇远土家族傩戏（镇远县）、蓬莱布依地戏（白云区）和马路屯堡地戏（长顺县）。

5. 曲艺（4个）：嘎百福（剑河县、台江县、榕江县、雷山县）、君琵琶（黎平县）、安顺唱书（安顺市）和水族双歌（三都水族自治县）。

6. 杂技与竞技（8个）：麻山绝技（望谟县）、布依族高台狮灯（兴义市）、仡佬族高台舞狮（务川县、道真县）、寨英滚龙（松桃县）、瑶族民间陀螺竞技（荔波县）、仡佬族打篾鸡蛋（平坝县、道真县）、苗族射弩（织金县、普定县）和古典戏法（贵州省杂剧团）。

7. 民间美术（6个）：苗族剪纸（剑河县）、苗族百鸟衣艺术（丹寨县）、梭嘎箐苗彩染服饰艺术（六盘水市）、石氏面塑（兴仁县）、通草堆画（遵义市）和苗族"嘎闹"支系服饰艺术（丹寨县）。

8. 传统手工技艺（32个）：苗族织锦（麻江县、雷山县）、苗族泥哨（黄平县）、苗族银饰（黄平县）、侗族鼓楼花桥建造技艺（黎平县）、造林习俗（锦屏县）、侗族鼓楼营造技艺（从江县）、苗族马尾斗笠制作技艺（凯里市）、苗族堆花绣（凯里市）、大方漆器制作技艺（大方县）、屯堡石头建筑技艺（平坝县、西秀区）、枫香染制作技艺（惠水县、麻江县）、蓝靛靛染工艺（册亨县、贞丰县、黎平县）、水族石雕（榕江县）、土法造纸工艺（三穗县、盘县、惠水县、长顺县）、傩面具制作工艺（德江县）、竹编工艺（三穗县）、木雕工艺（镇远县）、印染工艺（印江县）、故央——传统手工水磨制香技艺（安龙县）、窑上古法制陶（贞丰县）、砂陶制作工艺（织金县）、安顺蜡染（安顺市）、高坡苗族银饰制作技艺（花溪区）、布依族纸染绣花制作技艺（花溪区）、罗吏目布依族龙制作技艺（乌当区）、绥阳旺草竹编技艺（绥阳县）、长安布依族土布扎染制作技艺（惠水县）、布依族土布制作技艺（关岭县）、民间火纸制作技艺（岑巩县）、烟火（金沙县）、董酒酿制技艺（遵义市）和洞藏青酒酿造工艺（镇远县）。

9. 传统医药（7个）：瑶族医药（从江县）、廖氏化风丹制作技艺（红花岗区、汇川区）、苗族医药（雷山县、黔东南州民族医药研究所）、侗族医药（黔东南州民族医药研究所）、布依族防治肝病益肝草秘方（贵定县）、水族医药（三都水族自治县）和同济堂医药文化（贵州同济堂制药有限公司）。

10. 民俗（82个）：苗族"四月八"（贵阳市）、苗族独木龙舟节（台江县、施秉县）、苗族祭尤节（丹寨县）、河灯节（习水县）、赶苗场（习水县）、谷陇九月芦笙会（黄平县）、布依族丧葬礼俗（贞丰县）、仡佬族婚俗（务川县）、杜寨布依族丧葬砍牛习俗（贵阳市）、新化舞狮（锦屏县）、仡佬族吃新节（金沙县、平坝县）、土家族过赶年（印江县）、下洞祭凤神（印江县）、余庆龙灯（余庆县）、镇远元宵龙灯会（镇远县）、瑶族服饰（麻江县）、桐梓苗族服饰（桐梓县）、安顺苗族服饰（西秀区、关岭县）、布依族服饰（贞丰县、册亨县）、箐苗服饰（纳雍县）、黔东南苗族服饰（剑河县、台江县、三穗县）、屯堡服饰（平坝县）、榕江侗族服饰（榕江县）、贵阳苗族服饰（花溪区、乌当区）、摆贝苗族服饰（榕江县）、四十八寨侗族服饰（黎平县）、黄平（革家服饰）（黄平县）、偏坡布依族服饰（贵阳市）、水族服饰（三都水族自治县）、土家族婚庆夜筵（岑巩县）、屯堡"抬亭子"（西秀区）、仡佬族宝王祭拜（务川县）、青山界四十八寨歌会（锦屏县）、土家族"八月八"唢呐节（镇远县）、仡佬族丧葬习俗（石阡县）、水族婚礼（三都水族自治县）、平秋重阳鞍瓦（锦屏县）、起房造屋习俗（遵义市）、苗族招龙（雷山县）、仫佬年（麻江县）、彝族婚嫁习俗（盘县）、瑶族隔冬（麻江县）、苗族三月坡（雷山县）、苗族扫寨（雷山县）、苗族吃鼓藏（从江县）、侗族民俗"悄悄年"（石阡县）、凤冈茶饮习俗（凤冈县）、玉屏赶坳（玉屏县）、赶社（岑巩县）、彝族年（赫章县）、高坡苗族射背牌（花溪区）、苗族跳场（花溪区）、化屋苗族文化空间（黔西县）、小广侗族娶亲节（剑河县）、龙鳌祭祀（岑巩县）、新场苗族祭天神（都匀市）、"6·24"民族传统节——二郎歌会（福泉市）、布依族"六月六"（关岭县、贞丰县）、"划筷奠祖"苗俗（纳雍县）、侗族款约（黎平县）、仡佬族三幺台习俗（道真县、务川县）、瑶白摆古（锦屏县）、彝族咪古（毕节地区文化局）、仡佬族吃新祭祖习俗（遵义县）、天柱宗祠文化习俗（天柱县）、苗族采花节（盘县）、大屯三官寨彝族祭祀（毕节市）、说春（石阡县）、水族祭祖（三都水族自治县）、甘囊香苗族芦笙节（凯里市）、畲族凤凰装（麻江县）、苗族苗年（丹寨县、雷山县）、苗族吃新节（雷山县）、苗族跳花节（安顺市）、从江侗族老人节（从江县）、侗族祭萨（黎平县）、都柳江苗族鼓藏节（榕江县）、侗年（锦屏县）、岜沙苗族成人礼（从江县）、侗族北部方言歌会（天柱县）、苗族翻鼓节（丹寨县）和竹王崇拜（镇宁县）。

（三）贵州省第三批省级非物质文化遗产名录①

第三批省级非物质文化遗产名录共147项（220处），其中新增项目108项（145处），第一、第二批省级扩展项目39项（75处）。

新增项目108项（145处）：

1. 民间文学9项（10处）：《苗族史诗——亚鲁王》（英雄史诗）（紫云苗族布依族自治县）、布依竹筒歌（关岭布依族苗族自治县）、彝族古歌（盘县）、苗族十二路酒歌（施秉县）、苗族民间故事（水城县）、布依族民间故事（望谟县）、金汉列美（黎平县、从江县）、丁郎龙女（榕江县）和布依族叙事诗（望谟县）。

2. 传统音乐18项（27处）：土家族高腔山歌（印江土家族苗族

---

① 《贵州省人民政府关于公布第三批省级非物质文化遗产名录的通知》，《贵州省人民政府公报》2009年第11期。

自治县、沿河土家族自治县)、仡佬族情歌(石阡县)、苗族三眼箫音乐艺术(织金县、六枝特区)、彝族《莫蒿亩》(赫章县、钟山区)、布依族吹打乐(关岭布依族苗族自治县、惠水县、水城县、兴仁县)、姊妹箫(关岭布依族苗族自治县、长顺县、六枝特区)、侗族哆耶——踩歌堂(黎平县)、侗族芦笙谱(榕江县)、侗族牛腿琴歌(从江县)、苗笛(从江县)、苗族酒礼歌(雷山县)、彝族山歌(盘县)、布依族小打音乐(普安县)、布依勒浪(册亨县、贞丰县)、布依族"谷温"(贞丰县)、布依族十二部古歌(望谟县)、哥蒙芦笙乐(黄平县)和苗族直箫乐(盘县)。

3. 传统舞蹈 13 项(13 处):瑶族长鼓舞(从江县)、苗族芦笙蹉步舞(毕节市)、苗族斗脚舞(习水县)、苗族斗角舞(修文县)、彝族嗨马舞(普安县)、苗族芦笙棒舞(普安县)、围鼓舞(兴义市)、布依族转场舞(册亨县)、水族铜鼓舞(三都水族自治县)、水族弦鼓舞(三都水族自治县)、苗族斗鸡舞(黔西县)、羊皮鼓舞(盘县)和苗族夫妻舞(平坝县)。

4. 传统戏剧 3 项(3 处):丝弦灯(凤冈县)、仡佬族滚龙戏(正安县)和端公戏(金沙县)。

5. 曲艺 2 项(2 处):布依族说唱"削肖贯"(望谟县)和围鼓(正安县)。

6. 传统体育、游艺与杂技 13 项(15 处):傩技—上刀山(松桃苗族自治县)、赛龙舟(铜仁市、镇远县)、赤水独竹漂(赤水市)、长坝狮灯(金沙县)、布依族铁链械(花溪区)、抵杠(平坝县)、攀崖技艺(紫云苗族布依族自治县)、苗族武术(麻江县)、游氏武术(赤水市)、布依族棍术(贞丰县)、布依族器乐演奏绝技(平塘县)、民间棋艺(正安县、望谟县)和岩鹰高跷(黄平县)。

7. 传统美术 4 项(5 处):水族剪纸(都匀市)、布依族刺绣(兴义市、望谟县)、侗族刺绣(锦屏县)和布依族织锦(关岭布依族苗族自治县)。

8. 传统技艺 18 项(25 处):黄平蜡染(黄平县)、水族(九阡酒)酿酒技艺(三都水族自治县、荔波县)、都匀毛尖茶制作技艺(都匀市)、云雾贡茶手工制作技艺(贵定县)、油茶制作技艺(正安县、玉屏侗族自治县）、西山虫茶制作技艺（息烽县）、苗族酸汤鱼制作技艺（麻江县、凯里市）、独山盐酸菜制作技艺（独山县）、豆制品制作技艺（大方县、习水县）、布依族糯食制作技艺（望谟县、贵定县）、荞酥传统制作技艺（威宁彝族回族苗族自治县）、青岩玫瑰糖制作技艺（花溪区）、晒醋制作技艺（赤水市）、龙溪石砚制作技艺（普安县）、鸟笼制作技艺（丹寨县、贞丰县、黔西县）、焰火架制作技艺（印江土家族苗族自治县）、粮仓建造技艺（望谟县）和安顺木雕（西秀区）。

9. 传统医药 2 项（2 处）：火龙丹（金沙县）和罗氏瘊疱疗法（关岭布依族苗族自治县）。

10. 民俗 26 项（43 处）：布依族服饰（西秀区、水城县、兴义市）、苗族"二月二"（黔东南州、兴仁县、贞丰县、松桃县）、布依族"三月三"（望谟县、贞丰县、册亨县、开阳县、惠水县）、苗族婚俗（丹寨县、习水县）、侗族婚俗（黎平县、榕江县）、瑶族婚俗（麻江县）、苗族斗牛习俗（施秉县、凯里市、开阳县）、苗族栽岩习俗（榕江县）、苗族卧堆习俗（榕江县）、苗族命名习俗（平坝县）、侗族鼓楼习俗（从江县）、布依族"报笨"习俗（兴义市）、布依族铜鼓习俗（兴仁县）、彝族毕摩习俗（赫章县）、彝族丧葬习俗（金沙县）、记间习俗（黎平县、榕江县）、稻鱼并作习俗（天柱县）、造林习俗（天柱县）、苗族祭桥节（三穗县、台江县、黄平县）、彝族火把节（大方县、赫章县）、求雨祭奠（黎平县）、侗族芦笙会（黎平县）、水族敬霞节（三都水族自治县）、清镇瓜灯节（清镇市）、玩水龙（施秉县）和布依族坐夜筵（开阳县）。

（四）贵州省第一、第二批省级扩展项目

第一、第二批省级扩展项目 39 项（75 处）：

1. 民间文学 4 项（5 处）：苗族刻道（黄平县）、珠郎娘美（黎平县）、苗族古歌（凯里市、兴仁县）和布依族摩经（兴仁县）。

2. 传统音乐 3 项（4 处）：布依族铜鼓乐（关岭布依族苗族自治县）、侗族琵琶歌（从江县）和苗族民歌（苗族飞歌）（剑河县、纳雍县）。

3. 传统舞蹈 2 项（2 处）：苗族芦笙舞（罗甸县）和木鼓舞（榕

江县)。

4. 传统戏剧6项（17处）：花灯戏（贵州省花灯剧团、开阳县、镇远县、金沙县）、傩戏（印江土家族傩戏、荔波布依族傩戏、织金穿青人傩戏、江口傩戏）（印江土家族苗族自治县、荔波县、织金县、江口县）、阳戏（沿河土家族自治县、息烽县、黔西县、罗甸县、开阳县）、地戏（开阳县）、侗戏（榕江县、从江县）和黔剧（安龙县）。

5. 曲艺1项（1处）：布依八音（平塘县）。

6. 传统美术3项（7处）：苗族剪纸（台江县）、苗绣（黄平县、台江县、紫云苗族布依族自治县、水城县）和苗族织锦（凯里市、台江县）。

7. 传统技艺7项（13处）：皮纸制作技艺（务川仡佬族苗族自治县、印江土家族苗族自治县、安龙县）、竹编技艺（万山特区）、苗族芦笙制作技艺（花溪区、丹寨县、凯里市）、苗族蜡染（紫云苗族布依族自治县）、苗族银饰制作技艺（剑河县、关岭布依族苗族自治县、台江县）、砂陶制作技艺（盘县）和布依族土布制作技艺（望谟县）。

8. 民俗13项（26处）：侗年（榕江县）、苗族跳花节（赫章县、大方县、金沙县）、鼓藏节（台江县）、社节（黎平县）、侗族萨玛节（从江县）、仡佬族"吃新节"（六枝特区）、苗族杀鱼节（开阳县）、苗族"四月八"（息烽县）、布依族"六月六"（开阳县）、竹王崇拜（紫云苗族布依族自治县）、苗族服饰（习水县、开阳县、修文县、纳雍县、金沙县、黄平县、从江县、凯里市、水城县、兴仁县）、屯堡服饰（平坝县、西秀区）和侗族北部方言歌会（三穗县、锦屏县）。

（五）贵州省第四批省级非物质文化遗产名录[①]

贵州省第四批省级非物质文化遗产代表性项目共121项（140处），其中新增项目75项（77处），扩展项目46项（63处）。

[①] 《贵州省人民政府关于公布第四批省级非物质文化遗产代表性项目名录的通知》（黔府发〔2015〕1号），《贵州省人民政府公报》2015年第1期。

1. 民间文学4项（5处）：簪汪古歌（清镇市、修文县）、播州杨应龙传说（汇川区）、布依族浪哨歌（册亨县）和苗族"巴狄熊"口传经典（松桃苗族自治县）。

2. 传统音乐11项（11处）：布依族土歌（南明区）、花山布依古歌（紫云苗族布依族自治县）、水族"夺咚"（都匀市）、布依族莫歌（独山县）、侗族笛子歌（黎平县）、注溪山歌（天柱县）、启蒙侗歌（锦屏县）、瓦寨锣鼓（江口县）、薅草锣鼓（石阡县）、普宜乐都莫轰（七星关区）和苗族山歌（望谟县）。

3. 传统舞蹈9项（9处）：布依族铜鼓舞（关岭布依族苗族自治县）、苗族雷公舞（贵定县）、苗族搓梗仔采阿诗舞（瓮安县）、苗族古瓢舞（雷山县）、苗族水鼓舞（剑河县）、踩亲舞（黄平县）、布依竹鼓舞（册亨县）、布依族展稍（望谟县）和布依族板凳龙舞（兴义市）。

4. 传统戏剧5项（5处）：马马灯（正安县）、茶灯（松桃苗族自治县）、布依族"丫面"（册亨县）、苗族武教戏（普安县）和灯夹戏（瓮安县）。

5. 传统体育、游艺与杂技3项（3处）：土家族高台狮灯（沿河土家族自治县）、布依族武术（安龙县）和温水小手拳（习水县）。

6. 传统技艺21项（21处）：雷家豆腐圆子制作技艺（云岩区）、民间纸扎技艺（正安县）、墨石雕刻技艺（正安县）、湄潭翠芽茶制作技艺（湄潭县）、"遵义红"茶制作技艺（湄潭县）、湄潭手筑黑茶制作技艺（湄潭县）、空心面制作技艺（绥阳县）、水族银饰制作技艺（都匀市）、水族豆浆染制作技艺（三都水族自治县）、苗族谷蔺布制作技艺（惠水县）、苗族古瓢琴制作技艺（雷山县）、天柱宗祠浮雕彩绘技艺（天柱县）、道菜制作工艺（镇远县）、煨酒酿造技艺（从江县）、石阡苔茶制作技艺（石阡县）、土家熬熬茶制作技艺（德江县）、花烛制作技艺（思南县）、金沙酱香型白酒酿造技艺（金沙县）、清池贡茶制作技艺（金沙县）、彝族彩布贴花（水城县）和古方红糖制作工艺（兴义市）。

7. 传统医药4项（4处）：遵义王氏中医推拿（遵义市）、胡三帖（贵定县）、半枫荷熏浴疗法（凯里市）和黔西王氏食疗医药（黔西县）。

8. 民俗 18 项（19 处）：龙泉推推灯（凤冈县）、铁水冲龙（普定县）、苗族跳洞——数岜（龙里县）、草塘火龙（瓮安县）、水族历法（三都水族自治县）、苗族舞龙嘘花习俗（台江县）、圣德山歌节（三穗县）、巴冶土王戊（三穗县）、壮年（从江县）、瑶族度戒（从江县）、瑶族嫁郎（从江县）、羌历年（江口县）、布依族婚俗（册亨县、贞丰县）、庆坛（晴隆县）、布依族"二月二"铜鼓节（兴仁县）、布依族火箭节（兴仁县）、彝族服饰（赫章县）和苗族祭鼓节（清镇市）。

（六）扩展项目

扩展项目 46 项（63 处）：

1. 民间文学 1 项（2 处）：布依族摩经（册亨县、望谟县）。

2. 传统音乐 7 项（7 处）：高腔大山歌（正安县）、侗族牛腿琴歌（黎平县）、苗族民歌（苗族飞歌）（台江县）、苗族多声部情歌（黄平县）、布依族铜鼓乐（六枝特区）、布依族勒尤（册亨县）和布依族小打音乐（晴隆县）。

3. 传统舞蹈 2 项（2 处）：苗族板凳舞（黄平县）和金钱棍（岑巩县）。

4. 传统戏剧 4 项（7 处）：花灯戏（息烽县、沿河土家族自治县）、阳戏（正安县）、傩戏（湄潭县、石阡县、纳雍县）和地戏（关岭布依族苗族自治县）。

5. 曲艺 2 项（2 处）：君琵琶（榕江县）和布依八音（册亨县）。

6. 传统体育、游艺与杂技 3 项（5 处）：苗族武术（剑河县、松桃苗族自治县）、赛龙舟（沿河土家族自治县）和布依族高台狮灯（贞丰县、册亨县）。

7. 传统美术 4 项（5 处）：苗族剪纸（施秉县）、侗族刺绣（镇远县）、苗绣（丹寨县、松桃苗族自治县）和布依族刺绣（册亨县）。

8. 传统技艺 10 项（12 处）：竹编工艺（赤水市）、苗族蜡染（平坝县、纳雍县、织金县）、水族石雕（荔波县）、苗族银饰锻制技艺（丹寨县）、豆制品制作技艺（江口县）、印染工艺（石阡县）、砂陶制作工艺（印江土家族苗族自治县）、布依族土布制作技艺（册亨县)、蓝靛靛染工艺(望谟县)和布依族糯食制作技艺(贞丰县)。

9. 传统医药1项(1处):苗医药(骨髓骨伤药膏)(麻江县)。

10. 民俗12项(20处):苗族跳场(乌当区)、苗族服饰(清镇市、息烽县、龙里县、贞丰县、晴隆县、普安县)、苗族跳花节(绥阳县、兴仁县)、水书习俗(榕江县)、苗族招龙(榕江县、剑河县)、月也(榕江县、从江县)、苗族姊妹节(剑河县)、彝族婚嫁习俗(赫章县)、苗族芦笙节(从江县)、苗族翻鼓节(凯里市)、仡佬族吃新节(务川仡佬族苗族自治县)和苗族婚俗(贞丰县)。

可以看出,贵州省的自然遗产、物质文化遗产、非物质文化遗产丰富多样,其中以少数民族风俗习惯为代表的文化更是绚烂多彩,是贵州各族人民的宝贵财富。除了上述已经名列国家或省级名录的非物质文化遗产之外,在贵州这片神奇的热土上,还有众多尚未发现的由各民族在长期的生产生活实践中创造和形成的文学艺术、民族医药、传统体育、生活习俗、生产技艺。

第二节 贵州少数民族非物质文化遗产传承人概况

截至2015年,贵州共有国家级非物质文化遗产传承人57名,省级非物质文化遗产传承人404名,市(州)级非物质文化遗产传承人和县级非物质文化遗产传承人若干。其中多数传承人为少数民族。

一 传承人简况及特点

(一)国家级传承人

截至2015年1月,文化部一共分四批公布了1986名国家级非物质文化遗产项目代表性传承人,贵州共有57人名列其中。其中,第一批12人,第二批25人,第三批9人,第四批11人。

贵州的第一批(见表3-2)12名国家级传承人中,在公布之日(2007年6月5日),传承人的平均年龄约62.5岁,其中年龄最大的王安江72岁,年龄最小的杨光宾42岁;少数民族10人,占83.3%,汉族2人,占16.7%;传承项目集中于民间文学和传统手工技艺。

表3-2 贵州省第一批国家级非物质文化遗产项目代表性传承人名单

（文化部2007年6月5日公布）

姓名	性别	民族	出生年月	项目名称	地区	分类
王安江	男	苗族	1935年11月	苗族古歌	贵州台江县	民间文学
刘永洪	男	苗族	1936年10月	苗族古歌	贵州省台江县	民间文学
龙通珍	女	苗族	1936年4月	苗族古歌	贵州省黄平县	民间文学
王明芝	女	苗族	1938年9月	苗族古歌	贵州省黄平县	民间文学
石光明	男	苗族	1941年6月	刻道	贵州省施秉县	民间文学
吴治光	男	苗族	1946年9月	刻道	贵州省施秉县	民间文学
莫厌学	男	苗族	1951年11月	苗族芦笙制作技艺	贵州省雷山县	传统手工技艺
刘泽松	男	汉族	1946年9月	玉屏箫笛制作技艺	贵州省玉屏侗族自治县	传统手工技艺
姚茂禄	男	侗族	1946年12月	玉屏箫笛制作技艺	贵州省玉屏侗族自治县	传统手工技艺
杨光宾	男	苗族	1965年3月	苗族银饰锻制技艺	贵州省雷山县	传统手工技艺
罗守全	男	布依族	1942年9月	皮纸制作技艺	贵州省贵阳市	传统手工技艺
刘世阳	男	汉族	1952年8月	皮纸制作技艺	贵州省贞丰县	传统手工技艺

资料来源：中国网（http://www.china.com.cn/culture/zhuanti/fyccr/node_7068575.htm）。

在贵州省第二批（见表3-3）25名国家级传承人中，在公布之日（2008年1月28日），传承人的平均年龄约57.8岁，其中年龄最大的罗国宗82岁，年龄最小的罗晓云35岁，是贵州首位"70后"国家级非物质文化遗产传承人；少数民族23人，占92%，汉族2人，占8%；传承项目集中于民间音乐、民间舞蹈、传统戏剧和曲艺。

表3-3 贵州省第二批国家级非物质文化遗产项目代表性传承人名单

（文化部2008年1月28日公布）

姓名	性别	民族	年龄	项目名称	地区	分类
吴品仙	女	侗族	1945年8月	侗族大歌	贵州省黎平县	民间音乐
吴家兴	男	侗族	1942年12月	侗族琵琶歌	贵州省榕江县	民间音乐
吴玉竹	女	侗族	1967年9月	侗族琵琶歌	贵州省黎平县	民间音乐

续表

姓名	性别	民族	年龄	项目名称	地区	分类
王芳仁	男	布依族	1930年10月	铜鼓十二调	贵州省镇宁布依族苗族自治县	民间音乐
王永占	男	布依族	1941年1月	铜鼓十二调	贵州省贞丰县	民间音乐
李金英	女	苗族	1965年8月	苗族芦笙舞（锦鸡舞）	贵州省丹寨县	民间舞蹈
余贵周	男	苗族	1965年2月	苗族芦笙舞（锦鸡舞）	贵州省丹寨县	民间舞蹈
王景才	男	苗族	1968年2月	苗族芦笙舞（滚山珠）	贵州省纳雍县	民间舞蹈
万政文	男	苗族	1951年2月	木鼓舞（反排苗族木鼓舞）	贵州省台江县	民间舞蹈
秦治凤	女	苗族	1961年2月	花灯戏（思南花灯戏）	贵州省思南县	传统戏剧
刘芳	女	侗族	1962年2月	花灯戏（思南花灯戏）	贵州省思南县	传统戏剧
张启高	男	侗族	1962年8月	侗戏	贵州省黎平县	传统戏剧
吴胜章	男	侗族	1948年8月	侗戏	贵州省黎平县	传统戏剧
罗国宗	男	布依族	1926年1月	布依戏	贵州省册亨县	传统戏剧
黄朝宾	男	布依族	1926年8月	布依戏	贵州省册亨县	传统戏剧
罗晓云	男	彝族	1973年7月	彝族撮泰吉	贵州省威宁彝族	传统戏剧
文道华	男	彝族	1942年11月	彝族撮泰吉	贵州省威宁彝族自治县	传统戏剧
张月福	男	土家族	1950年10月	傩戏（德江傩堂戏）	贵州省德江县	传统戏剧
安永柏	男	土家族	1964年10月	傩戏（德江傩堂戏）	贵州省德江县	传统戏剧
顾之炎	男	汉族	1940年12月	安顺地戏	贵州省安顺市	传统戏剧
詹学彦	男	汉族	1950年5月	安顺地戏	贵州省安顺市	传统戏剧
饶世光	男	仡佬族	1944年4月	木偶戏（石阡木偶戏）	贵州省石阡县	传统戏剧
付正华	男	侗族	1930年3月	木偶戏（石阡木偶戏）	贵州省石阡县	传统戏剧
梁秀江	男	布依族	1950年8月	布依族八音坐唱	贵州省兴义市	曲艺
吴天玉	男	布依族	1953年7月	布依族八音坐唱	贵州省兴义市	曲艺

资料来源：中国网（http://www.china.com.cn/culture/zhuanti/fyccr/node_7068575.htm）。

在贵州省第三批（见表3-4）9名国家级传承人中，在公布之日（2009年5月26日），传承人的平均年龄约67.3岁，其中，年龄最大的吴仕恒90岁，年龄最小的王兴武43岁；少数民族7人，占77.8%，汉族2人，占22.2%；传承项目集中于民间文学、民间音乐和传统技艺。

表3-4 贵州省第三批国家级非物质文化遗产项目代表性传承人

（文化部2009年5月26日公布）

姓名	性别	民族	出生年月	项目名称	申报地区或单位	分类
张定强	男	苗族	1931年1月	苗族古歌	贵州省台江县	民间文学
吴仁和	男	侗族	1931年4月	侗族大歌	贵州省从江县	民间音乐
潘萨银花	女	侗族	1943年5月	侗族大歌	贵州省从江县	
吴仕恒	男	侗族	1919年11月	侗族琵琶歌	贵州省黎平县	民间音乐
季克良	男	汉族	1939年4月	茅台酒酿制技艺	贵州省	传统技艺
袁仁国	男	汉族	1956年10月	茅台酒酿制技艺	贵州省	
王兴武	男	苗族	1966年10月	皮纸制作技艺	贵州省丹寨县	传统技艺
欧海金	男	水族	1943年7月	水书习俗	贵州省黔南苗族布依族自治州	
潘老平	男	水族	1937年7月	水书习俗	贵州省黔南苗族布依族自治州	

资料来源：中国网（http://www.china.com.cn/culture/zhuanti/fyccr/node_7068575.htm）。

在贵州省第四批（见表3-5）11名国家级传承人中，在公布之日（2012年12月20日），传承人的平均年龄约58.3岁，其中，年龄最大的刘胜扬76岁，年龄最小的宋水仙46岁；少数民族10人，占91%，汉族1人，占9%；传承项目集中于民间文学、传统音乐、传统戏剧、传统美术和传统技艺。相比较而言，第四批传承人的平均年龄虽较第二批传承人的平均年龄高，但80岁以上的老人已经较少，主力是五六十岁的中坚力量，他们大多在提升自身技艺的同时，也承担着传授后人的重任。与全国的趋势一样，经过近年来的探索，我国非物质文化遗产的保护也正从"重申报"向"重传承"过渡。

表3-5 贵州第四批国家级非物质文化遗产项目代表性传承人名单

（2012年12月20日公布）

姓名	性别	民族	出生年月	项目名称	申报地区或单位	分类
吴廷贵	男	布依族	1947年8月	布依族盘歌	贵州省盘县	民间文学
陈兴华	男	苗族	1945年12月	亚鲁王	贵州省紫云苗族布依族自治县	民间文学

续表

姓名	性别	民族	出生年月	项目名称	申报地区或单位	分类
胡官美	女	侗族	1955年9月	侗族大歌	贵州省榕江县	传统音乐
刘胜扬	男	汉族	1936年1月	花灯戏（思南花灯戏）	贵州省思南县	传统戏剧
吴通英	女	苗族	1951年3月	苗绣	贵州省台江县	传统美术
宋水仙	女	水族	1966年6月	水族马尾绣	贵州省三都水族自治县	传统美术
韦桃花	女	水族	1964年5月	水族马尾绣	贵州省三都水族自治县	传统美术
陈显月	女	侗族	1964年4月	侗族刺绣	贵州省锦屏县	传统美术
王阿勇	女	苗族	1944年2月	苗族蜡染技艺	贵州省丹寨县	传统技艺
吴水根	男	苗族	1966年2月	银饰锻制技艺（苗族银饰锻制技艺）	贵州省台江县	传统技艺
杨光成	男	布依族	1953年5月	枫香印染技艺	贵州省惠水县	传统技艺

资料来源：贵州省非物质文化遗产网（http://www.gzfwz.com/WebArticle/ShowContent?ID=67）。

从年龄构成上看，以上57名贵州籍国家级非物质文化遗产传承人，至2015年，平均年龄为66.6岁。其中，80岁以上（1933年及之前出生）的7人，占12.3%；70—79岁的16人，占28.1%；60—69岁的17人，29.8%；50—59岁的5人，占8.8%；40—50岁的12人，占21.1%。

从民族构成上看，以上57名国家级非物质文化遗产传承人中，少数民族50人，占87.7%；汉族7人，占12.3%。少数民族传承人中，7个少数民族拥有国家级非物质文化遗产传承人，其中，苗族19人，侗族13人，布依族9人，水族4人，土家族2人，彝族2人，仡佬族1人。

从性别构成上看，国家级非物质文化遗产传承人中，男性43人，占75.4%；女性14人，占24.6%。

从国家级传承人所涉及的非物质文化遗产项目类别来看，国家级非物质文化遗产传承人主要分布在民间文学、民间音乐、传统戏剧、传统舞蹈、传统美术和传统技艺五个方面。

（二）省级传承人及市（州）、县级传承人

除国家级非物质文化遗产传承人外，贵州省还先后分四批公布了404名省级传承人（见表3-6、表3-7、表3-8和表3-9）。在省级传承人中，有少数民族传承人327人，占80.9%；汉族75人，占18.6%。其中，苗族、侗族、水族、彝族、布依族、仡佬族、土家族、瑶族、羌族、毛南族、蒙古族以及革家人、绕家人、穿青人共14个少数民族（族群）拥有自己的省级传承人，其中苗、侗两大民族拥有的省级传承人为207人，占省级传承人的51.2%，超过全部省级传承人的一半。可以看出，与国家级非物质文化遗产传承人相比，省级传承人覆盖的民族范围更广。

从年龄结构上看，第二、第三、第四批公布的311名省级传承人中（第一批省级传承人未公布出生年月，故未统计），至2015年12月，省级传承人的平均年龄为58.1岁，其中，80岁以上的3人，占1.0%；70—79岁的45人，占14.5%；60—69岁的84人，占27.0%；50—59岁的82人，占26.4%；40—49岁的85人，27.3%；40岁以下的10人，占3.2%。其中，年龄最大的是87岁的独山花灯戏传承人罗济群，年龄最小的35岁，即紫云县攀岩技艺传承人罗登萍。另外，"70后"传承人47人，"80后"传承人2人。与贵州的国家级非物质文化遗产传承人相比，省级传承人集中在40—69岁之间，该年龄段的传承人占整个省级传承人的80.6%，传承人经验丰富、技艺娴熟，正是传承非物质文化遗产的黄金年龄。

总体上说，省级传承人在民族构成、分布的非物质文化遗产类别上更加广泛，传承人年龄也更加年轻，出现了一批"70后"乃至"80后"的年轻传承人。

表3-6 贵州省第一批省级非物质文化遗产传承人名单（共93人）

序号	姓名	性别	民族	国家级名录传承项目名称	所在地
1	吴通英	女	苗族	苗族古歌、苗绣、苗族姊妹节	台江县施洞塘坝村
2	唐汪报	女	苗族	反排木鼓舞	台江县反排村

续表

序号	姓名	性别	民族	国家级名录传承项目名称	所在地
3	万正文	男	苗族	反排木鼓舞	台江县反排村
4	张洪珍	女	苗族	苗族古歌、苗族姊妹节	台江县老屯榕山村
5	张定祥	男	苗族	苗族古歌	台江县施洞
6	姜故代	男	苗族	苗族古歌	台江县台盘乡棉花坪村
7	王安江	男	苗族	苗族古歌	台江县施洞镇巴拉河村
8	龙通珍	女	苗族	苗族古歌	黄平县谷陇镇
9	王明芝	女	苗族	苗族古歌	黄平县新州镇
10	莫厌学	男	苗族	芦笙制作技艺	雷山县丹江镇水电村
11	李正文	男	苗族	苗族银饰制作技艺	雷山县西江镇控拜村
12	唐炳武	男	苗族	苗寨吊脚楼营造技艺	雷山县丹江镇虎阳村
13	顾永冲	男	苗族	苗族银饰制作技艺	雷山县西江镇乌高村
14	杨光宾	男	苗族	苗族银饰制作技艺	雷山县控拜村
15	张桂英	女	苗族	雷山苗绣	雷山县永乐镇镇政府所在地
16	石光明	男	苗族	刻道	施秉县城关舞阳村
17	吴通祥	男	苗族	刻道	施秉县杨柳塘镇屯上村屯上组
18	吴正刚	男	侗族	侗戏	黎平县口江乡银朝村5组
19	吴品仙	女	侗族	侗族大歌	黎平县永从乡九龙村6组
20	杨月艳	女	侗族	侗族琵琶歌、侗戏	黎平县尚重镇洋类村1组
21	吴仕恒	男	侗族	侗族琵琶歌、侗戏	黎平县尚重镇西迷1组
22	杨昌奇	男	侗族	侗族琵琶歌	黎平县洪州镇平架村3组
23	吴志成	男	侗族	侗族大歌	黎平县永从乡九龙村6组
24	吴胜章	男	侗族	侗戏	黎平县茅贡地扪小学
25	张启高	男	侗族	侗戏	黎平县茅贡乡腊洞村
26	周绍元	男	侗族	侗戏	黎平县岩洞镇新侗小学
27	吴仁和	男	侗族	侗族大歌、侗戏	从江县高增村
28	贾福英	男	侗族	侗族大歌	从江县高增乡小黄村
29	潘萨银花	女	侗族	侗族大歌	从江县高增乡小黄村
30	潘萨立花	女	侗族	侗族大歌	从江县高增乡小黄村
31	杨妹岩	女	苗族	苗绣	剑河县观么乡下村1组

续表

序号	姓名	性别	民族	国家级名录传承项目名称	所在地
32	龙三九	女	苗族	苗绣	剑河县南寨乡广丰村
33	王阿勇	女	苗族	苗族蜡染技艺	丹寨县龙泉镇振兴路7号
34	韦祖春	女	苗族	苗族蜡染技艺	丹寨县杨武乡排模村
35	王兴武	男	苗族	皮纸制作技艺	丹寨县南皋乡石桥村
36	杨秀超	男	苗族	苗族芦笙舞（锦鸡舞）	丹寨县排调镇也改村
37	杨昌芬	女	苗族	苗族芦笙舞（锦鸡舞）	丹寨县排调镇也改村
38	潘广礼	男	水族	水书习俗	丹寨县龙泉镇高寨
39	潘光雕	男	水族	水书习俗	榕江县三江乡故依村
40	胡官美	女	侗族	侗族大歌	榕江县栽麻乡宰荡村
41	吴家兴	男	侗族	侗族琵琶歌	榕江县寨蒿镇晚寨村
42	吴长娇	女	侗族	侗族琵琶歌	榕江县寨蒿镇晚寨村5组
43	王景才	男	苗族	苗族芦笙舞《滚山珠》	纳雍猪场苗族彝族乡新春村木花营
44	祝英	女	苗族	苗族芦笙舞《滚山珠》	纳雍猪场苗族彝族乡新寨小学
45	文道华	男	彝族	彝族撮泰吉	威宁县板底乡曙光村裸嘎一组
46	罗晓云	男	彝族	彝族撮泰吉	威宁县板底乡板底组二组
47	伍太安	男	布依族	铜鼓十二调	镇宁布依族苗族自治县大山石板村
48	张万全	男	布依族	铜鼓十二调	镇宁布依族苗族自治县大山石板村
49	王芳仁	男	布依族	铜鼓十二调	镇宁布依族自治县扁担山革老坟村
50	詹学彦	男	汉族	安顺地戏	安顺市西秀区旧州镇詹家屯
51	顾之炎	男	汉族	安顺地戏	安顺市西秀区大西桥镇九溪村
52	胡永福	男	汉族	安顺地戏	安顺市西秀区刘官乡周官村
53	叶守兴	男	汉族	安顺地戏	安顺市西秀区旧州镇詹家屯
54	陈先艾	男	汉族	安顺地戏	平坝县天龙镇天台村4组
55	王明元	男	汉族	安顺地戏	普定县城关镇老马台村
56	罗国宗	男	布依族	布依戏	册亨县弼佑乡弼佑村3组
57	黄朝宾	男	布依族	布依戏	册亨县八渡镇乃言村2组
58	黄成珍	女	布依族	布依戏	册亨县者楼镇红旗村2组

续表

序号	姓名	性别	民族	国家级名录传承项目名称	所在地
59	陆振光	女	布依族	布依戏	册亨县丫他镇板万村板万组
60	白德舟	男	布依族	布依族八音坐唱	兴义市顶效镇马别村5组
61	韦万富	男	布依族	布依族八音坐唱	兴义市巴结镇南龙古寨
62	尤光伦	男	汉族	皮纸制作技艺	贞丰县小屯乡龙井村
63	余雁伟	男	布依族	铜鼓十二调	贞丰县龙场镇对门山村对门山组
64	岑兴顺	男	布依族	铜鼓十二调	贞丰县小屯乡纳秧村1组
65	王道珍	女	苗族	花溪苗绣	贵阳市花溪区高坡乡高坡村
66	罗守全	男	布依族	皮纸制作技艺	贵阳乌当新堡布依族乡陇脚村香纸沟
67	顾国富	男	汉族	玉屏箫笛制作技艺	玉屏县河滨路42号
68	杨长流	男	侗族	玉屏箫笛制作技艺	玉屏县中山路河滨小区K栋2-Z-D
69	姚茂禄	男	侗族	玉屏箫笛制作技艺	玉屏县人民路48号
70	饶世凡	男	仡佬族	石阡木偶戏	石阡县坪山乡沙坪村上寨组
71	饶世印	男	仡佬族	石阡木偶戏	石阡县坪山乡沙坪村盐井坝组
72	付正华	男	侗族	石阡木偶戏	石阡县坪山乡沙坪村花桥镇花前村
73	付正贵	男	侗族	石阡木偶戏	石阡县坪山乡沙坪村花桥镇花前村
74	刘义明	男	汉族	思南花灯戏	思南县鹦鹉溪镇沙子坡组
75	刘胜扬	男	汉族	思南花灯戏	思南县文家店龙山村苏家坳村民组
76	罗君国	男	苗族	思南花灯戏	思南县大合坝金山村
77	张月福	男	土家族	德江傩堂戏	德江县稳坪镇铁坑村
78	张金辽	男	土家族	德江傩堂戏	德江县青龙镇四季岩村
79	吴贤富	男	土家族	德江傩堂戏	德江县合兴乡龙溪村
80	张金太	男	土家族	德江傩堂戏	德江县稳坪镇三角村
81	安明秀	女	土家族	德江傩堂戏	德江县荆角乡杉元村
82	兰廷华	男	苗族	鼓龙鼓虎·长衫龙	贵定县新铺乡回寨村大谷撒四组

续表

序号	姓名	性别	民族	国家级名录传承项目名称	所在地
83	韦佩君	男	水族	水书习俗	都匀市阳和水族乡福庄村7组
84	欧海金	男	水族	水书习俗	荔波县水尧乡水捞村水捞组
85	潘老平	男	水族	水书习俗	荔波县佳荣镇拉易村3组
86	谢朝海	男	水族	水书习俗	荔波县水家学会
87	韦光荣	男	水族	水书习俗	独山县本寨水族乡大星村1组
88	杨胜帆	男	水族	水书习俗	三都水族自治县中和镇西洋村3组
89	宋水仙	女	水族	水族马尾绣	三都水族自治县民族村
90	韦桃花	女	水族	水书马尾绣	三都水族自治县三洞乡
91	邹开良	男	汉族	茅台酒酿制技艺	贵州茅台酒股份有限公司
92	季克良	男	汉族	茅台酒酿制技艺	贵州茅台酒股份有限公司
93	袁仁国	男	汉族	茅台酒酿制技艺	贵州茅台酒股份有限公司

资料来源：贵州省非物质文化遗产网（http://www.gzfwz.com/WebArticle/ShowContent?ID=67）。

表3-7 贵州省第二批省级非物质文化遗产项目代表性传承人名单（共105名）

序号	姓名	性别	民族	出生年月	所在地区或单位	项目名称	项目
1	吴通胜	男	苗族	1948年5月	施秉县杨柳塘镇屯上村	苗歌《古歌》	民间文学
2	王启荣	男	苗族	1941年11月	丹寨县排调镇岔河村	苗族口头经典"贾"	民间文学
3	韦应洪	男	苗族	1956年3月	丹寨县扬武乡	苗族历法	民间文学
4	吴庭贵	男	布依族	1942年5月	盘县羊场乡赶场坡村东场组	布依盘歌	民间文学
5	王建伦	男	布依族	1938年1月	贞丰县珉谷镇岩鱼村三组	布依族摩经	民间文学
6	石云昌	男	侗族	1961年8月	榕江县栽麻乡八匡村三组	珠郎娘美	民间文学
7	陈兴华	男	苗族	1945年10月	紫云县猴场镇打哈村	苗族史诗—亚鲁王	民间文学
8	车秀花	女	彝族	1934年3月	盘县普古乡天桥村四组	彝族古歌	民间文学

续表

序号	姓名	性别	民族	出生年月	所在地区或单位	项目名称	项目
9	雷安显	男	苗族	1940年3月	黄平县重安镇马鸬屯村	刻道	民间文学
10	杨光英	女	布依族	1947年4月	惠水县好花红乡辉岩村	布依族民歌《好花红》调	传统音乐
11	许德武	男	瑶族	1945年4月	都匀市洛邦镇绕河村	饶家"呃嘣"（大歌）	传统音乐
12	吴学桂	女	侗族	1946年8月	黎平县永从乡九龙村九组	侗族大歌	传统音乐
13	吴成龙	男	侗族	1967年1月	黎平县双江乡黄岗村		
14	吴世雄	男	侗族	1936年9月	从江县高增乡小黄村		
15	杨正英	女	苗族	1958年11月	纳雍县姑开乡高山田村	苗族飞歌	传统音乐
16	龙家亮	男	苗族	1951年12月	锦屏县河口乡韶霭村	河边腔苗歌	传统音乐
17	欧品桃	女	苗族	1966年5月	锦屏县河口乡裕和村	十二诗腔苗歌	传统音乐
18	刘 炫	男	苗族	1968年1月	锦屏县平秋镇平秋村	侗族歌簦	传统音乐
19	刘朝英	男	汉族	1939年	印江自治县沙子坡镇塘口村当门组	土家族高腔山歌	传统音乐
20	杨秀昭	男	汉族	1942年	印江自治县木黄镇荣光村二组		
21	王 波	男	土家族	1966年12月	沿河自治县板场乡板场村上组		
22	蒙书庆	男	布依族	1946年1月	贞丰县珉谷镇岩鱼村纳核一组	布依族婚俗音乐	传统音乐
23	陈庆福	男	土家族	1963年1月	沿河自治县洪渡镇白石岭村	土家族打镏子	传统音乐
24	张太明	男	汉族	1929年8月	赤水河航道处航道小区	船工号子	传统音乐
25	王兴洪	男	苗族	1966年4月	六枝特区梭戛乡高兴村	苗族三眼箫音乐艺术	传统音乐
26	杨德虎	男	苗族	1970年1月	织金县阿弓镇官寨村新寨组		

续表

序号	姓名	性别	民族	出生年月	所在地区或单位	项目名称	项目
27	杨国芬	女	苗族	1965年1月	普定县猴场乡仙马村	苗族阿江	传统音乐
28	伍荣林	男	布依族	1958年4月	六枝特区梭戛乡高兴村	姊妹箫	传统音乐
29	王仕飞	男	布依族	1967年12月	水城县野钟乡发射村	布依族吹打乐	传统音乐
30	杨国堂	男	苗族	1954年6月	丹寨县龙泉镇排牙村	苗族芒筒芦笙	传统音乐
31	王健立	男	布依族	1950年6月	贞丰县珉谷镇岩鱼村五组	布依族勒尤	传统音乐
32	周勇	男	汉族	1957年7月	凤冈县龙泉镇龙凤花园	凤冈吹打乐	传统音乐
33	毛呈祥	男	仡佬族	1952年1月	石阡自治县花桥镇	仡佬族情歌	传统音乐
34	卢付连	男	瑶族	1959年5月	荔波县瑶麓乡卢家一组	瑶族打猎舞	传统舞蹈
35	石治禹	男	毛南族	1959年5月	平塘县卡蒲毛南族乡甲翁小学	毛南族打猴鼓舞	传统舞蹈
36	唐世富	男	苗族	1940年8月	花溪区孟关乡沙坡村	苗族猴鼓舞	传统舞蹈
37	王贵民	男	苗族	1968年	水城青林乡海发村	苗族芦笙舞	传统舞蹈
38	潘胜席	女	苗族	1943年2月	镇远县金堡乡爱河村	苗族踩鼓舞	传统舞蹈
39	夏成权	男	汉族	1953年11月	盘县鸡场坪彝族乡移山村十一组	羊皮鼓舞	传统舞蹈
40	罗济群	男	布依族	1928年8月	独山城关镇中华路七段余家巷	花灯戏	传统戏剧
41	周昌志	男	汉族	1953年11月	福泉市道坪镇古龙村	阳戏	传统戏剧
42	姚维芳	男	汉族	1955年1月	黔西县太来乡新坝村	阳戏	传统戏剧
43	张海余	男	侗族	1949年11月	岑巩县水尾镇长坪村岩陇组	思州傩戏傩技	传统戏剧
44	舒万球	男	侗族	1966年3月	岑巩县羊桥乡平城村中坪组	思州喜傩神	传统戏剧
45	杨胜淮	男	土家族	1944年1月	印江自治县木黄镇三合村二组	傩戏	传统戏剧
46	罗会秀	女	土家族	1953年9月	印江自治县木黄镇荣光村		

续表

序号	姓名	性别	民族	出生年月	所在地区或单位	项目名称	项目
47	刘铁军	男	汉族	1958年1月	黔西县城关镇水西大道	文琴戏	传统戏剧
48	刘学勇	男	汉族	1950年12月	正安县谢坝乡鱼泉村砖房村民组	仡佬族滚龙戏	传统戏剧
49	黄锡久	男	汉族	1938年11月	金沙县长坝乡昆仑村高朝门组	端公戏	传统戏剧
50	舒代伦	男	汉族	1969年6月	凤冈县蜂岩镇街上	丝弦灯	传统戏剧
51	霍长伦	男	汉族	1945年4月	正安县安场镇安常社区民主街81号	围鼓	曲艺
52	陈正仁	男	苗族	1947年4月	雷山县郎德镇上郎德村1组	嘎百福	曲艺
53	王仁爱	男	苗族	1974年5月	普定县猴场乡仙马村	苗族射弩	传统体育、游艺与杂技
54	申克纯	男	仡佬族	1945年11月	道真县玉溪镇五八村	仡佬族高台舞狮	传统体育、游艺与杂技
55	文华仙	女	苗族	1965年9月	松桃自治县寨英镇寨英新街	寨英滚龙	传统体育、游艺与杂技
56	韦海光	男	侗族	1963年1月	黎平县双江乡四寨村	侗族摔跤	传统体育、游艺与杂技
57	王焕德	男	布依族	1973年5月	安顺羊昌乡本寨村	抵杠	传统体育、游艺与杂技
58	杨宗培	男	布依族	1946年6月	平塘县克度镇	布依族器乐演奏绝技	传统体育、游艺与杂技
59	田如平	男	苗族	1956年1月	松桃县世昌向下大坪村五组	傩技—上刀山	传统体育、游艺与杂技
60	平尔猫	女	苗族	1965年1月	丹寨县雅灰乡送陇村	苗族百鸟衣艺术	传统美术
61	熊光珍	女	苗族	1967年7月	六枝特区梭嘎乡高兴村	梭嘎箐苗彩色服饰艺术	传统美术
62	陈显月	女	侗族	1964年4月	锦屏县平秋镇平秋村	侗族刺绣	传统美术
63	田无树	女	苗族	1941年2月	台江县施洞镇	苗族织锦	传统美术

续表

序号	姓名	性别	民族	出生年月	所在地区或单位	项目名称	项目
64	张福芹	女	布依族	1958年8月	关岭县坡贡镇木趟村纳度组	布依族织锦	传统美术
65	张套你	女	苗族	1938年6月	台江县老屯乡	苗族剪纸	传统美术
66	田应芝	女	苗族	1968年	松桃县太平营乡老寨村三组	苗绣	传统美术
67	韦引妹	女	水族	1967年5月	三都水族自治县中和镇姑引村	水族马尾绣	传统技艺
68	王阿板	女	苗族	1962年4月	丹寨县振兴路7号	苗族蜡染	传统技艺
69	王月圆	女	苗族	1957年6月	西秀区七眼桥镇小关口村		
70	杨光成	男	布依族	1951年7月	惠水县雅水镇播潭村小岩脚组	惠水枫香染制作工艺	传统技艺
71	张禄麒	男	汉族	1970年7月	平塘县牙舟陶镇兴陶村冗平六组	牙舟陶	传统技艺
72	吴水根	男	苗族	1960年2月	台江县施洞镇塘坝村	苗族银饰锻造技艺	传统技艺
73	杨正贵	男	苗族	1955年2月	黄平县翁坪乡王家牌村五组		
74	王登书	男	苗族	1968年2月	黄平县新州镇飞云崖	黄平苗族泥哨	传统技艺
75	陆文礼	男	侗族	1940年3月	黎平县肇兴乡纪堂上寨村五组	侗族木构建筑营造技艺	传统技艺
76	杨光锦	男	侗族	1943年6月	从江县高增乡高增村		
77	王海生	男	苗族	1972年4月	水城县海拔村	芦笙制作技艺	传统技艺
78	张小平	男	侗族	1968年5月	岑巩县新县城新兴大道上段55号	思州石砚制作工艺	传统技艺
79	李发辉	男	彝族	1964年	威宁县兔街乡新声村二组	擀毡制作工艺	传统技艺
80	高光友	男	彝族	1964年7月	大方县城关镇中街	大方彝族漆器髹饰技艺	传统技艺
81	张先美	男	侗族	1954年12月	万山特区高楼坪侗族乡夜郎村伍家田组	竹编工艺	传统技艺
82	涂志祥	男	苗族	1948年4月	三穗县八弓镇美敏村十一组		

续表

序号	姓名	性别	民族	出生年月	所在地区或单位	项目名称	项目
83	杨正坤	男	汉族	1954年12月	西秀区龙宫镇下苑村	安顺木雕	传统技艺
84	周明	男	汉族	1975年1月	西秀区刘官乡周官村		
85	黎世宏	男族	土家	1948年8月	德江县青龙镇潮砥路	傩面具制作工艺	传统技艺
86	王启萍	女	苗族	1950年6月	花溪区贵筑路	花溪苗绣	传统技艺
87	熊兴兰	女	苗族	1952年11月	永城陡箐乡陡箐村	苗族服饰	传统技艺
88	王永会	女	苗族	1976年1月	会沙县城关镇丰景村二组		
89	杨再祥	男	侗族	1954年4月	三穗县八弓镇贵洞村冲头组	土法造纸工艺	传统技艺
90	何联庆	男	汉族	1958年8月	盘县老厂镇黑土坡居委会七组		
91	蔡文举	男	土家族	1955年11月	印江县合水镇兴旺村	皮纸制作	传统技艺
92	潘仕超	男	布依族	1965年6月	册亨县巧马镇弄袍村小寨组	蓝靛靛染工艺	传统技艺
93	朱华政	男	汉族	1967年11月	贞丰县挽澜乡窑上村	窑上古法制陶	传统技艺
94	龙派章	女	瑶族	1962年9月	麻江县龙山乡河坝村	瑶族服饰制作技艺	传统技艺
95	赵进堂	男	瑶族	1940年6月	从江县翠里乡高华村	瑶族药浴	传统医药
96	石富菖	男	苗族	1963年9月	锦屏县河口乡裕河村	四十八苗寨歌会	民俗
97	廖秀珍	女	革家族	1954年2月	黄平县重兴乡公安派出所	革家服饰	民俗
98	黄金美	女	布依族	1954年1月	册亨县坑渡小学	布依服饰	民俗
99	程国芬	女	布依族	1950年9月	乌当区偏坡乡		
100	白永秀	女	布依族	1944年6月	水城县猴场乡打把村		
101	杨兴秀	女	苗族	1965年8月	纳雍县百兴镇垭口村老寨子组		
102	王兴美	女	苗族	1968年4月	纳雍县张家湾镇		
105	刘德厚	男	侗族	1943年7月	万山特区黄道侗族乡丹阳村板栗湾组	鏊锣（锣）	民俗

资料来源：贵州省非物质文化遗产网（http://www.gzfwz.com/WebArticle/ShowContent?ID=67）。

表 3-8　贵州省第三批省级非物质文化遗产
传承人名单（共 105 名）

（贵州省文化厅 2012 年 12 月 28 日公布）

序号	项目类别	项目名称	姓名	性别	民族	出生年月	申报地区或单位
1	民间文学	布依竹筒歌	罗福全	男	布依族	1960 年 10 月	安顺市关岭县
2	民间文学	苗族古歌	田锦锋	男	苗族	1952 年 8 月	黔东南州台江县
3	民间文学	苗族口头经典"贾"	李会堂	男	苗族	1962 年 1 月	黔东南州丹寨县
4	民间文学	苗族"刻道"	吴通贤	男	苗族	1953 年 11 月	黔东南州施秉县
5	民间文学	彝族古歌	杜元元	男	彝族	1969 年 4 月	六盘水市盘县
6	民间文学	亚鲁王	岑天伦	男	苗族	1964 年 11 月	安顺市紫云县
7	民间文学	亚鲁王	陈志品	男	苗族	1952 年 7 月	安顺市紫云县
8	传统音乐	绕家呃嘣	许化明	男	绕家	1950 年 11 月	黔南州都匀市
9	传统音乐	布依族勒尤	吴天平	男	布依族	1954 年 4 月	黔西南州兴义市
10	传统音乐	布依勒浪	潘昌国	男	布依族	1973 年 1 月	黔西南州贞丰县
11	传统音乐	布依勒浪	王定权	男	布依族	1966 年 6 月	黔西南州册亨县
12	传统音乐	布依族十二部古歌	韦光芬	女	布依族	1963 年 5 月	黔西南州望谟县
13	传统音乐	布依族吹打乐	贺登奎	男	布依族	1948 年 9 月	黔西南州兴仁县
14	传统音乐	姊妹箫	鲁国凡	男	布依族	1949 年 5 月	安顺市关岭县
15	传统音乐	黔北打闹歌	陆恩权	男	汉族	1949 年 5 月	遵义市余庆县
16	传统音乐	仡佬族哭嫁歌	王前梅	女	仡佬族	1950 年 9 月	遵义市道真县
17	传统音乐	马场乡苗族大筒箫的制作与演奏	陶春学	男	苗族	1975 年 12 月	六盘水市盘县
18	传统音乐	侗族大歌	罗婢云	女	侗族	1937 年 5 月	黔东南州榕江县
19	传统音乐	侗族琵琶歌	吴德光	男	侗族	1951 年 5 月	黔东南州从江县
20	传统音乐	苗族民歌（苗族飞歌）	刘礼洪	男	苗族	1960 年 1 月	黔东南州剑河县
21	传统音乐	苗族多声部情歌	方少保	女	苗族	1973 年 9 月	黔东南州台江县
22	传统音乐	布依族民歌（好花红）	王科国	男	布依族	1966 年 2 月	黔南州惠水县
23	传统音乐	苗族《古歌》	吴倍鑫	男	苗族	1976 年 12 月	黔南州龙里县
24	传统舞蹈	鼓龙鼓虎·长衫龙	兰衡	男	苗族	1977 年 7 月	黔南州贵定县
25	传统舞蹈	瑶族猴鼓舞	何永国	男	瑶族	1958 年 11 月	黔南州荔波县
26	传统舞蹈	围鼓舞	冉龙才	男	汉族	1954 年 7 月	黔西南州兴义市
27	传统舞蹈	彝族嗨马舞	毛大龙	男	彝族	1960 年 6 月	黔西南州普安县
28	民间舞蹈	苗族板凳舞	杨占辉	男	苗族	1953 年 10 月	黔西南州安龙县

续表

序号	项目类别	项目名称	姓名	性别	民族	出生年月	申报地区或单位
29	民间舞蹈	阿妹戚托	柳顺方	男	彝族	1957年3月	黔西南州晴隆县
30	传统舞蹈	苗族烧灵舞	杨德明	男	苗族	1958年12月	黔西南州兴仁县
31	传统舞蹈	苗族花鼓舞	邓开伦	男	苗族	1957年8月	贵阳市乌当区
32	传统舞蹈	苗族夫妻舞	鲁廷明	男	汉族	1961年2月	安顺市平坝县
33	传统舞蹈	松桃瓦窑四面花鼓	龙云辉	男	苗族	1961年6月	铜仁市松桃县
34	传统舞蹈	金钱杆	杨秀虎	男	土家族	1949年11月	铜仁市江口县
35	传统舞蹈	苗族芦笙蹉步舞	李德灿	男	苗族	1959年6月	毕节市七星关区
36	民间舞蹈	苗族芦笙舞	杨正平	男	苗族	1974年12月	黔东南州凯里市
37	传统美术	水族剪纸	韦邦粉	女	水族	1954年6月	黔南州都匀市
38	民间美术	水族马尾绣	潘小艾	女	水族	1968年7月	黔南州三都水族自治县
39	传统美术	布依族刺绣	韦建粉	女	布依族	1962年8月	黔西南州兴义市
40	传统美术	苗绣	张志英	女	苗族	1942年12月	黔东南州台江县
41	传统美术	侗族刺绣	龙令香	女	侗族	1964年9月	黔东南州锦屏县
42	传统美术	苗族剪纸	姜文英	女	苗族	1971年7月	黔东南州剑河县
43	传统戏剧	黔剧	朱宏	男	汉族	1970年1月	贵州省黔剧院
44	传统戏剧	花灯戏	罗江禹	女	汉族	1940年3月	贵州省花灯剧团有限责任公司
45	传统戏剧	花灯戏	邵志庆	女	汉族	1962年9月	贵州省花灯剧团有限责任公司
46	传统戏剧	蓬莱布依地戏	蒙竹林	男	布依族	1968年7月	贵阳市白云区
47	传统戏剧	阳戏	刘正远	男	汉族	1968年9月	贵阳市开阳县
48	传统戏剧	花灯戏	刘忠富	男	汉族	1940年9月	安顺市普定县
49	传统戏剧	安顺地戏	陈先松	男	汉族	1951年3月	安顺市平坝县
50	传统戏剧	花灯戏	周和平	男	土家族	1947年8月	铜仁市印江县
51	传统戏剧	阳戏	宋绍连	男	土家族	1952年8月	铜仁市沿河县
52	传统戏剧	思南花灯	许朝正	男	汉族	1958年2月	铜仁市思南县
53	传统戏剧	文琴戏	李德玉	女	汉族	1954年2月	贵阳市乌当区
54	传统戏剧	阳戏	黄晓亮	男	汉族	1971年9月	贵阳市息烽县
55	传统戏剧	仡佬族傩戏	杨朝忠	男	仡佬族	1953年3月	遵义市道真县
56	传统戏剧	花灯戏	周英萍	女	汉族	1948年2月	遵义市余庆县
57	传统戏剧	阳戏	吴菊香	女	苗族	1963年6月	黔东南州天柱县

第三章　贵州少数民族非物质文化遗产及其传承人概况　71

续表

序号	项目类别	项目名称	姓名	性别	民族	出生年月	申报地区或单位
58	传统戏剧	傩戏（织金穿青人傩戏）	张如周	男	穿青族	1944年6月	毕节市织金县
59	曲艺	安顺唱书	秦朝明	男	汉族	1945年10月	安顺市西秀区
60	曲艺	布依八音	杨通怀	男	布依族	1949年1月	黔南州平塘县
61	曲艺	君琵琶	姚成仁	男	侗族	1946年1月	黔东南州黎平县
62	传统技艺	牙舟陶器制作技艺	钟成雄	男	汉族	1952年12月	黔南州平塘县
63	传统技艺	都匀毛尖茶制作技艺	张子全	男	布依族	1965年1月	黔南州都匀市
64	传统技艺	土法造纸工艺	李田发	男	汉族	1974年2月	黔南州长顺县
65	传统技艺	窑上古法制陶	张细春	男	汉族	1947年8月	黔西南州贞丰县
66	传统技艺	粮仓建造技艺	王卜站	男	布依族	1955年1月	黔西南州望谟县
67	传统技艺	布依族土布制作技艺	韦仕春	女	布依族	1949年9月	黔西南州望谟县
68	传统技艺	苗族服饰	刘永芬	女	苗族	1954年4月	黔西南州兴仁县
69	传统技艺	安顺木雕	杨正洪	男	汉族	1962年11月	安顺市西秀区
70	传统技艺	印染工艺	任明武	男	土家族	1940年12月	铜仁市印江县
71	传统技艺	焰火架制作技艺	张安怀	男	土家族	1943年1月	铜仁市印江县
72	传统技艺	傩面具制作工艺	王国华	男	土家族	1965年1月	铜仁市德江县
73	传统技艺	董酒酿制技艺	贾翘彦	男	汉族	1942年6月	遵义市红花岗区
74	传统技艺	苗族蜡染	杨芳	女	苗族	1966年1月	黔东南州丹寨县
75	传统技艺	皮纸制作技艺	潘玉华	男	苗族	1975年7月	黔东南州丹寨县
76	传统技艺	鸟笼制作技艺	王玉和	男	苗族	1964年8月	黔东南州丹寨县
77	传统技艺	苗族银饰锻制技艺	邰引岩	男	苗族	1963年3月	黔东南州剑河县
78	传统技艺	苗族芦笙制作技艺	潘柔达	男	苗族	1948年9月	黔东南州凯里市
79	传统技艺	侗族鼓楼花桥建造技艺	杨应琪	男	侗族	1943年2月	黔东南州黎平县
80	传统技艺	枫香印染技艺	杨鸿昌	男	布依族	1971年10月	黔南州惠水县
81	传统技艺	枫香印染技艺	杨万仁	男	瑶族	1949年7月	黔东南州麻江县
82	传统技艺	彝族漆器髹饰技艺	余孟益	男	蒙古族	1954年12月	毕节市大方县
83	传统医药	布依族防治肝病益肝草秘方	何庆洪	男	汉族	1968年10月	黔南州贵定县
84	传统医药	苗医药（骨伤蛇伤疗法）	王增世	男	苗族	1957年11月	黔东南州雷山县

续表

序号	项目类别	项目名称	姓名	性别	民族	出生年月	申报地区或单位
85	传统医药	瑶族医药（药浴疗法）	赵有辉	男	瑶族	1955年1月	黔东南州从江县
86	传统医药	廖氏化风丹制作技艺	廖小刚	男	汉族	1974年8月	遵义市汇川区
87	传统医药	火龙丹	尹明伦	男	汉族	1948年6月	毕节市金沙县
88	民俗	布依族服饰	王菁	女	布依族	1971年3月	黔西南州兴义市
89	民俗	苗族服饰	王大英	女	苗族	1946年11月	贵阳市开阳县
90	民俗	苗族服饰	杨少珍	女	苗族	1942年10月	贵阳市修文县
91	民俗	清镇瓜灯节	黄国林	男	汉族	1946年1月	贵阳市清镇市
92	民俗	苗族服饰	罗建方	女	苗族	1971年8月	安顺市关岭县
93	民俗	苗族服饰	杨文琴	女	苗族	1964年9月	安顺市西秀区
94	民俗	说春	封万明	男	汉族	1950年1月	铜仁市石阡县
95	民俗	新化舞狮	闵树民	男	苗族	1954年1月	黔东南州锦屏县
96	民俗	哥蒙的"哈冲"	廖学文	男	革家族	1953年2月	黔东南州黄平县
97	民俗	侗族北部方言歌会	杨代梅	女	侗族	1968年9月	黔东南州锦屏县
98	民俗	彝族咪古	苏世龙	男	彝族	1966年6月	毕节市赫章县
99	民俗	隆里花脸龙	江化远	男	汉族	1938年9月	黔东南州锦屏县
100	民俗	榕江侗族服饰	杨老猫	女	侗族	1955年11月	黔东南州榕江县
101	传统体育	瑶族民间陀螺竞技	谢友明	男	瑶族	1976年7月	黔南州荔波县
102	传统体育	布依族棍术	岑绚录	男	布依族	1950年8月	黔西南州贞丰县
103	传统体育	攀崖技艺	黄小宝	男	苗族	1962年1月	安顺市紫云县
104	传统体育	仡佬族打篾鸡蛋	王代勤	男	仡佬族	1974年1月	遵义市道真县
105	杂技与竞技	布依族高台狮灯	黄正权	男	布依族	1967年3月	黔西南州兴义市

资料来源：贵州省非物质文化遗产网（http：//www.gzfwz.com/WebArticle/ShowContent? ID=67）。

表3-9 贵州省第四批省级非物质文化遗产项目代表性传承人名单（共101名）

（贵州省文化厅2015年11月16日公布）

序号	项目名称	申报地区或单位	姓名	性别	民族	出生年月	从艺年限	项目类别
1	布依摩经	册亨县	黄明亮	男	布依族	1954年12月	48	民间文学
2	苗族"巴狄熊"口传经典	松桃县	田如超	男	苗族	1956年11月	39	民间文学

续表

序号	项目名称	申报地区或单位	姓名	性别	民族	出生年月	从艺年限	项目类别
3	珠郎娘美	从江县	梁华志	男	侗族	1953年3月	38	民间文学
4	苗族贾理	丹寨县	潘玉祥	男	苗族	1943年10月	50	民间文学
5	苗族刻道	黄平县	杨昌雄	男	苗族	1940年12月	60	民间文学
6	布依族勒尤	兴义市	韦利奎	男	布依族	1968年10月	34	传统音乐
7	布依山歌十八调	贵定县	罗兰芬	女	布依族	1964年7月	35	传统音乐
8	河边腔苗歌	锦屏县	李宏美	女	苗族	1964年1月	34	传统音乐
9	启蒙侗歌	锦屏县	杨春云	女	侗族	1975年1月	25	传统音乐
10	苗族多声部民歌	台江县	唐翁翁	女	苗族	1968年4月	30	传统音乐
11	苗族多声部民歌	剑河县	杨开员	男	苗族	1975年6月	23	传统音乐
12	侗族琵琶歌	榕江县	吴秀能	男	侗族	1959年5月	41	传统音乐
13	侗族琵琶歌	黎平县	吴增勇	男	侗族	1966年8月	30	传统音乐
14	注溪山歌	天柱县	杨万超	男	侗族	1938年3月	50	传统音乐
15	苗族飞歌	剑河县	张晓梅	女	苗族	1978年6月	16	传统音乐
16	屯堡山歌	安顺市西秀区	郭平生	男	汉族	1972年3月	30	传统音乐
17	屯堡山歌	平坝县	王恩英	女	汉族	1949年10月	30	传统音乐
18	乌江船工号子	思南县	刘明礼	男	汉族	1975年5月	30	传统音乐
19	彝族阿妹戚托	兴仁县	杜传富	男	彝族	1966年4月	30	传统舞蹈
20	瑶族猴鼓舞	荔波县	何吉坐	男	瑶族	1941年4月	60	传统舞蹈
21	鼓龙鼓虎·长衫龙	贵定县	兰廷美	男	苗族	1966年12月	33	传统舞蹈
22	苗族芦笙长鼓舞	贵定县	雷作良	男	苗族	1967年2月	28	传统舞蹈
23	苗族芦笙舞	罗甸县	熊少斌	男	苗族	1968年7月	35	传统舞蹈
24	苗族格哈舞	丹寨县	石光荣	男	苗族	1965年8月	37	传统舞蹈
25	苗族木鼓舞	榕江县	龙金才	男	苗族	1938年5月	60	传统舞蹈
26	彝族铃铛舞	赫章县	苏万朝	男	彝族	1959年2月	45	传统舞蹈
27	阳戏	正安县	黎 岗	男	汉族	1964年12月	30	传统戏剧
28	马马灯	正安县	骆长伦	男	汉族	1945年2月	30	传统戏剧
29	仡佬族傩戏	道真县	程 均	男	仡佬族	1965年1月	35	传统戏剧
30	湄潭傩戏	湄潭县	杨志刚	男	汉族	1936年9月	53	传统戏剧
31	傩堂戏	石阡县	胡定昌	男	仡佬族	1948年3月	36	传统戏剧

续表

序号	项目名称	申报地区或单位	姓名	性别	民族	出生年月	从艺年限	项目类别
32	思南花灯戏	思南县	寇源	男	土家族	1936年9月	60	传统戏剧
33	木偶戏	石阡县	刘超	男	侗族	1970年10月	9	传统戏剧
34	布依八音	册亨县	黄龙柄	男	布依族	1959年12月	44	曲艺
35	傩技—上刀山	松桃县	石伟	男	苗族	1973年10月	25	传统体育、游艺与杂技
36	仡佬族高台舞狮	道真县	申学军	男	仡佬族	1972年12月	29	传统体育、游艺与杂技
37	温水小手拳	习水县	谢春波	男	汉族	1965年5月	33	传统体育、游艺与杂技
38	攀岩技艺	紫云县	罗登萍	女	苗族	1980年12月	6	传统体育、游艺与杂技
39	古彩戏法	贵州省杂技团	秦江杰	男	汉族	1970年7月	31	传统体育、游艺与杂技
40	布依族武术	安龙县	杨刚	男	布依族	1963年1月	44	传统体育、游艺与杂技
41	通草堆画	红花岗	左惠平	女	汉族	1951年12月	51	传统美术
42	布依族刺绣	兴义市	罗绍珍	女	布依族	1959年10月	46	传统美术
43	布依族刺绣	册亨县	王江翠	女	布依族	1963年5月	45	传统美术
44	苗绣	凯里市	王金花	女	苗族	1965年12月	42	传统美术
45	苗绣	台江县	龙通花		苗族	1960年1月	25	传统美术
46	苗绣	台江县	刘忠嫦	女	苗族	1968年2月	25	传统美术
47	苗绣	水城县	祝明飞	女	苗族	1963年12月	45	传统美术
48	苗绣	松桃县	石丽平	女	苗族	1966年1月	25	传统美术
49	苗绣	雷山县	任秀芬	女	苗族	1945年12月	60	传统美术
50	水族马尾绣	三都水族自治县	石玉翠	女	水族	1971年12月	30	传统美术
51	水族马尾绣	三都水族自治县	韦应丽	女	水族	1963年10月	40	传统美术
52	苗族剪纸	施秉县	张老英	女	苗族	1966年7月	35	传统美术
53	苗族织锦技艺	麻江县	文胜兰	女	苗族	1975年7月	32	传统美术
54	苗族泥哨	黄平县	陈应魁	男	革家族	1964年12月	30	传统美术
55	湄潭手筑黑茶传统制作技艺	贵州湄江印象茶业有限责任公司	赵双宁	男	汉族	1969年12月	22	传统技艺

续表

序号	项目名称	申报地区或单位	姓名	性别	民族	出生年月	从艺年限	项目类别
56	绥阳旺草竹编技艺	绥阳县	张景发	男	汉族	1965年12月	40	传统技艺
57	竹编工艺	赤水市	陈文兰	女	汉族	1965年12月	43	传统技艺
58	布依族土布制作技艺	册亨县	韦仁素	女	布依族	1959年7月	41	传统技艺
59	故央（传统制香）	安龙县	余荣珍	女	布依族	1950年3月	50	传统技艺
60	蓝靛染工艺	贞丰县	王建雄	男	布依族	1962年2月	36	传统技艺
61	蓝靛靛染技艺	望谟县	黄乜学安	女	布依族	1967年7月	36	传统技艺
62	造纸工艺	盘县	陈江	男	汉族	1972年12月	15	传统技艺
63	彝族彩布贴花	水城县	张忠群	女	彝族	1954年9月	53	传统技艺
64	石阡苔茶传统制作技艺	石阡县	王飞	男	侗族	1966年1月	15	传统技艺
65	古法造纸	印江县	田儒林	男	汉族	1953年6月	43	传统技艺
66	牙舟陶器烧制技艺	平塘县	张禄洪	男	汉族	1966年5月	30	传统技艺
67	云雾贡茶手工制作技艺	贵定县	方开祥	男	汉族	1974年9月	31	传统技艺
68	翁贵古法造纸	长顺县	李玉华	男	汉族	1950年4月	50	传统技艺
69	思州石砚制作工艺	岑巩县	杨刚	男	汉族	1979年9月	20	传统技艺
70	岑巩县民间火纸制作技艺	岑巩县	黄秀龙	男	侗族	1964年3月	35	传统技艺
71	苗族四滴水芦笙制作技艺	丹寨县	王方元	男	苗族	1963年10月	35	传统技艺
72	鸟笼制作技艺	丹寨县	杨福生	男	苗族	1974年2月	27	传统技艺
73	苗族马尾斗笠制作	凯里市	吴远忠	男	苗族	1958年12月	41	传统技艺
74	苗族银饰锻制技艺	雷山县	李正云	男	苗族	1971年5月	29	传统技艺
75	苗族芦笙制作技艺	雷山县	莫里学	男	苗族	1954年9月	43	传统技艺
76	苗寨吊脚楼营造技艺	雷山县	杨昌义	男	苗族	1949年4月	41	传统技艺
77	苗族蜡染	织金县	蔡群	女	苗族	1974年10月	28	传统技艺
78	鸟笼制作工艺	黔西县	代登祥	男	汉族	1972年11月	26	传统技艺

续表

序号	项目名称	申报地区或单位	姓名	性别	民族	出生年月	从艺年限	项目类别
79	豆制品制作技艺	大方县	刘衍敏	女	汉族	1957年10月	15	传统技艺
80	玉屏箫笛制作技艺	玉屏县	吴继红	男	侗族	1968年7月	30	传统技艺
81	苗族医药·骨伤蛇伤疗法	雷山县	文玉忠	男	苗族	1972年10月	28	传统医药
82	苗族医药·骨髓骨伤药膏	麻江县	龙薪臣	男	苗族	1973年10月	29	传统医药
83	半枫荷熏举浴疗法	贵州苗珍堂生物科技有限公司	杨汉梅	女	侗族	1965年9月	10	传统医药
84	苗族医药	黔东南州民族医药研究院	蒋元生	男	苗族	1963年2月	29	传统医药
85	黔西王氏食疳医药	黔西县	王德俭	男	汉族	1949年1月	56	传统医药
86	遵义王氏中医推拿	遵义市文化馆	王超文	男	汉族	1963年3月	35	传统医药
87	苗族祭鼓节	清镇市	王兴贵	男	苗族	1944年12月	31	民俗类
88	下洞祭风神	印江县	任贞茂	男	土家族	1948年8月	23	民俗类
89	江口羌历年	江口县	胡政法	男	羌族	1967年10月	20	民俗类
90	苗族跳洞—数岜	龙里县	吴福兴	男	苗族	1979年6月	19	民俗类
91	布依族服饰	兴义市	郎正丽	女	布依族	1961年5月	42	民俗类
92	侗族服饰	黎平县	邹克兰	女	侗族	1950年4月	40	民俗类
93	水书习俗	独山县	韦光礼	男	水族	1948年3月	45	民俗类
94	水书习俗	三都水族自治县	韦见	男	水族	1954年8月	50	民俗类
95	瑶族服饰	麻江县	赵元秀	女	瑶族	1976年7月	23	民俗类
96	彝族服饰	赫章县	松德英	女	彝族	1963年7月	37	民俗类
97	苗族服饰	清镇市	王荣毕	女	苗族	1972年8月	21	民俗类
98	苗族服饰	普安县	郭真英	女	苗族	1968年4月	38	民俗类
99	苗族服饰	晴隆县	杨兴琴	女	苗族	1966年6月	42	民俗类
100	苗族服饰	剑河县	王亨石	女	苗族	1980年2月	17	民俗类
101	青苗刺绣及苗族服饰	安顺市西秀区	熊体英	女	苗族	1951年3月	20	民俗类

资料来源：贵州省非物质文化遗产网（http://www.gzfwz.com/WebArticle/ShowContent?ID=67）。

除上述国家级、省级传承人之外，各市（州）、县还认定数量不等的传承人，如黔东南州除了拥有国家级传承人 21 人、省级传承人 111 人外，仅 2015 年认定的第三批州级非物质文化遗产项目传承人就达 100 名①；黔南州的省、州、县命名传承人达 1000 多人；贵阳市于 2009 年 8 月将朱兴华、黄晓亮 2 人列为第一批市级非物质文化遗产项目代表性传承人，截至 2014 年 12 月底，市级非物质文化遗产传承人已增至 48 人。②

（三）贵州非物质文化遗产传承人的特点

综合来看，贵州省的非物质文化遗产传承人具有以下几个突出的特点。

第一，传承人以少数民族居多。国家级传承人中，少数民族占 87.7%；省级传承人中，少数民族占 80.9%。这与贵州作为多民族杂居的"文化千岛"省份的特点相符。不过，也应当注意的是，贵州全省居住着 48 个少数民族，少数民族个数仅次于云南，居全国第二位。世居少数民族有土家族、苗族、布依族、侗族、彝族、仡佬族、水族、回族、白族、瑶族、壮族、毛南族、蒙古族、仫佬族、羌族、满族、畲族 17 个。但从传承人的族别分布上看，只有 7 个少数民族拥有国家级传承人，12 个少数民族拥有省级传承人，这说明还有众多的少数民族没有自己的非物质文化遗产传承人，传承人在区别构成上还有不合理之处。此外，贵州还拥有大量的未识别族群，2000 年全国第五次人口普查表明，我国未识别族群人口共有 73.4 万人，贵州是未识别族群人口分布最多的省份，共有约 71 万人，占全国未识族群总数的 96.7%，有穿青族、革家族、绕家族、木佬族、龙家族、扬黄族等未识别族群。但目前，这 70 多万未识别族群之中，只有 4 位省级传承人，其中革家族 2 人、绕家族 1 人、穿青族 1 人。未识别民族之所以未能识别，除了各种历史政治因素外，更在于其文化本身确实具

---

① 《黔东南州完成第三批州级非物质文化遗产项目代表性传承人评选认定工作》，贵州省人民政府网，http://majiang.gov.cn/info/egovinfo/public - arc/zwentgdj - 12_ A/2015 - 0723002.htm，2016 年 2 月 20 日。

② 赵红薇：《16 人被确立为贵阳市第三批非物质文化遗产项目代表传承人》，《贵阳日报》2014 年 12 月 22 日。

有相当的独特性，与周边民族存在很大的差别，如穿青人的"五显"神、猴图腾崇拜，"三节袖两节衣"、"三把头"之类的独特服饰发型，异于外族的独特节日、婚姻、丧葬习俗；绕家人的"过冬"、绕家话、绕家大歌"呃嘣"等文化，神秘而悠远，是祖国非物质文化遗产宝库的重要组成部分。因此，贵州未识别族群的非物质文化遗产保护及其传承人的识别也是非常值得重视的问题。

第二，传承人特别是国家级传承人的年龄偏大。在贵州的国家级传承人中，平均年龄达66.6岁，60岁以上的传承人占70%；省级传承人中，60岁以上的传承人占42.5%，事实上，截至2015年年底，贵州省国家级和省级传承人已有5人去世。[①] 不可否认，这些60岁以上的传承人技艺精湛，长期坚守在民族文化传承的第一线，为本民族文化的传承做出了巨大贡献。但因为生物规律，60岁以上的传承人，其记忆力、听力、精力等逐渐衰退，教授徒弟的能力逐渐减弱。笔者在田野调查中发现，部分年龄较大的传承人包括国家级传承人已经基本丧失了与人交流的能力，要他们传承民族文化事实上已经比较困难。即使一部分传承人还保留传承能力，但由于与后辈的年龄差距太大，对世界和社会的认识存在差异，共同语言太少，后辈们往往不愿意与他们过多接触，这也在客观上为传承优秀民族文化带来了困难。

传承"后继乏人"已然成为目前一个十分严峻的问题。根据文化部公布的数据，截至2015年1月，文化部公布的4批共1986名国家级非物质文化遗产项目代表性传承人中，已有235人离世，在世的国家级非物质文化遗产代表性传承人中，超过70周岁的占50%以上，开展抢救性记录工作已刻不容缓。为此，文化部于2015年5月22日印发了《文化部关于开展国家级非物质文化遗产代表性传承人抢救性记录工作的通知》，要求全面实施抢救性记录工作，利用数字多媒体等现代化技术手段，全面、真实、系统地记录代表性传承人掌握的非物质文化遗产知识和精湛技艺，为后人传承、研究、宣传、利用非物

---

① 王小梅：《贵州：非物质文化遗产资源大省变强省》，《贵州日报》2016年2月11日。

质文化遗产留下宝贵资料。①

相比较而言，省级传承人的年龄结构较为合理，老、中、青各代呈正态分布，较为有利于少数民族非物质文化遗产的传承。

第三，传承人覆盖的传承项目还不够广泛。贵州国家级非物质文化遗产传承人主要分布在民间文学、民间音乐、传统戏剧、传统舞蹈、传统美术、传统技艺六个领域，省级传承人分布面要广一些，主要为民间文学、传统音乐、传统美术、传统舞蹈、传统戏剧、传统体育、游艺与杂技、传统技艺、传统医药、民俗等各个方面，但很多国家级和省级的非物质文化遗产项目均无传承人，如苗族泥哨、剪纸、苗族吊脚楼营造技艺等20多项无国家级代表性传承人。特别值得注意的是，有关的节日、习俗，如国家级的非物质文化遗产如苗族姊妹节、苗族鼓臧节、苗年、苗族独木龙舟节、水族端节等均无国际级与州、县级的传承人，传承人覆盖范围有限，远远没有做到所有的非物质文化遗产项目都有相应的代表性传承人，不利于这些项目的传承和发展。

第三节 贵州少数民族非物质文化遗产传承人面临的生境

所谓生境，是生物生活的空间和其中全部生态因子的综合。② 少数民族非物质文化遗产传承人的生境，是指少数民族传承人个体或群体的社会环境、生存空间和工作条件。贵州少数民族非物质文化遗产传承人的生境，既与社会经济文化一体化的世界潮流有关，也与世界各国与中国注重文化的多元化保护的趋势关联，还有贵州以及传承人所处的州、县、乡、村的社会经济文化环境密切联系。少数民族非物质文化遗产传承人所历经的文化生境变化，对民族文化的传承影响巨大，其中，既存

---

① 贵州省文化厅：《国家级"非遗"传承人抢救性记录培训班在贵州贵阳举办》，文化部（2015年9月2日），http://www.mcprc.gov.cn/whzx/qgwhxxlb/guizhou/201509/t20150902_457708.html，2016年2月18日。

② 安学斌：《少数民族非物质文化遗产研究——以云南巍山彝族打歌为例》，民族出版社2008年版，第172页。

在有利于传承人和非物质文化遗产本身传承的文化生境变迁,也有众多的因素在侵蚀和消解着非物质文化遗产及其传承人生存的土壤,让非物质文化遗产传承活动举步维艰、难以为继。

一 贵州少数民族非物质文化遗产传承人面临的有利生境

(一)非物质文化遗产的保护受到社会普遍认同

始于20世纪的全球经济一体化,也带来了文化的一体化问题,西方的强势文化不断地消解着弱势文化。与这种吞噬和消解相对,21世纪开始,人们认识到经济的迅猛发展与强势文化的光怪陆离,并不能解决人类和谐生存的精神问题,在高度发达的物质条件与海量的文化产品冲击下,什么是幸福?人活着的意义是什么?……这些人类与生俱来的精神困厄问题不但未得到解决,反而越来越困惑着全人类。在这一背景下,人们开始思考文化的多元化问题,开始怀念传统,开始关注本土文化。非物质文化遗产也是在这一背景下,作为关注不同民族、不同族群生命历史记忆和独特的生存模式而被提出,并迅速在全世界引发反响。中国政府在《国务院关于公布第一批国家级非物质文化遗产名录的通知》中就有这样的表述:"我国是历史悠久的文明古国,拥有丰富多彩的文化遗产。非物质文化遗产是文化遗产的重要组成部分,是我国历史的见证和中华文化的重要载体,蕴含着中华民族特有的精神价值、思维方式、想象力和文化意识,体现着中华民族的生命力和创造力。"[①] 中国已然深深地被卷入愈演愈烈的全球化之中,偏僻的贵州当然也不例外。经由国家权力机关国务院正式发布的通知明确强调了寻求并保护"文化多样性",正是应对全球化的有力挑战。为此,我国不仅建立了县、市、省、国家四级非物质文化遗产申报体系,而且还动用大量的人力和物力对各民族的地方传统文化进行筛选、保护。换言之,非物质文化遗产及其传承人保护得到了整个社会的强烈认同,有着良好的社会土壤。

(二)非物质文化遗产作为一种文化产品受到消费者青睐

在现代化进程中,经济的发展为人类特别是城市提供了越来越丰

---

① 国务院办公厅:《国务院关于公布第一批国家级非物质文化遗产名录的通知》,中央政府门户网(2006年6月2日),http://www.gov.cn/zwgk/2006 - 06/02content_297946.htm,2012年6月5日。

富的物质条件，但在享受各种现代生活设施带来便捷的同时，人们对日复一日、紧张刻板的生活产生厌倦，城市的高楼林立和灯红酒绿让人压抑。于是，大量的城里人开始逃离城市，寻找"疲惫心灵的家园"。他们的目光又回归乡村，回归到异文化之中，因为"这里面有现代社会无法匹敌的制度与现代人无法企及的美德，人们从中消费到许多东西：(1) 亲切感，维系'根意识'；(2) 确证过去以使现在合理化或逃离不堪的现在；(3) 强化认同；(4) 知古鉴今；(5) 丰富生活与环境；(6) 感受古老，古老包括四层内涵：居先、遥远、原生和原始；(7) 连续性，尤其是非物质文化遗产；(8) 终结感，它提供现实世界所缺乏的完整感、稳定感和永恒感；(9) 更迭感，它为一切降生的事物提供一个短暂的寄处，赋予过去以形态，并将我们自身生活置于一个历史情境之中"。① 于是，在贵州黔东南州、黔南大山深处，深山的阻隔、恬淡而多彩的生活方式加上各种渲染和想象，一下子俘获了城里人那颗想"回归自然"的心。在这种情况下，少数民族各种丰富多彩的非物质文化遗产，有了转化为文化产品并获得较好市场的可能性。② 这当然可能对非物质文化遗产的原生态传承带来较大的负面影响，但也可能为很多濒临灭绝的非物质文化遗产重新带来生存的空间，很多传承人也许可以重操旧业，在新的社会需求背景下重

---

① David Lowenthal, *The Past is a Foreign Country*, Cambridge: The Press Syndicate of the University of Cambridge, 1985, pp. 36 - 63.

② 贵州省黔东南州的非物质文化遗产所蕴含的旅游资源正得到大力挖掘。黔东南州投资促进局在2015年承办的中国传统村落黔东南峰会乡域经济发展论坛暨招商推介会上，共评审出22个项目作为推介会集中签约项目，总投资104.3亿元，签约项目主要涉及民俗村寨建设、文化旅游、农业、农产品电商等。其中，州旅发委与畅游中国自驾游俱乐部联盟签订《关于组织推广黔东南深度旅游合作协议》，与中国旅游热线联盟签订《中国旅游热线联盟与贵州省黔东南旅游合作协议》；凯里市与北京盛世华亚文化发展有限公司签订拟投资10亿元的《国家"非遗"——大型苗族歌舞剧〈仰阿莎〉实景山水展演项目》；台江县与北京五音文化传播有限公司签订拟投资5亿元的《麻乌苗族文化旅游产业园项目》，黄平县与飞虎雄鹰（北京）通用航空有限公司签订拟投资10亿元的《飞虎队主题飞行小镇建设项目》；黎平县与杭州华龄集团有限公司签订拟投资16亿元的《全国智能化养生养老实验基地项目》，等等。具体情况可参考黔东南州投资促进局"州投资促进局承办的2015年中国传统村落黔东南峰会乡域经济发展论坛暨招商推介会取得圆满成功"，黔东南人民网（2015年11月22日），http://kaili.gov.cn/info/egovinfo/public - arc/ztzcjj - 02 _ HY/2015 - 1122001. htm，2016年3月20日。

新演绎他们所钟爱的手艺和传统。例如，黔东南从江县高华村是一个离乡驻地13公里，距县城60公里的瑶族小山村，自从2014年依托瑶族药浴这一非物质文化遗产进行旅游开发以来，吸引了很多游客到此体验"养生"项目，不但将村里之前不少跑去城里打工的年轻人留了下来，而且还带动了当地的传统造纸、瑶族长鼓舞等传统技艺、舞蹈的传承与发展。① 再如雷山县的乌东村，距县城18公里，是一个典型的苗族群居的自然村寨。之前由于地理位置偏僻，加上道路不便，并不为外界所知晓。近年来，随着公路建设和雷公山旅游的深度开发，当地政府将乌东村作为旅游兴村的建设项目来抓，积极投入资金建设民俗陈列室，其中展示了原生态苗族民间草药、巫术文化、农耕文化、民族服饰、村落景观等彩色图谱，已吸引了大量游客前往参观、体验当地民俗文化。②

（三）非物质文化遗产所依存的传统文化氛围更加宽容

在新中国成立后的很长一段时期，出于"建设一个新世界"的政治狂热，很多传统被视为是落后的东西遭到被打倒或压制。非物质文化遗产所承载的文化往往和民俗、祭祀、宗教、信仰、传说等文化因子相关。在特定的历史时期，这些文化因此成为被打击的对象，被消灭或被迫转入地下。比如水族的水书习俗、苗族的刻道、很多民族的傩戏、阳戏、地戏等，事实上都与祭祖、禳解、灵魂安顿等宗教信仰行为有关。在"文化大革命"时代，这些活动的传承者常常在"打击封建迷信"的口号下遭遇被批斗或禁止活动的命运。例如，国家级非物质文化遗产名录贵州荔波县的翁昂乡傩戏，其第19代法师传人何星辉老人已经90岁高龄了，他在接受媒体采访时曾如此描述这段岁月："'坐桥'是封建迷信，傩师是巫师，那时候许多面具、唱本、法器都被销毁，哪个传傩哪个就要被拉去批斗，我当老师幸好躲过，

---

① 滚文青：《从江县瑶族药浴合作社入选"非遗"保护基地》，黔东南新闻网（2014年1月10日）http://www.qdnrm.com/a/dawenhua/feiyiwenhua/20140110/99293.html，2016年3月20日。

② 张希才、石明华：《雷山县乌东村民俗陈列室正式开馆》，黔东南新闻网（2012年11月21日）http://www.qdnrm.com/a/dawenhua/feiyiwenhua/20121122/89074.html，2016年3月20日。

有的傩师就被批斗了。那几年,几乎就没有人敢唱傩戏。"① 但是,随着改革开放与非物质文化遗产概念的提出,强加在这些传承人身上的政治枷锁被打破,人们对传统文化及其附属的信仰功能越来越宽容和理解,传承人得以安心地传播传统文化。

(四)少数民族非物质文化遗产的文化环境获得一定程度的保存

尽管受到市场经济与强势文化的冲击,传统社区的文化土壤已经被大量侵蚀。但由于贵州地理位置的偏僻与经济发展的相对落后,使一些偏僻地区在整体上受到的外界的冲击较小,传统的民俗习惯还主导着人们的生活,一些传统手工艺、传统民族文化依然保持着传统古朴的风貌。因此,贵州少数民族非物质文化遗产的文化环境总体上得以保存。当然,这种完好也只是相对和暂时的,随着工业化和城镇化建设的推进,这些文化土壤被侵蚀的步伐在加快。

图 3-1 阳戏面具

---

① 兰岚:《傩戏是布依人生活的一部分——访翁昂傩戏传承人何星辉》,《贵州都市报数字报》(2014 年 6 月 30 日头版), http://www.culture.gog.cn/system/2014/06/30/013631427.shtml, 2016 年 3 月 20 日。

图 3-2 供奉的神灵

图 3-3 阳戏舞台

二 贵州少数民族非物质文化遗产传承人面临的不利生境

在非物质文化遗产及其传承人保护存在一定有利生境的情况下，与之相对，也存在众多的不利生境，极大地影响着非物质文化遗产传承人。

（一）文化土壤的剥蚀

非物质文化遗产文化土壤被剥蚀是全世界共同面临的一个重大问题，而这几乎也是一个不可逆转的过程。贵州虽然相对落后，但同样受到全球一体化的影响。特别是随着近年来贵州工业化、城镇化、农业现代化和信息化步伐的加快，现代文明正以越来越快的速度进入到每一个乡村,尤其是随着高速公路、快速铁路的通达,之前外人很少涉足过的山区瞬即进入高速交通时代。[①] 打工潮所带来的人口大流动和思想观念变迁,广播电视的普及所带来的娱乐交往方式的变化,年轻人对城市社会的向往等,都在深刻地改变着人们的生活方式,解体着传统的社会结构。客观地说,贵州少数民族丰富的非物质文化遗产以及贵州的"文化千岛"现象,是与贵州原来群山阻隔所带来的交通不便、信息闭塞、经济落后有关。然而,保护非物质文化遗产确实也不能以牺牲发展、保留贫困为代价,如何在开发利用中保持与把握好"保护"的度是一个任重而道远的问题,尽管如此,我们必须寻找新的方法来解决非物质文化遗产后继乏人等问题。

(二) 政府和外来资本的强力干预,导致非物质文化遗产的变异

由于非物质文化遗产作为一种文化产品,对于游客有较大的号召力和吸引力,它成为各地方开展旅游的重要资源,也确实为地方经济的发展做出了重要贡献,一些少数民族的工艺品成为广受游客欢迎的旅游商品,重新激活了该类非物质文化遗产的活力,水族马尾绣、苗族蜡染、银饰制作等都是典型。但同时,非物质文化旅游也是一把"双刃剑"。在有些地方,由于政府或外来资本的强力干预,出于急功近利,为了吸引外界关注,很多非物质文化遗产被生搬硬套、牵强附会地使用,有时甚至完全不顾非物质文化遗产的本来面目,随意篡改

[①] 笔者调查中深深体验到这种高速交通所带来的变迁。2009 年 7 月,笔者早上七点驱车从贵阳出发,到达雷山县城后,通过雷山到榕江的老省道准备到贵州从江、黎平调查,其间翻越雷公山,一路颠簸,晚上九点才到途中的榕江县城,第二天几乎又赶了大半天才到达侗族大歌窝——从江县小黄村。因为经过长时间的跋涉和路途艰辛,在这些村子里,完全有到了另一个世界的感觉。笔者准备调查的另一个村寨——黎平县肇兴村,由于公路不通,没能到达。到 2012 年 7 月,随着厦蓉高速公路的开通,笔者仅用 3.5 个小时,就从贵阳到达了小黄和肇兴,其间的差异,堪称沧桑巨变。至 2015 年年底,贵州高速公路通车里程达到 5200 多公里,实现了"县县通高速",这为各少数民族地区带来了便捷的同时,也使少数民族地区一下子裸露在了外部事件面前,民族文化生境面临更加紧迫的保护任务。

非物质文化遗产内容①,或精心布置展示生活场景②,只为了表面的风光和热闹,结果是劳民伤财、收效甚微,反而使非物质文化遗产的内涵发生本质变异,为当地民众所厌烦,被外界所鄙视。

(三) 传承人很难获得与其文化技艺相关的利益

在非物质文化遗产开发过程中,由于政府和外来资本的强势,使非物质文化遗产在正常开发时,大多数非物质文化遗产所在社区及传承人缺乏谈判能力,没有能够真正享受到非物质文化遗产开发所带来的利益,最终成为开发者的雇工,其掌握的技艺的巨大价值没有能得到体现。如西江苗寨开发过程中,民众获得的利益有限,但却必须忍受商品价格的大幅上涨和原有的宁静被永远地打破;很多银饰制作公司雇用传承人开发银饰产品,并与现代工艺结合,申请专利或商品,传承人在其中所获利益甚少。

---

① 笔者在贵州黔东南榕江调查时,该县对外宣传称"神秘萨玛、生态榕江",将侗族萨玛节作为发展旅游经济的最重要卖点,在侗族村寨修了萨玛祠等设施。但笔者在榕江三宝侗寨调查发现,大多数人侗族人并不知道萨玛节具体是哪一天,都说政府定哪天就是哪天,具体要看游客多少而定,游客多了,天天都可以是萨玛节。

② 在"文化生态"理念影响下,贵州省相继兴建了多处生态博物馆。例如,20 世纪90 年代后期中国政府与挪威政府合作共同创建的亚洲第一家生态博物馆——梭嘎生态博物馆,其初衷是促进苗族文化与自然生态的"可持续发展"。然而,根据学者们调研后的结果来看,梭嘎 10 年的保护时间只是在一定程度上实现了"就地保护"的原则,其文化主体的文化自决、文化自主并没有真正实现。参见彭兆荣主编《文化遗产学十讲》,云南教育出版社 2012 年版,第 246 页。方李莉:《遗产:实践与经验》,云南教育出版社 2008 年版,第 28—36 页。

第四章　少数民族非物质文化遗产传承人的行政保护措施存在的问题及制度完善

对非物质文化遗产及其传承人的保护，目前还是以行政保护措施为主，这其中包括对非物质文化遗产的收集、整理、调查和记录等工作。近年来，国家和各地方都加大了对传承人的保护力度，文化部发布了《国家级非物质文化遗产项目代表性传承人认定与管理暂行办法》，规定了国家级非物质文化遗产项目代表性传承人的认定标准、权利义务、申报推荐、评审与公示、资助传习活动、建立传承人档案等细则；《非物质文化遗产法》从法律层面对上述内容进行了规定。云南、贵州等省建立了较为完善的四级传承人认定、命名、保护机制。

可以说，对非物质文化遗产传承人的保护已经进入了规范化的良性轨道，目前的保护还是一种整体保护方案。但笔者在贵州的田野调查也表明，这种整体保护方案没有考虑到各类型传承人的具体特点，很多保护措施缺乏针对性，使保护的实效大打折扣，因此，有必要对我国非物质文化遗产传承人进行分类保护。

第一节　问题的直观呈现
——对部分传承人、文化管理干部、群众的访谈笔录

非物质文化遗产及其传承人的整体保护措施，通过总体性的运动和世界性传播，在有限的时间和空间内实现了社会群体对非物质文化

遗产的最大关注和响应，其作用毋庸置疑。① 但是，经过七八年的试验，这一方案的局限性也逐渐显现。多年来，笔者在贵州黔南的三都、黔东南的丹寨、雷山、从江、台江等地就少数民族非物质文化遗产传承人的保护访谈了大量的传承人和群众，下面选择其中的13人进行访谈笔录，直观呈现他们的心声，反映相关问题。

宋水仙，女，1965年出生，水族，贵州三都水族自治县三洞乡板告村人，第四批国家级非物质文化遗产项目水族马尾绣代表性传承人。

> 我1988年左右就开始在三都各地收购、收藏马尾绣，做马尾绣生意，目前在三都水族自治县城购买了房，有一个卖马尾绣的门面，有自己的家庭收藏馆。我自己平时不太绣马尾绣了，但因为是省级传承人，到过中国香港、中国台湾、上海等地表演。有时县人事局、三都水族自治县非物质文化遗产中心会叫我到乡里面办培训班，教水族妇女做马尾绣。我收购的马尾绣制品，除了在自己的门面卖以外，也卖给贵阳的金凯利、黔萃行、黔艺宝等大型的民族工艺品公司。我很想开办自己的公司，把公司做大，给做马尾绣的水族妇女定期发工资，但现在最大的问题就是缺资金，信息不够，文化宣传费用不够，很艰难。国家每年给的5000元津贴能够按时到位，但数量太少，对于我发展自己的事业作用不大。
>
> 除我之外，我们水族马尾绣的另一位省级传承人韦桃花在三都水族自治县城有4个门面，她生意做得比我大。

韦家敏，女，水族，1963年出生，贵州三都水族自治县三洞乡板告村人，马尾绣县级传承人，在三洞乡有一个马尾绣商店。

> 我从小就开始绣马尾绣，能画也能绣，不用事先在绣布上画出图案，就可以绣出来，我奶奶那一辈的人都是这样。现在能凭

---

① 孙正国：《论非物质文化遗产传承人的类型化保护》，《求索》2009年第10期。

想象绣出来的人少了,我大舅妈(宋水仙)、韦桃花都要先画好才能绣。我画好的绣布能卖20—250元1张,很好卖。做马尾绣很辛苦,一年连卖绣品带卖画,能够挣10万元左右,家里的生活就全靠这个店了。我们三洞乡这个地方生活(消费)低,日子倒还好过。我是县级传承人,每年县政府给我300元,文化馆给200元,另一个单位给了100元。

图4-1 三都水族自治县水族马尾绣县级传承人韦家敏获得中级工艺师职称

图4-2 韦家敏获得首批非物质文化遗产代表性传承人荣誉称号

王巧,女,水族,1980年出生,贵州三都水族自治县中和镇妙良村人,马尾绣县级传承人。

我从小就跟外婆、妈妈学做马尾绣,长大了不是很感兴趣了。现在做马尾绣很容易赚钱,一个月收入两三千元没问题,没有打工辛苦,还可以在家照顾小孩,现在我们都靠做这个养家,男人都在家做饭，带小孩，做家务，不出去打工了。我现在越做越有兴趣，做法也突破传统，用现代的布来做，颜色鲜艳，我的绣片很受欢迎。我是县级传承人，得过县里面发的 600 元的津贴。

杨胜帆，男，水族，1921 年出生，贵州三都水族自治县西洋村三组人，国家级非物质文化遗产项目水书文化省级传承人（由于杨胜帆耳聋，交流困难，对他的访谈资料来源于其家人和邻居。——笔者注）

他通书、反书（水书的类型）都会，几代家传，在村里住的时候，村里人埋人、起房子等事情还会找他。不过现在他经常在三都（县城）和贵阳居住，很少回来，后代中没人再跟他学水书了。国家每年给他 5000 元的津贴都能按时到位。

杨丽莎，女，1983 年出生，贵州丹寨县排调人，国家级非物质文化遗产项目苗族蜡染国家级传承人王阿勇的儿媳、省级传承人王阿板的妯娌、省级传承人韦祖春的弟媳。

我们家族里面有三位国家级、省级的传承人，婆婆王阿勇和大嫂王阿板有做蜡染绘画的天赋。婆婆阿勇人很活泼，做的蜡染在丹寨很有名，原来在县职校教人画蜡染，后来见买她蜡染的人特别多，就回到排调（镇）自己开厂了。目前，我们成立了"丹寨县阿勇蜡染文化旅游开发有限公司"，在县城有一个门面，销售很好。在排调有专门制作蜡染的厂，雇用当地的妇女制作蜡染。我负责店面的设计和销售，大嫂王阿板负责蜡染质量监督和教妇女绘画，婆婆王阿勇的两个儿子负责注册公司，在外面跑市场。我们已经申请注册了"阿勇"商标，想在西江再开一个店，把公司做大。

我婆婆（王阿勇）每年能领 8000 元的传承人津贴，大嫂王阿板和韦祖春每年能领 5000 元，也没有给他们规定什么义务，就是有时候出去开下会。

杨秀超，男，1965 年出生，苗族；杨昌芬，女，1962 年出生，

第四章 少数民族非物质文化遗产传承人的行政保护措施存在的问题及制度完善

苗族。二人均为贵州丹寨县排调镇也改村人，国家级非物质文化遗产项目苗族芦笙舞（锦鸡舞）省级传承人。

我们五六岁就开始会跳锦鸡舞，很多人都会跳，成为传承人后，每年可以得5000元津贴。领了补贴后，上面要求我们办培训班教大家跳舞，一般要培训90天，但现在学生都要上学，只有假期教一下，很难培训那么长时间。现在县里面经常会叫我们去开会，不过一般只报销住宿费，车费不报销。

吴仁和，男，1931年出生，贵州从江县高增乡高增村人，国家级非物质文化遗产项目侗歌、侗戏国家级传承人。

我有点文化，小学时学过谱，从1972年就开始收集、编写侗戏剧本、侗歌唱词，"文化大革命"前不准唱歌，后来，1982年左右我开始教歌，教了好多学生，很多学生都当外婆了。现在农闲，晚上我也教歌，但出去找经济（打工）的年轻人多了，很难凑齐人。每年1万元的传承人费用都能够按时发。

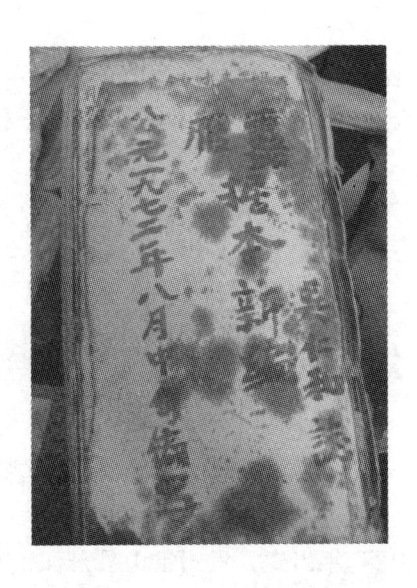

图4-3 吴仁和编写的侗戏剧本

贾美兰，女，1978年出生，贵州从江县高增乡小黄村人，侗族大歌州级传承人，"小黄十姐妹"之一，被称为"女歌王"。

我们小黄村人从小都会唱歌，2005年左右，小黄村的十个女孩组成"小黄十姐妹"，参加了多彩贵州的歌唱大赛，得了"金黔奖"。后来，我们家去中央电视台参加"神州大舞台，家乡展风采"的比赛，得了第一名。我们最初为小黄村的侗族大歌闯出了名声，县里当初为了留住我们在当地搞旅游，答应每个月给我们发500元工资，县里当初还答应给我们20万元建"歌堂旅馆"搞旅游，后来根本没有实现。我们本想尽力为家乡做贡献，但县里根本不重视我们，当初外面的很多人想把我们"十姐妹"带出去包装，现在时过境迁，我们老了，十姐妹各散四方，到处打工漂泊，没有人再对我们感兴趣了，我们想起来很伤心。

2010年，我在省博物馆的"省原生态艺术团"教过侗歌，每月能得2000元左右的工资，现在在家照顾小孩就不去了。县里经常利用我们表演，每次就二三十元钱。我是州级传承人，每年3000元津贴可以按时到位。

图4-4 "小黄十姐妹"参加多彩贵州歌唱大赛

莫厌学，男，1950年出生，贵州雷山县丹江镇水电村人，国家级非物质文化遗产项目苗族芦笙制作技艺国家级传承人。

我现在全家9个人在做芦笙，就靠这个赚钱生活。我成为国家级传承人以后，名气比较大了，也是一种信誉保障，很多人从网上和打电话直接给我下订单或者先把钱汇给我。因此，我倒不愁没活干，做芦笙养活一家人也没问题。但是，芦笙的市场比较有限，主要就是学校、演出团来买，其他人对此不感兴趣。前两年，贵州的一批传承人在北京搞展出，银饰师傅15天卖了8万多元，我的芦笙一根都没有卖出去，很想把拿去的芦笙扔在北京算了。我们的芦笙价格也不可能大幅度涨价，现在外面打工一天能赚100元，我们做芦笙从早干到晚，一天只能赚30多元，远不如外面打工划得来，女婿都不愿意做这个了。

我2006年成为国家级传承人，每年能领1万元的补贴，订了合同，要求每年教15个徒弟，但根本招不到那么多人，以前传男不传女，现在都不兴这些了，我的女儿女婿都学会了。即便这样，每年能教两三个就不错了。我大儿子是贵州大学艺术学院毕业的，他制作芦笙的水平比我高，能做24管、发48个音的芦笙，以后芦笙制作能不能产业化发展就看他们的了。

唐炳武，男，1941年出生，贵州雷山县丹江镇虎阳村人，国家级非物质文化遗产项目苗寨吊脚楼营造技艺省级传承人。

我父亲是个木工，但不会建房子，我从小看木工的这些活路，从1965年开始自学建造吊脚楼，至今已经建了150多栋房子。1965年给人建房子时，主人家一天给我1.5元，给土地1.2元，靠建房也可以维持一家人的生活。建房子还必须会"秘籍"（苗族的一些宗教仪式），否则房子建好后会出事。在雷山，搞"秘籍"这一块很多事情都要找我。有人家里老人过世后，请我去"交吉"，本寨的会给十二三元钱作为误工费，还要给一块猪肉，外地的给得多一些。

我现在是建吊脚楼的省级传承人，每年国家给5000元补贴；2010年我到凯里参加了苗族"秘籍"的考核，得了优秀奖，如果成为"秘籍"的传承人，还要另外发补贴。学建房和"秘籍"

都要头脑灵活、记忆力好，我下一代没人学这个，出去打工去了。我教了几十个徒弟都是外村的。有些徒弟很灵活，都当老板了，如尧伯、尧成波（音）成立了公司，专门在凯里各地给人修风雨桥。丹江的余涛燕（音）跟我学起房子，现在他专门起房子（成品）来卖。

图4-5　雷山县苗族吊脚楼营造技艺传承人唐炳武的传承人证书

杨广宾，男，1963年生，贵州雷山县西江镇控拜村人，国家级非物质文化遗产项目苗族银饰制作技艺国家级传承人。

我们控拜村做银饰有300多年的历史了，我的技艺是祖传的，到我这里是第五代了。现在，控拜村的银匠基本都在外加工银饰谋生，在凯里金钱湖（音）聚集加工的银匠比较多。

我2006年成为传承人后，除每年可以得到1万元的补贴以外，其他方面对我的生活影响也很大。国家级传承人就是品牌，是一种信誉保障，现在生意好做多了，我打造的纯银制品，都会刻上自己的名字作为标志，我的加工费是别人的十倍，每年能赚4万多元，现在生活比以前好多了，其他普通的银匠一般一年只能有七八千到两万元收入。有人曾找到我，想用我的名字开店，我没有允许，怕影响声誉。

作为传承人，我们有教徒弟的义务，外出开会也可以折算任务，现在学校的银饰传承主要放在小学、技校，我也去学校上课,但不是教学生学加工银饰,而是教工艺欣赏,总体上说,学生的兴趣不大。以前,银饰制作都是传男不传女,现在不论了,都可以学,不过,关键技艺还是有一定的保密。我教了十几个徒弟,但成才的只有三个,分别在珠海、北京和贵阳给银饰老板打工。下一代都不太喜欢学这个,市场比较混乱,竞争太激烈了。现在,市场上很多银饰都是用白铜镀银打造的,实际上是假货,对我们苗族的形象造成了很坏的影响。机器也可以打造银饰,我们做一个,机器可以做十几个,一般人又几乎区分不出银饰是手工制品还是机器制品。大家都嫌做银饰来钱慢,又辛苦,年轻人宁愿到外面去打工,拿了钱想做就做,不做就走,很自由,而做银饰辛辛苦苦,还不知道什么时候能卖到钱。

万正文,男,1950年出生,贵州省台江县方召乡反排村人,国家级非物质文化遗产项目反排木鼓舞国家级传承人。

我从小学就开始跳木鼓舞,既有"老古典"跳法,也有些创新。2006年成为国家级传承人后,每年能领8000元的补贴。当传承人后,有教学生的义务,每年要教7个人,这个任务不重,以前就经常教年轻人跳舞,现在时常到本村小学去教他们跳木鼓舞。我们村里面成立了20多人的艺术团搞旅游,也是我和村里面的另一名省级传承人唐汪报(女)在教,艺术团的人平时都干农活,有游客要看跳舞,才集合在一起跳给游客看,不过,总体上说,现在游客不多。

以前跳舞都是有严格规矩的,与"吃鼓藏"有关,十三年吃一次"鼓藏",一吃就是三年,第四年才开始跳木鼓舞。现在,这些程序都没有了,过苗年、二月二、春节都会跳舞,平时有游客来,可以随时跳,不过,大家对这些习俗的改变也没意见。

潘××,男,1940年出生,贵州省从江县高增乡小黄村人,侗族大歌师。

我不是任何级别的传承人，不过，你可以到群众中去访一访，在小黄村谁唱歌、编歌最好。我从小喜欢侗歌、侗戏，别人唱的歌我听一遍就会，16岁小学五年级毕业，因为是地主成分，就从学校出来工作了，有一次，我在邑拔听一个朋友讲故事，我觉得很有意思，就开始记录，改革开放初期，村里到龙图（音，地名）请了两个歌师来与我一起教侗戏，他们会讲故事，我与他们把龙图的戏全部用侗骈文记录下来了。后来，开始用侗骈文（自创文字）自编侗戏本子，编几大本，后来，火灾毁掉一部分，现在还有几本。

我还给村里面的小学无偿编了三年的戏，教小学生唱歌，原来的小学校长潘学光知道这件事情。后来，也有老师跟我学唱歌，但学不来我的技艺。施文清、潘成华这些老歌师都是我的朋友，与我一起教过侗戏。2000年省里来人到小黄村收集资料，到从江参加评比，我表演了侗戏"破镜重圆"，小黄村在那次评比中得了一等奖。

我们那时候唱歌都是对歌，要反应快，随机应变，能够当场对得出来。现在唱歌都是找年轻人，就是比声音，比谁长得漂亮，但现在的年轻人完全不懂侗骈文，基本上是乱唱，"鸡同鸭讲"，各唱各的，连他们自己都不知道自己在唱什么，完全失去了侗歌的精髓，成了死的侗歌。

基于以上访谈笔录，笔者认为，在少数民族非物质文化遗产传承人保护过程中，呈现出一些突出问题亟待改进，包括非物质文化遗产传承人的认定程序不合理、传习人培养不力、传承人内部分化严重、诉求差异很大、传承人文化身份模糊等问题。有必要从多个方面改革和完善现行的传承人保护制度，以下对这些问题进行分析，并提出相应的解决方案。

第二节 传承人认定制度及其完善

一 现行的传承人认定程序

传承人的概念随着非物质文化遗产概念的兴起而广为人知,官方于2005年在《关于加强我国非物质文化遗产保护工作的意见》中正式使用这一概念。但在此之前,对于有突出贡献的民间艺术家的认定和相关保护已经存在,如早在1979年8月,由国务院委托轻工业部首次对有突出贡献的工艺美术艺人授予"中国工艺美术家"荣誉称号。当然,这一做法虽然与现在的传承人制度有一定的相似之处,但当时主要还是对特定行业的先进模范予以表彰的意思。1988年1月,为了使工艺美术行业荣誉称号的评定工作"制度化",由轻工业部、国家科委联合发布了《工艺美术行业荣誉称号试行办法》,授予那些技艺高超、贡献卓著的工艺美术艺人"中国工艺美术大师"的称号。1997年,国务院颁布了《传统工艺美术保护条例》,通过认定"中国工艺美术大师"的方式对工艺美术行业进行保护,并通过规章的形式明确了认定程序,与现行的传承人认定制度颇为接近。其后,共有161人被认定为"中国工艺美术大师"。当然,工艺美术是一个特定的行业,属于现行非物质文化遗产中的"传统手工艺",其传承人范围较窄。

从1996年起,中国民间文艺家协会与联合国教科文组织下属的国际民间艺术组织合作,开始评审认定"民间工艺美术大师"、"一级民间工艺美术家"、"民间工艺美术家"等。截至目前,共认定"民间工艺美术大师"37名、"一级民间工艺美术家"96名、"民间工艺美术家"1213名,由于"工艺美术"与"民间工艺美术"在类型上大量重叠,使我国对于工艺美术这一领域有关传承人的认定出现了官方和民间两个交叉重叠的体系。

随着20世纪后半期人类对文化遗产保护意识的增强,特别是2003年各国缔结了《保护非物质文化遗产国际公约》后,非物质文化遗产及其保护范围、保护方法逐渐明晰,非物质文化遗产的保护进入了黄金时期。我国在2004年加入《保护非物质文化遗产国际公约》后，国务院办公厅于2005年11月发布了《关于加强我国非物质文化遗产保护工作的意见》，决定成立"非物质文化遗产保护工作部长级联席会议制度"，设立"国家级非物质文化遗产名录"，并建立国家、省、市、县各级非物质文化遗产代表名录体系。2007年，文化部公布了第一批226名"国家级非物质文化遗产项目代表性传承人"名单，标志着我国的非物质文化遗产保护正式进入了名录与传承人时代。2008年文化部颁布了《国家级非物质文化遗产项目代表性传承人认定与管理暂行办法》（文化部45号令），国家级非物质文化遗产传承人的认定和管理有了具体的规范，根据该办法，国家级传承人的认定要经过以下程序。

第一，申请或推荐：国家级传承人认定的启动程序包含申请制和推荐制两种。申请制是指由公民个人申请被认定为国家级非物质文化遗产传承人，向县级文化行政部门提交有关申请材料；推荐制是指由国家级非物质文化遗产项目保护单位经传承人本人同意，向县级文化行政部门推荐该项目代表性传承人，或者由省级保护单位将推荐材料直接报送省级文化行政部门，中央直属单位将推荐材料直接报送国务院文化行政部门。

第二，逐级审核上报：文化行政部门接到申请材料或推荐材料后，应当组织专家进行审核并逐级上报。

第三，省级评审推荐报送文化部：省级文化行政部门收到申请材料或推荐材料后，应当组织省级非物质文化遗产专家委员会进行评审，结合该项目在本行政区域内的分布情况，提出推荐名单和审核意见，连同原始申报材料和专家评审意见一并报送国务院文化行政部门。

第四，文化部初评、审核评议、提出推荐名单：文化部收到省级文化行政部门报送的申报材料后，结合申请项目在全国的分布情况，进行整理分类，组织该项目领域的专家组进行初评，由专家提出初评意见。其后，文化部设立的国家级非物质文化遗产项目代表性传承人评审委员会对各专家组的初评意见进行审核评议，提出国家级非物质文化遗产项目代表性传承人的推荐名单。

第五，公示：文化部对评审委员会提出的代表性传承人的推荐名单向社会公示 15 天。

第六，审定公布：文化部根据公示结果，审定国家级非物质文化遗产项目代表性传承人名单，并予以公布。

2011 年 2 月，十一届全国人大常委会第十九次会议通过了《中华人民共和国非物质文化遗产法》，这是我国非物质文化遗产保护的一个里程碑，标志着我国非物质文化遗产保护走上依法保护的阶段。在《非物质文化遗产法》中，没有独立规定非物质文化遗产传承人的认定程序，而是参照执行该法有关非物质文化遗产代表性项目评审的有关规定。由此，《非物质文化遗产法》中国家级非物质文化遗产代表性传承人的认定程序如下。

第一，推荐或建议：省级政府可以从本省非物质文化遗产传承人中选出传承人向文化部推荐为国家级传承人；公民、法人或组织也可以向省级人民政府或文化部提出认定国家级传承人的建议。

第二，初评和审议：文化部应当组织专家评审小组和专家评审委员会，对推荐或者建议人选进行初评和审议。初评意见应当经专家评审小组成员过半数通过，专家评审委员会对初评意见进行审议，提出审议意见。

第三，公示：文化部应当将拟列入国家级代表性传承人的结果公示，征求公众意见，公示时间不得少于 20 日。

第四，批准、公布：文化部应当根据专家评审委员会的审议意见和公示结果，拟定人选名单，报国务院批准、公布。

除以上国家层面的立法之外，很多地区都制定了相应的非物质文化遗产传承人保护立法，如《湖南省非物质文化遗产项目代表性传承人认定与管理办法》（湘文社〔2009〕203 号）、《深圳市非物质文化遗产项目代表性传承人认定及保护暂行办法》（深文〔2009〕144 号）等，上述文件均涉及非物质文化遗产传承人的资格认定、扶持、义务及资格取消等问题。贵州省于 2012 年 3 月 30 日通过了《贵州省非物质文化遗产保护条例》，该条例对非物质文化遗产代表性项目的认定规定了较为详细的程序，包含申请、推荐、专家评审、公示、异议程序及处理、备案等程序。但对传承人的认定程序规定得比较简单，也没有如《非物质文化遗产法》那样明确将传承项目的认定程序适用于传承人的认定。该条例第二十四条对非物质文化遗产代表性项目的代表性传承人认定采取了申请制与推荐制相结合的模式。根据该条规定，符合条件的个人可以申请非物质文化遗产代表性项目的代表性传承人。单位和个人可以推荐非物质文化遗产代表性项目的代表性传承人；单位和个人推荐非物质文化遗产代表性项目的代表性传承人，应当获得被推荐人的书面同意。非物质文化遗产代表性项目的代表性传承人名单经县级以上人民政府文化主管部门认定后公布。

我国已基本形成了国家和地方两个层面相结合的非物质文化遗产传承人保护制度，认定程序也较为明确。不过，从文化部公布的四批国家级传承人来看，主要还是由政府自上而下发动集中认定传承人这样一种认定方式，个人申报随时认定传承人的情况还是比较少见。此外，除文化部对国家级非物质文化遗产的认定之外，也还有其他一些组织在进行认定传承人，如2007年6月3日，在文化部公布首批国家级非物质文化遗产传承人（6月9日）之前，中国文联和中国民间文艺家协会抢先在人民大会堂公布了首批"中国民间文化杰出传承人"，这些首批"中国民间文化杰出传承人"中，有35名与其后公布的首批"国家级非物质文化遗产代表性传承人"重复，占国家认定传承人总数的15.49%。因此，尽管由文化部牵头认定的国家级非物质文化遗产代表性传承人具有最大的社会影响力和权威性，但我国传承人认定中的二元甚至多元格局依然存在，长此以往，一定程度上会对传承人的权威性和公信力产生冲击，有必要对传承人认定体制加以理顺。而笔者在调查中发现，现行的传承人认定制度在实际运行中还存在一定的问题。

二 传承人的认定程序不合理，影响社区和谐

前已述及，文化部2008年颁行的《国家级非物质文化遗产项目代表性传承人认定与管理暂行办法》和2011年的《非物质文化遗产法》以及部分地方性法规对国家级传承人的认定条件、程序等做了简单的规定，但公示方法、异议等程序不具体，救济措施不明确，一旦地方政府官员出现偏私，就可能导致选出的传承人不合格，漏掉真正的传承人，影响传承工作开展。

第四章　少数民族非物质文化遗产传承人的行政保护措施存在的问题及制度完善

在丹寨锦鸡舞、台江反排木鼓舞所在社区调查时，问到部分村民对传承人认定的事情时，他们均表示不知传承人是如何推荐出来的。部分人还表示，在他们这样的地方，跳锦鸡舞、木鼓舞是大多数人都会的项目，而且由于是集体项目，也不存在谁跳舞水平更高的问题。部分村民猜想，之所以选某人做传承人，很可能不是看他跳舞跳得好不好，更主要是看他有没有文化、会不会说话，因为传承人需要对外代表当地文化进行对外交流，如果没有文化、不会说话，就会影响当地形象。因此，部分村民认为，既然选了某人当传承人，他们又每年拿了不少的补贴，要跳舞就由他个人去跳。这导致传承人的认定反而影响社区的和谐，原本大家聚在一起跳舞并不难，但现在社区民众反而对传承人召集跳舞有了一定的抵触情绪。笔者在丹寨排调镇也改村访谈一位杨姓锦鸡舞传承人时，他也承认存在这一问题，有时为了召集大家跳舞或者表演，他不得不个人出钱，通过请客、吃饭、喝酒的方式，才能把大家召集在一起。

笔者在福泉市调查省级传承项目——福泉阳戏时，也听闻此种情况。在福泉阳戏公认的重要发源地和传承地——龙昌镇黄土哨村，几位阳戏师傅对于县城里几位戏班人员被认定为传承人愤愤不平，他们表示，作为阳戏的发源地，黄土哨村没有人被认定为传承人，但县城里的人因为和文化部门的人熟，有些人根本不懂阳戏，却被认定为传承人。他们表示，以前还与县城阳戏班子的人共同演出、研究、探讨，但现在他们已经互不往来。

2006年，贵州省施秉县苗族"刻道"入选首批国家级非物质文化遗产名录，2007年，入选第一批国家级非物质文化遗产项目"刻道"的两位代表性传承人，都居住在施秉县城和城郊，而一般认为，"刻道"的主要传承地是在杨柳塘镇飞云大峡谷一带，其中最典型的是飞云大峡谷东南方向的夯巴寨。夯巴寨至今依然逢节日、婚嫁时摆"长桌宴"，演唱与"刻道"有关的"上路歌"。夯巴寨歌师众多，以唱大歌、酒歌、吹芦笙而闻名于附近村寨，且传承谱系清晰。著名的歌师有恩贵等5人，但这些歌师无一人入选国家级代表性传承人。①这导致传承人不是出自非物质文化遗产项目最主要的传承空间，引起当地人的强烈不满，也会严重打击当地人传承非物质文化遗产的热情。

由此可见，传承人制度本身可能存在一些问题，而传承人认定程序，则可能被有些人作为徇私的工具，在认定传承人过程中，在传承人法定条件之外加入了其他不合理因素，导致所认定的传承人不为社区民众所认同，影响了社区和谐。

三　完善传承人认定制度

传承人认定是传承人保护的前提和首要步骤，只有形成科学、合理、有效的认定制度，才能遴选出能够真正代表民族文化的传承人并加以保护。笔者认为，可以从以下几个方面完善传承人认定制度：

（一）引进申报备案和群众推荐制度

在传承人的国家认定制中，没有形成固定工作机制，政府是传承人认定的发起主体，传承人评选周期长、耗费巨大。②政府机构工作重心的转移、工作人员的变迁、行政的惰性都会使传承人认定工作被搁置或延迟，导致部分急需保护的传承人不能得到及时保护。因此，有必要将传承人认定的发起主体扩展到传承人自身和群众，引进申报备案制和群众推荐制度。申报备案制是指自认为符合条件的非物质文化遗产传承人可以将其传承历程、传承谱系、传承成果、群众证明等内容向国家有关文化行政管理部门申报，行政管理部门预先进行登记备案，并在一定期限内组织评估，对申报的传承人进行认定。群众推荐制度是指一定数量的社区民众或社会组织根据其掌握的非物质文化遗产传承人资料，推荐传承人到相应的行政主管部门预先进行登记备案并加以审核认定。在群众推荐制中，"群众"的范围可以是一定数量（如30人以上）的普通民众，也可以是高校、非物质文化遗产保护非政府组织、专家学者。引进申报备案制和群众推荐制度，可以有

---

① 张艳：《贵州省施秉县夯岜寨"刻道"传承研究》，硕士学位论文，中山大学，2011年，第55页。

② 周安平、龙冠中：《我国非物质文化遗产传承人的认定探究》，《知识产权》2010年第5期。

效地扩大非物质文化遗产保护的参与面，让传承人认定工作常态化、程式化，减轻政府机关的工作负担，发现更多传承人，提高传承人保护效率。

（二）加强田野工作，听取群众意见，引进专家考核机制

目前，对传承人的评审主要依赖对各级政府上报材料的书面审核，因此，地方政府准备材料的态度、能力、对非物质文化遗产知识的掌握程度、对材料的取舍等因素均可能对传承人认定造成较大影响，这种评审方式也不能有效地防止申报材料造假。并且，很多地方政府秉持"文化搭台、经济唱戏"的思路来保护非物质文化遗产及其传承人，在选择申报传承人时，可能会倾向于那些文化程度高、对外交流能力较强、形象较好的传承人，而忽略那些自我表达能力较弱的传承人，导致评选出传承人不具代表性甚至不合格。要解决上述缺陷，较好的办法是将书面评审与田野工作有效结合起来，评审专家要深入到社区之中，仔细听取群众意见，深入了解传承人的传承历史和技能。有些项目，如民间故事、民间歌舞、具有一定标准的民间技艺等，可以组成专家组对传承人进行考核，政府以专家委员会的评定为依据，并予以公示后确认，从而选出最具代表性、技艺最高超的传承人。

（三）完善公示制度，确定有效的异议细则，提供明确便捷的救济渠道，甚至可以引入司法审查机制

如果传承人选择不当，有可能影响社区和谐，撕裂社区内原本融洽的社会关系，如果传承人认定过程不公开透明、程序不当，合理诉求找不到适当的方式舒张，会引发传统社区民众消极对待甚至破坏非物质文化遗产。因此，高效、合理的救济程序是确保权利得以实现的最有效途径。

首先，应当有完善的公示制度来保障公众的知情权。虽然《国家级非物质文化遗产项目代表性传承人认定与管理暂行办法》第九条明确要求国家级传承人的推荐名单要向社会公示15天，但并未明确公示的方式、公示的范围、公示的内容等。对于身处大山中的少数民族群众来说，在政府网站上进行公示几乎没有任何意义。必须参照少数民族地区的习惯和实际，明确公示方法、内容、政府对公示内容进行释明的义务等。

其次，若对所公示的传承人人选有异议，也应当有明确便捷的救济渠道。要有明确的异议规则、异议的方式、异议机关、对异议评审方法和公示等，对于异议不服的，还应当可以提出复议。为了确保最终公正，甚至可以考虑在传承人认定中引入司法审查机制，对于复议结果不服的，可向人民法院起诉。

总之，有必要对现行传承人制度加以完善，并引入其他配套制度，使传承人制度不至于好心办坏事，反而影响了非物质文化遗产的正常传承。

第三节　传习人培养制度的问题及完善

相比较于传承人挖掘不够、年老体弱等问题，传习人的培养是一个更加突出的问题，传习人培养不力，则现行的传承人后继无人，非物质文化遗产依然面临灭绝的危险。

一　传习人培养不力，传承人后继乏力

相关的法律法规都规定了传承人的授徒义务，如《国家级非物质文化遗产项目代表性传承人认定与管理暂行办法》第十三条规定：传承人应当"采取收徒、办学等方式，开展传承工作，无保留地传授技艺，培养后继人才"。《非物质文化遗产法》第三十一条规定：传承人有"开展传承活动，培养后继人才"的义务，无正当理由不履行义务的，可以取消其代表性传承人资格。《贵州省非物质文化遗产保护条例》第二十五条也规定：传承人可以"按照师承形式或者其他形式选择、培养传承人"。

笔者在黔南、黔东南对很多非物质文化遗产传承人的访谈中得知，各地在对传承人采取保护措施时，均对传承人规定了一定的义务，特别是以"教徒弟"为主的传承义务。笔者在调查中发现，很多还用合同的形式将上述义务用书面形式予以固定，比如国家级非物质文化遗产项目苗族芦笙制作技艺国家级传承人莫厌学（男，1950年生，贵州雷山县丹江镇水电村人）与雷山县遗产文化管理局签订的合同中，每年要求教授15名徒弟。以下是雷山县遗产文化管理局与传承人签订合同的范本：

雷山县非物质文化遗产、民族民间文化优秀传承人传习工作责任状

根据《黔东南州民族民间文化优秀传承人选拔管理办法》及上级有关文件精神，为做好雷山县各级非物质文化遗产传承人文化传习活动，确保本县各级非物质文化遗产得以延续、弘扬，特制定本责任状。

一　传承人工作职责

1. 文化遗产传承人要收徒传艺，州级传承人每年要收5—8名学徒；省级传承人每年要收10—12名学徒；国家级传承人每年要收12—15名学徒。

2. 文化遗产传承人要确保开展文化传习活动。州级传承人每月开展传习活动的有效时间不得少于60小时，省级传承人每月开展的文化传习活动不得少于80小时，国家级传承人每月开展的文化传习活动不得少于150小时。

3. 各级文化遗产传承人要积极组织、参与各项文化活动，成为文化遗产展示、传习带头人，并配合文化部门收集、整理和传播非物质文化遗产项目。

4. 各级文化遗产传承人不得长期外出并参与其所承载的文化项目不相符的活动。

5. 各级文化遗产传承人招收的学徒原则上以本辖区为主。

6. 文化遗产传承人在开展文化传习时，鼓励其遵循传统的守土模式。

二　传承人的管理

1. 各级文化遗产传承人要确保招收学徒，保证按规定开展传习活动。对传承人有下列行为之一的，将取消或减少其补贴经费，情节严重的，直接建议上级主管部门取消其传承人资格。

（1）不招收学徒，经劝导不改进的。

（2）不开展传习活动，经劝导不改的。

（3）在传习活动中弄虚作假，经劝导不改进的。

（4）长期外出开展与其承载的文化项目不符合的活动。

（5）拒不参加本辖区开展的文化展示活动的。

（6）向学徒传授非传承人承载的文化项目或长期传授变异的文化项目的。

2. 县级非物质文化遗产主管部门对非物质文化遗产传承人进行管理，组织对非物质文化遗产传承人开展的文化传习活动进行考察、考核，考察、考核分每季度定期进行和不定期进行，考察、考核结果将作为评审传承人是否按规定开展传习活动的依据，对开展文化传习活动好的，将上报上级主管部门给予表扬，并给予相应的奖励。

三 传承人的待遇

1. 传承人可享受各级政府给予的相应生活补贴。
2. 传承人开展的文化传习活动受到鼓励、支持。
3. 文化传习活动开展得好的传承人将受到主管部门的相应奖励。
4. 文化遗产主管部门组织文化对外交流时，文化遗产传承人将得到优先选择。

雷山县遗产文化管理局　　　　　　传承人签字：
　　　　　　　　　　　　　　　　法人（签字）：
　　　　　　　　　　　　　　　　年　月　日

但通过访谈得知，大多数传承人很难完成他们的传承义务，其原因并非传承人不负责任，多半是因为"无徒可教"。因此，少数民族传承人的危机问题，主要不在于对现行传承人的保护，更多地在于年轻人不愿意学习老年人的技艺，民族文化传承后继乏人，非物质文化遗产的开发也没有改变这一状况。

仔细分析年轻人不愿意学习传统文化的根本原因，还是在于现代市场经济的冲击，根源还是由"经济因素"决定。笔者访谈莫厌学时，他说，2006—2010年，国家刚把苗族芦笙制作确定为国家级非物质文化遗产时，村里确实有不少年轻人想学芦笙制作手艺，当时一个月能挣1000多元，收入很不错。但2010年后，人工成本大幅上涨，

第四章　少数民族非物质文化遗产传承人的行政保护措施存在的
问题及制度完善　107

出外打工，做些搬砖之类的粗活，很容易一天挣上100多元，但芦笙价格并未上涨，现在依然只能每天挣三四十元钱，因此，向他学习芦笙制作手艺的人越来越少，每年能偶有两三个徒弟就不错了，连他的女婿也不愿意再制作芦笙，外出打工去了。

水族马尾绣、苗族蜡染、苗族银饰制作等公益类非物质文化遗产，在现代旅游经济蓬勃发展的情况下，很容易转化成受欢迎的旅游商品，市场潜力大，吸引了众多的年轻人加入其中，因此，其传承危机并不严重。苗族芦笙制作这样的非物质文化遗产项目，虽可转化成旅游商品，但市场容量有限，在外出务工收入逐年增加的情况下，对年轻人的吸引力也逐渐下降，面临着一定的传承危机。而侗族大歌、苗族锦鸡舞、反排木鼓舞等非物质文化遗产项目，虽可在旅游市场上作为游客的"文化快餐"用于消费，但能获取的经济收入有限，对年轻人吸引力不大，但好在这些项目学习的难度不大，年轻人在日常生活中耳濡目染基本就可以学会，无须花费过多额外精力学习。当然，正如老一辈人唱侗族大歌是根据生活场景和个人天赋随意编唱，年轻人则可能仅仅是展示技巧的胡编乱唱，此类项目面临的是文化内核的变异问题。而其他一些没有市场转化能力（或潜力）的非物质文化遗产项目，如苗族古歌、水书文化等，就对年轻人几乎没有任何吸引力，真正面临人亡艺绝、人亡歌息的危险。

现行以发放津贴为主的传承人保护制度，主要考虑是对现行传承人的保护，而没有任何传习人的保护措施。但是，非物质文化遗产保护的重点恰恰应当是其"传承"，现有的传承人都会逐渐老去，年轻人如果对传统文化都没有兴趣，非物质文化遗产的传承将难以为继。但是，上一代传承人的现状可能就是下一代传习人的未来，年轻人之所以愿意向老一辈学习技艺，更多的还是上一代人的生活方式、生活境遇对下一代人有吸引力，或者学习这些东西可以赚钱、谋生，从而努力学习传统技艺，从传习人变成传承人，但是，很显然，只有部分非物质文化遗产项目如工艺类非物质文化遗产具有此等功能，多数少数民族非物质文化遗产项目本身在现代变迁的社会中并不具备吸引年轻人的功能。笔者调查发现，年轻人在外打工每月很容易获得一两千元的收入，且伴随着各种机遇的吸引，传承人的现有保护措施中，荣誉称号和几千元到一万元的津贴对年轻人缺乏足够吸引力。行歌坐月、美酒热舞，那只是现代人对少数民族地区诗意化的浪漫想象。对于生活其间的人特别是年轻人来说，固守偏僻、贫困乡野，这样的生活既没有诗意也不浪漫，父辈的生活，不仅对年轻人没有吸引力，还成了他们想逃离的参照物。显然，在传承人保护中，必须更多地关注传习人的培养，采取对年轻人有足够的吸引力的措施，引导他们加入非物质文化遗产传习和传承的行列。有必要在现有的传承人保护措施之外，制定一套专门针对传习人的保护措施，让他们甘于留守乡土传承民族文化。

当然，除经济因素之外，政治地位和社会地位也是影响传习人学习非物质文化遗产热情的重要原因。传统上，非物质文化遗产传承人就是一般的手艺人，没有特别的社会地位，而水书先生、道士端公之类的传承人，因为其传承人项目与民间信仰高度关联，在特定时期甚至被视为传播封建迷信的人，遭到歧视和打压，其社会地位之低就更不用说了。除这些因素之外，现行中国城乡二元结构体制下，城市与乡村生活水平的巨大差距，以及几千年来城里人与乡里人在社会地位上的天然鸿沟，使乡村年青一代义无反顾地投身到城市中去，使以乡土文化和传统宗族社会为文化基础的很多非物质文化遗产传承确实面临着难以逆转的困难。但是，只要乡土社会不消灭，能够采取措施尽量提供传承人的政治、经济、社会地位，在年青一代中培养传习人还是存在可能。

二 建立专门的传习人激励机制

传习人是非物质文化遗产保护和传承的接班人。对现行的传承人，无论多么细致周到的保护，他们总会老去，如果他们始终无徒可授，那"人亡艺绝"的悲剧还是不能避免。由此，有必要建立专门的传习人激励机制，促使传统社区的年轻人学习民族文化。

（一）发放传习人津贴

通过严格考核，选择部分确有兴趣学习非物质文化遗产的年轻人成为传习人，发放约等于当地农村人均收入水平的津贴，保障他们的基本生活。为了避免领取津贴后不参与学习的情况，可以将传习人津贴发放时间推迟至次年，即先学习考核，后发放津贴。

（二）保留农村居民待遇的同时，提供城市医疗等社会保障待遇

对于乡村的年轻人来说，他们之所以宁愿背井离乡在外打工也不愿在家学习祖祖辈辈传下来的技艺和文化，除城乡生活水平、收入水平的差距之外，城乡社会保障机制方面的差距也是一个重要因素，因此，为了吸引年轻人留在乡土传承非物质文化遗产，除为他们保留承包地、宅基地、农业补贴等方面的待遇外，还应当逐步完善医疗保险等方面的制度，逐步使他们的社会保障水平接近城市居民水平。

（三）提供进入高校进修学习并获取国家认可的学历和职称机会

在津贴和社会保障之外，晋升学习的机会对年轻的传习人也具有较大吸引力。对于潜心钻研民族文化的传习人，通过适当的考核机制，送他们进入地方高校进修培训，学习民族语言、历史、艺术、旅游、商业经营等方面的知识，为他们弘扬民族文化进行知识积累。还可以适当改革现行的学历、职称评价机制，将民族文化传承人独立归类，为其设定特定的文凭认可、职称评定方法，为传习人职业生涯的逐步上升提供空间与渠道。

简言之，吸引年青一代加入到非物质文化遗产的传承工作中来，是非物质文化遗产得以薪火相传需要研究的另一个课题，在市场经济意识普遍浸入乡村时，非物质文化遗产的土壤已经遭到严重剥蚀、年轻人普遍对城市生活非常向往的情况下，如何在传承人制度之外，建构一套专门的传习人激励制度，是一个值得继续探究的话题。同时，在对传承人发放补贴的基础上，还应当着力提高传承人的政治地位和社会地位，在各级人大和政协之中，应当更多地增加传承人的名额，给他们更多的参政议政的机会，提供其政治待遇和社会地位，让传习人能够从传承人身上看到美好的未来，愿意投身到非物质文化遗产的传承工作中来。

第四节 对少数民族非物质文化遗产传承人分类保护的必要性和方案

整体性保护措施在有限的时间和空间内实现了社会群体对非物质文化遗产的最大关注和响应，其作用毋庸置疑。随着非物质文化

遗产及其传承人保护的深入，忽视非物质文化遗产及其传承人内部差异的整体保护策略之局限性正日益显现。笔者通过对贵州黔南、黔东南两地40多名少数民族非物质文化遗产传承人的访谈，发现即便在少数民族地区，不同类型、不同年龄甚至不同性别的传承人在生活境遇方面差别很大，对保护的诉求也存在极大差异，同样的保护方法，其效果迥然不同。

一 传承人类型的多样化

（一）传承人的生活境遇差异很大

经过这些年媒体对部分传承人各种充满感情和传奇色彩的报道，传承人逐渐被建构成这样一个形象：他们坚韧地守护传统文化家园、艰难地传承民族文化薪火，但往往生活贫困，命运悲苦。① 然而，稍微理智地思考，即可发现这样的形象建构其实非常刻板化。传承人并非是一个整齐划一的群体，笔者在黔南、黔东南调查发现，就生活境遇而言，即便是黔南、黔东南这样贫富差距较小的少数民族地区，不同传承人的生活水平差异也非常大，表现如下。

部分传承人生活富裕，对非物质文化遗产产品进行了产业化经营。如水族马尾绣省级传承人宋水仙、韦桃花，通过经营马尾绣制品，在三都水族自治县城买了房，宋水仙收集了价值上百万元的马尾绣制品；韦桃花在县城有四个门面销售马尾绣，经营红火。丹寨县的苗族蜡染国家级传承人王阿勇、省级传承人王阿板、韦祖春一家分工合作，在丹寨县城开了公司，专人负责设计、销售、对外拓展等事宜，在家乡排调镇雇用了20多名妇女生产蜡染制品。再如丹寨石桥古法造纸国家级传承人王兴武，对造纸类型做了很大改进，在石桥开发成旅游景点后，造纸销量大，还从事住宿、饭店的生意，收入可

---

① 比如有媒体这样报道苗族古歌国家级传承人王安江：王安江穷，是由于他38年来一直痴迷、苦恋苗族古歌的收集整理。没有足够的精力来支撑这个家，妻子、儿子、女儿一个个相继离他而去……为了收集苗族古歌，王安江历尽沧桑、吃尽苦头，甚至险些搭上性命。尽管如此，王安江仍在苦苦追求……

有人说，王安江疯了！也有人说，王安江"走火入魔！"也许是他那股痴迷收集整理苗族古歌的疯劲，曾经感动许多新闻媒体的记者，感动北京奥申委官员廖晓义等许多国内外专家、学者。参见张少华《苗族古歌传承人——王安江》，《贵州都市报》2006年11月6日第2版。

第四章 少数民族非物质文化遗产传承人的行政保护措施存在的问题及制度完善

观。这些传承人的生活水平大大超过了一般市民。

很多传承人靠着祖辈相传的手艺过着殷实的生活。如三都水族自治县三洞乡的马尾绣县级传承人韦家敏，靠着祖母传下来的手艺和天赋的绘画才能，销售马尾绣制品和绣布，家庭年收入能超过10万元。马尾绣的其他传承人和普通的马尾绣绣女每月也能通过马尾绣获取1000—3000元不等的收入。2010年，三都水族自治县三洞乡的农民年人均纯收入为2833元，据此推算，这样的收入应可维持一个家庭在当地较高的生活水平。此外，雷山县西江镇的苗族银饰制作国家级传承人杨光宾，在成为传承人后，其银饰制品价格可以达到普通工匠的十倍；雷山县丹江镇的苗族芦笙制作国家级传承人莫厌学成为国家级传承人后，订单量大增，可以养活一家。雷山县丹江镇虎阳村人国家级非物质文化遗产项目苗寨吊脚楼营造技艺省级传承人唐炳武，从1965年开始给人建造房屋获取收入，生活水平较普通村民要高。

然而，多数传承人与当地社区普通人的生活无异。如从江县小黄村被称为"侗族大歌窝"，曾经先后出过"小黄十姐妹"、"九朵金花"、"十二罗汉"等名噪一时的侗族大歌演唱团队，获得过多次国家和省级歌唱大赛的金奖。以"小黄十姐妹"为例，2005年她们夺得了多彩贵州歌唱大赛的"金黔奖"。获奖时县里曾经答应每个月给她们发500元工资，资助20万元建"歌堂旅馆"搞旅游，但最终政府的承诺没有实现，十姐妹各散四方，到处打工漂泊。"小黄十姐妹"中的贾美兰，被称为"女歌王"，还参加过中央电视台"神州大舞台，家乡展风采"的比赛，得了第一名，是黔东南州级非物质文化遗产传承人，至今也偶尔出外打工，农忙时都在家干农活。外面的世界似乎向她们打开了金灿灿的大门，但短暂的喧嚣之后又轰然关闭了，名噪一时的风光，除给她们带来短暂的快乐之外，留下的更多是遗憾，有了这种巨大的反差，她们对侗族大歌再难有以前那种纯朴的爱。

事实上，笔者调查发现，像王安江那样因为传承民族文化而命运悲苦的人十分少见，对多数传承人而言，非物质文化遗产就是一种生活方式或谋生工具。"因传承民族文化而致贫"这样的逻辑对多数传承人并不适用。

(二) 传承人的保护诉求差异很大

国家应该采取哪些措施保护非物质文化遗产传承人？对此，传承人的诉求差异也很大。比如宋水仙、韦应丽等马尾绣传承人认为，单个人从事经营太累，希望政府能在资金、政策和经营人才方面给予扶持，使她们的马尾绣经营能做大做强；水书先生潘正安等人认为，他们从事的一些活动被认为是迷信，政府的人瞧不起他们，不能光明正大地完整传播水书文化，希望得到正名；侗族大歌传承人贾美兰、贾福英则希望当地能够把旅游真正地搞起来，让他们能够安心唱歌、教歌，贾美兰还希望政府能够说话算话，把承诺的每月500元的固定工资等事情落实。在"侗族大歌窝"小黄村，很多村民反映传承人的认定不合理，一些公认唱歌、编歌水平高的人（如潘玉平、潘正章、潘锦仁、洪林妈等）没有入选为传承人，希望能够公平、公正、公开地评选出传承人，否则会影响他们唱歌的积极性。也有很多人对国家采取的保护措施不以为然，例如，苗族芦笙制作传承人莫厌学、丹寨石桥古法造纸传承人潘玉华等人提出，非物质文化遗产本身就是他们谋生的一种手段，国家采不采取保护措施并不重要，有市场他们就会从事这方面的工作，没有市场了自然就不做了。

(三) 保护措施的效果差异较大

由于传承人的生活境遇以及保护诉求差异很大，导致国家采取的保护措施所起到的效果也存在很大差别。以目前最主要的非物质文化遗产传承人保护措施——发放津贴为例，对普通的传承人而言，该笔津贴确实能起到鼓励传承人的作用。如小黄村的农民人均年收入不过2600多元，一笔上万元的传承人津贴，足以使传承人维持非常富足的生活，该村的国家级传承人潘萨银花、吴仁和均表示，有了这笔钱，他们完全可以安心地教唱歌。丹寨县排调镇也改村的苗族锦鸡舞国家级传承人杨秀超、杨昌芬，台江县方召乡反排村的反排木鼓舞国家级传承人万正文也表示，有了每年8000元的津贴后，他们觉得舞跳得好是一件值得尊重的事情，也愿意积极地去教别人跳舞。然而，对于那些相对年轻一些的传承人来说，每年三五千元的津贴并不能让他们感到满意，如侗族大歌传承人贾美兰认为，她在外打工每月也能挣2000元左右，几千元的津贴意义不大。如果政府每月能够给她发放固定工资，哪怕少一点，她也感到比较有安全感，愿意留在家乡做贡献。

另外，对部分传承人而言，其本身家庭生活富裕，传承人津贴只是锦上添花，对其所从事的传承工作并无实际意义。如对宋水仙、韦桃花、王阿勇、王兴武等经营有成的传承人而言，每年5000元或8000元（1000元）的省级、国家级传承人保护津贴，只不过是在自己不菲的收入之外再多一小笔收入而已，对他们从事的经营工作并无丝毫影响。再如三都水族自治县西洋村三组人的水书文化省级传承人杨胜帆（男，水族，1921年生），其子、孙均在外做生意或为官，家境殷实，长期不在村内居住，本身年老耳聋，每年发放5000元的生活补贴，事实上，对其也无实质意义，他也不可能从事水书文化的传承工作。

此外，看似数额不小的传承人津贴，似乎也并没有促使传统社区形成学习非物质文化遗产的热潮。笔者在调查中，大多数传承人均认为，他们有教授徒弟的义务，但他们几乎都承认不可能完成县里面规定的任务，其主要原因在于：年轻人多数都出去打工了，没时间学，也没多少人愿意学。而水族马尾绣能在当地部分水族地区成为热潮，起主要作用的还是市场的力量，而非传承人教授的结果。因此，传承人整体保护方案的局限性已经暴露无遗，有必要对传承人群体加以细分，推行有特色的分类保护措施。

二 从"效用"视角推行传承人的分类保护方案

前已述及，我们有意无意地将传承人"神圣化"、"悲情化"，并在此基础上采取以津贴为主的整体保护措施，但是，对于传承人而言，他们在社区中也就是一些普通的艺人、匠人，他们之所以愿意传承这些民族文化，更多的还是因为这些传承项目"有用"。我们不能把非物质文化遗产"知识化建构"成为脱离社区民众日常生活需要的"奢侈品"，把传承人"类型化想象"成为社区敬而远之的"神人"。让传承人从神圣回归世俗，从"效用"的视角来设定传承人的保护措施，也许是更为有效的传承人保护策略。本书根据非物质文化遗产项目在现实生活中的效用划分，将其分为以下几类。

一是可以转化为某种产品满足人们的物质生活需要，并在市场上进行交易维系传承人的生存一般工艺类非物质文化遗产即属此种类型，如贵州水族马尾绣、苗族蜡染、芦笙制作、银饰制作等。

二是能提供某种有偿社会服务，满足人们物质和精神上的需求，传承人可以靠此谋生。如民族医药传承人完全可以靠行医为生；水书文化的传承人水书先生，可以通过为水族民众提供宗教服务谋生；苗族吊脚楼营造技艺的传承人，可以通过为他人建房谋生。

三是原本作为传统社区的一种生活方式，不是传承人的谋生手段，但在现代社会的异文化中衍生出另类观赏价值，能够为传承人带来经济利益。如侗族大歌等传统音乐的演唱者可以通过在城市演出获取收入甚至谋生。

四是作为传统社区的生活方式的特点没有改变，也没有演化出为适合现代社会需求的新价值，传承人不能靠此谋生。如传统礼仪、节庆等。

当然，上述分类并非绝对，比如一些传统戏剧，虽然不能在现代社会获得经济上的成功，但在传统社区中既是一种生活方式，也作为一种祈福、禳解的仪式，可以为传承人获取一定的经济利益。

由于非物质文化遗产对传承人的"效用"大小不一样，传承人传承该项目的"动力"就会有很大不同。对传承人进行分类保护，就是要将有限的资源用在特定的对象上，以激发传承人的传承"动力"为目的，采取多样化的分类保护措施。根据对非物质文化遗产项目"效用"的上述分类，可以采取如下分类保护策略。

（一）市场化保护

对于有较大市场价值的非物质文化遗产项目，主要是工艺类非物质文化遗产，如马尾绣、苗族蜡染制作、银饰制作等非物质文化遗产项目，由于传承人可以靠此谋生，传承人的传承动力非常大，实际上，无须政府投入资金鼓励传承。可以采取市场化的保护策略，由市场来推动非物质文化遗产传承。政府在其中只需做好公共服务，如制定相关行业标准、打击假冒产品、提供政策、贷款扶持、人才培训等，起到"守夜人"的作用。

尽管刘魁立、乌丙安等著名学者认为，"当把非物质文化遗产变成商品的时候就不再具有原来的功能，是对非物质文化遗产的破坏和亵渎","当我们对非物质文化遗产的保护还没有做到家的时候,就将其推向市场进行开发利用,实际上是等于把原生态的非物质文化遗产撕成碎片,各取所需"。①但是,就笔者在贵州三都、丹寨等地的调查来看,通过马尾绣、苗族蜡染这些知名度颇高的工艺类非物质文化遗产来发展经济既是当地政府的意愿,也是当地人强烈的意愿。我们也能实实在在地感受到这将会使当地社会更加和谐(外出打工的人少了,留守儿童问题不存)、使农民发家致富等实实在在的好处,此类非物质文化遗产的市场化是挡不住的潮流。至于如何防止过度市场化、防止工业化的假冒制品败坏非物质文化遗产名声,应是政府值得考虑的问题。

(二)扶持性保护

对于能够提供一定有偿服务但服务功能正逐步减弱,传承有一定困难的非物质文化遗产项目,如水书文化、民族医药、苗族芦笙制作等传承人,可以采取扶持性保护的政策,通过发放一定津贴保障传承人的基本生存,维持其家庭生计。同时,辅之以其他一些个性化的扶持措施,如对水书先生和部分民间戏剧提供的"禳解"等宗教服务,应通过适当的方式为其"正名",去"污名化";对民族医药传承人,通过适当考核,取得执业资格,同时获得民众认可。政府还可以通过公共媒体为传承人提供免费广告宣传,提高其知名度,增强传承人服务社会的内生能力。

(三)半体制化保护

部分非物质文化遗产项目本身没有提供有偿服务的功能或者此方面功能很弱,如侗族大歌、苗族古歌、苗族锦鸡舞等,其传承人特别是年轻的传承人,在外打工能获取较高的收入,即使发放一定的津贴,也很难吸引他们在家乡从事传承工作,但其本身有留在家乡发展的强烈意愿。对于此类传承人,可以通过半体制化的方式吸引他们留在家乡从事传承工作,即并不将他们纳入公务员或事业单位编制,但可以通过聘用合同让他们部分享受体制内的待遇,如聘用部分优秀民

---

① 安学斌:《少数民族非物质文化遗产研究——以云南巍山彝族打歌为例》,民族出版社2008年版,第58页。

间文学、民间音乐、民间美术、民间舞蹈的传承人进入乡村学校担任教师，发放大幅低于编制内教师的工资，同时为其购买养老保险、医疗保险，使他们获取稳定感和认同感，提高其传承文化的"动力"，在不大幅增加财政负担的情况下，通过半工（农）半传的方式，实现非物质文化遗产的有效传承。

总体上看，现行的非物质文化遗产传承人整体性保护方案，在行政上也许是经济和高效的，但由于忽视了非物质文化遗产的多样化和个性化特点，与非物质文化遗产保护的原则相违背。这样的保护模式，在现实中可能收效甚微，甚至给非物质文化遗产造成"保护性破坏"。因此，区分非物质文化遗产传承人的类型，让传承人从神圣化回归世俗化，根据非物质文化遗产项目对传承人"效用"差别的大小，细分传承人传承文化的"动力"，有的放矢地提供相应的保护措施，这也许才是非物质文化遗产传承人保护的必然路径。

当然，非物质文化遗产的"效用"随着社会变迁会不断变化，传承人传承文化的动力也会跟着不断变化，在此过程中，有必要不断地根据社会现实来改进分类保护的策略，因势利导，用相对较小的成本，达成各类非物质文化遗产文化的永续传承。

第五节　传承人文化身份的模糊及解决

少数民族非物质文化遗产传承人往往是因为其作为乡村文化的代表而获得了国家认可的"传承人"身份。但有学者发现，传承人获得政府命名以后，在熠熠光环的背后却隐藏了文化身份的不确定性，为传承人的生活，为非物质文化遗产的传承带来了许多问题。[①] 笔者调查中发现，少数民族传承人身份赋予的诸多地位和利益，使传承人作为乡村文化代表身份变得模糊甚至与传统社区发生冲突，使国家的传承人保护政策出现若干悖论，甚至可能与保护初衷背道而驰。

---

① 林继富：《"非遗"项目代表性传承人的文化身份——基于刘德方的分析》，《中央民族大学学报》（哲学社会科学版）2011年第4期。

第四章　少数民族非物质文化遗产传承人的行政保护措施存在的
　　　　问题及制度完善　　117

一　传承人文化身份的模糊问题

传承人文化身份的模糊，主要体现为以下几种情况。

第一，部分人因为"传承人"称号而获得进入城市的机会，其身份在乡下人与城里人之间模糊起来。传承人主要通过两种情况进入城市成为"城里人"：一是被政府或企业接到城市从事非物质文化遗产的传承或表演工作；二是通过自身努力经营非物质文化遗产产品，在城市购房，长期生活在城市。无论哪种情况，这类进入城市的"传承人"均与原来他们所在社区的乡民形成了身份上的差异，城市也许没有完全接纳他们，他们也许也没有完全认同城市，但是，在城市与乡村的摇摆之间，故乡确是在不断地远去。乡民大多很羡慕他们能够脱离农村，也不再容易接受作为他们自身乡土文化的代表。

第二，部分人因"传承人"称号获得了巨大的经济利益，成为"老板"，与乡邻之间变成雇佣与被雇佣的关系。部分传承人具有一定的经营能力，授予其国家级或省级传承人称号，相当于给他们发了一张金字招牌，使其经营活动如虎添翼，订单会高度集中到他们手中。如水族马尾绣省级传承人韦桃花、宋水仙，苗族芦笙制作国家级传承人莫厌学，苗族蜡染技艺国家级传承人王阿勇等人，均在成为传承人后大幅度扩张了自己的事业。他们在经营之余，很少有时间从事非物质文化遗产产品的制作，专心做起了老板，将订单交给乡民们来做，他们回到乡间，不再是与乡邻探讨交流技艺，更多的是来收购产品，像王阿勇则直接开设工厂雇用20多名妇女制作苗族蜡染制品。他们与乡民之间的关系，逐渐演变成了老板与被雇用者之间的关系，不再仅仅是少数民族文化的杰出代表。

第三，部分人因传承人身份而获得补贴，猛然拉大了与乡邻之间的生活水平，在"国家人"与普通乡民的身份模糊起来。

部分传承人虽然没有成为城里人或老板，但他们获得了数量不菲的传承人津贴，在贵州乡村收入普遍低下的情况下，这足以造成传承人与普通乡民之间的隔阂。如黔东南从江小黄村、黔南三都水族自治县三洞乡等地的农民年均收入不过2600—2800元，每年上万元的传承人补贴，在当地人看来无疑是一笔"巨款"，一下子将传承人与乡邻的生活水平拉大，再加上传承人获得一定的政治待遇和大量外出访问的机会，在乡民眼中成了"国家的人"，在乡土社会中成为异类。笔者访谈中，就有村民反映，既然是传承人拿了补贴，跳舞就让他们自己跳，不再参与配合集体舞蹈的表演。而如果传承人评选过程中出现了某种不公，传承人补贴的作用，就可能会使政府认定的传承人被乡土社会所敌视、孤立起来。

以上几种情况下，传承人本来作为乡土文化的代表，应当与乡土社会融为一体，乡土文化哺育了他们，他们同时也作为乡土文化的杰出代表，但传承人制度以及相关保护措施，却可能加速传承人作为成功人士脱离乡土或者扩大与乡土社会的裂痕，成为乡土社会的异类，甚至不受欢迎的人，文化身份在"城里人"、老板、国家的人与乡里人之间变得日益模糊，这本身与设立传承人制度的初衷背道而驰。在传承人保护日益受到重视的情况下，有必要重新审视现行的传承人保护制度，不要因来自外界的保护加速传承人与乡土社会的分离，造成保护性破坏，反而加速了非物质文化遗产的消亡。在非物质文化遗产保护中，除重点保护传承人外，加强传承人所在社区及其文化土壤的整体保护，以及建立适当的惠益分享制度，使非物质文化遗产所在社区的普通民众能够在非物质文化遗产传承和保护中获取应当得到的利益，而不变成消极的参与者和局外人，应当是下一步非物质文化遗产保护的重点。

二　强化合同管理为主的传承人考核机制

针对部分少数民族传承人获取称号后离开乡土，搬入城市，不再履行传承义务的问题，可以通过强化合同管理为主的传承人考核机制来加以规范，将考核结果与津贴发放等待遇挂钩，改变传承人保护的平均主义倾向。

调查发现，很多地方文化行政管理部门均与传承人订立合同，但多数地方所签订的合同并没有得到很好的执行，对传承人的考核也流于形式。不少学者提出，应当有非物质文化遗产传承人的退出机制，如果传承人不承担为国家社会传承技能的责任，不为国家社会提供必要的服务，经核实批准后，就应该取消他的称号，并重新认定该项目传承人。① 不过,也有人反对传承人的资格取消制度,认为这会招致"文化人"的反感,授予"身份"而又"随意"剥夺其"身份"无疑是对传承人的"重创"。②

客观地说,传承人这一称号不仅是享有相关权利和承担一定义务的象征,也是对其之前长期传承民族文化的一种表彰,剥夺其"身份"确有不当。合理的做法应当是,对于那些文化身份已经模糊,搬离乡村的传承人,在保留其称号的同时,应当加强合同管理,对于不能履行传承义务的人,应当剥夺其津贴等待遇,运用一定的强制力确保其履行义务。合同管理内容主要包括以下两个方面。

(1) 明确考核主体和考核年限:应当由文化行政主管部门、传承人代表、非物质文化遗产保护专家学者、群众代表组成考核小组对传承人进行考核。考虑到非物质文化遗产传承是一个较长时间的历程,不宜每年进行考核,应将考核周期定为3—5年。

(2) 通过考核,改革传承人津贴发放的平均主义模式和津贴发放方式,加大对有突出贡献传承人的奖励力度。将传承人的考核成绩与传承人津贴挂钩,按照完成任务的百分比发放该轮的传承人津贴。对于超额完成任务的,应当按比例发放奖励津贴。对于连续多轮考核较为优秀、有突出贡献的传承人,可大幅度提高其传承津贴。对那些授徒数量较大、技艺超群、濒危项目的传承人,可以按照现行津贴的2—3倍发放传承人津贴,使他们的收入达到或超过当地城市居民年均收入水平,并按照居民收入上涨水平逐年上涨,让年轻人看到美好的未来,促使他们努力学习传承传统文化。并可以按照一定比例给予医疗保险、社会荣誉等方面的特殊待遇。

三 建立团体性传承人认定与保护机制

对于传承人认定导致传统社区不和谐,传承人被孤立或敌视的问题,可以通过建立团体性传承人制度来加以完善。

---

① 叶盛荣:《非物质文化遗产传承人的法律机制探讨》,《长沙民政职业技术学院学报》2010年第9期。吴平:《传承人当代生境与传承——基于黔东南非物质文化遗产传承人的调查研究》,《原生态民族文化学刊》2010年第4期。

② 李华成:《论非物质文化遗产传承人制度之完善》,《贵州师范大学学报》(社会科学版) 2011年第4期。

根据我国代表性传承人的申报和认定规程,地方政府在申报非物质文化遗产代表性传承人时,只能以个体名义申报,政府只认定个体性代表性传承人,即使有些传承项目需要许多人配合才能完成,也只能选择群体中的某一个人作为传承人加以申报。通过调查发现,这种传承人认定方式:一是导致非物质文化遗产的光环集中在某些传承人身上,使其"独占"相关利益,引起其他传承民族文化的人不满,并直接导致传承人成为"成功人士"从乡间"出走",文化身份变得模糊。二是节日、习俗等集体传承项目,没有认定传承人,这些项目实际上处于自生自灭的状态,非常不利于这类非物质文化遗产的保护。从其他国家经验看,对非物质文化遗产的宣传弘扬而言,单位或团体传承往往比个人传承更具有影响性和可持续性。

因此,必须改变目前仅仅认定个体性传承人的做法,加强群体性传承人的认定,有必要将团体性传承人的认定和保护作为传承人制度中的一个重要组成部分来加以确认并推广。有些特定的非物质文化遗产项目,应当以认定团体性传承人为主,非物质文化遗产传承世家、剧团、灯会组织、民间歌舞团体都可以被认定为团体性传承人。对于节日、庙会等民俗类非物质文化遗产,可以对其样态进行切分,找出主干的文化环节,然后确定其中具有组织推动力量的几个关键人物确定为群体传承人。群体传承人的模式,可以避免利益独占引发的文化身份模糊以及社区不和谐甚至破坏非物质文化遗产的现象。同时,有必要制定团体性传承人的保护与管理办法,明确其权利、义务、津贴分配办法等内容。

小　结

总之,在传承人的保护问题上,并非传承人认定数量越多越好,来自外界的保护制度和保护力量可能成为社区分裂的"催化剂",带来意想不到的"保护性破坏";也并非补贴发放越多越好,补贴太多有可能使传承人产生满足感而失去前进的动力。对于我国种类繁多、冷热不一的非物质文化遗产项目来说,显然,不可能有放之四海而皆

第四章　少数民族非物质文化遗产传承人的行政保护措施存在的问题及制度完善

准的某种保护模式，更不能只关注既有的传承人而忽略了继承人（传习人）的培养。本章针对这些问题提出了若干传承人制度完善建议。在黔东南、黔南等民族自治州，原生态的少数民族文化是其发展旅游经济、完成后发赶超的重要资源，同时也是在快速异化甚至消亡的资源，这些地方拥有自治立法权，有必要应当利用自身优势，通过地方立法在非物质文化遗产传承人保护制度的完善方面进行探索，为我国非物质文化遗产产传承的保护做出贡献。

第五章　少数民族非物质文化遗产传承人的私权保护

关于非物质文化遗产保护，一直以来存在公法保护与私权保护的争论。非物质文化遗产传承人的保护也是如此，本书前一章关于非物质文化遗产传承人的整体保护模式，即主要是一种以政府主导为主的公法保护模式。学界也有不少声音主张赋予非物质文化遗产传承人知识产权、惠益分享等私权，使他们能够充分利用资源，获取经济利益，增强积极保护非物质文化遗产的原动力。本章对此展开探讨。

第一节　少数民族非物质文化遗产传承人私权保护的必要性

一　少数民族非物质文化遗产及其传承人保护模式的争论

有学者主张应当以公法保护模式为主，认为在我国，"非物质文化遗产权利更多的是要以行政法这样的公法来保护的，因为非物质文化遗产权利所面对的强势现代文化，显得弱小，势单力薄，仅依靠经济利益驱动机制而运行的私法的保护是杯水车薪，它必须要有强有力的公权基于非物质文化遗产的文化价值，以公共利益的合法理由进行干预与保护"。[①] 而且"非物质文化遗产同时又包含构成人类文明与文化基础的所有价值的知识与其他非物质资源，这些知识和资源有多重存在方式，发挥作用的机制与形式各不相同，尤其是许多非物质文

[①] 高轩：《我国非物质文化遗产行政法保护研究》，法律出版社2012年版，第12页。

化遗产已经是公共文化的重要组成部分,是不能被作为私权予以保护的。因此,法律必须将之作为公共文化领域的特殊部分,借助公法的保护形式给予保护"。① 有学者认为,传统知识的复杂性决定了对它的保护需要依赖综合性的手段,既需要法律的调整,也需要政策的扶持,知识产权法是综合保护体系中的重要组成部分,改造知识产权制度以满足传统知识的需要有着巨大的困难,它不能成为保护传统知识的主要手段。②

也有学者主张非物质文化遗产真正的传承主体是那些深深植根于民间社会的文化遗产传承人。在非物质文化遗产保护问题上,中国民间事由民间办的优良传统值得借鉴,切莫走上以政府取代民间、以官俗取代民俗的歧路。③

也有很多学者主张应当融公法和私法于一体,采取多种保护手段相配合的综合性法律制度保护非物质文化遗产。④ 有学者认为,对非物质文化遗产应以行政法的保护为主,并应在法律文本中细化政府对待不同类型非物质文化遗产的保护。在私法保护方面,应当根据非物质文化遗产的不同情况赋予不同的非物质文化遗产传承人民事权利,在合同法、公司法等民商事法律中寻求保护。在非物质文化遗产的其他商业利用中,传承人应有一定的利益分享权。还可利用传承人身份为相关企业做宣传,以其所掌握的技艺在公司里投资入股、开设经营实体、开办私人培训机构进行商业培训等。⑤

有学者提出对少数民族非物质文化遗产予以私权保护,具有利益、法理和经济上的正当性。一是在利益上具有正当性,利于维护国

---

① 高轩:《我国非物质文化遗产行政法保护研究》,法律出版社 2012 年版,第 10 页。
② 韦之、凌华:《传统知识保护的若干基本思路》,载郑成思《知识产权文丛》第八卷,中国方正出版社 2002 年版,第 163—165 页。
③ 苑利:《非物质文化遗产传承人保护之忧》,《探索与争鸣》2007 年第 7 期。
④ 张玉敏:《民间文学艺术保护模式的选择》,载吴汉东《知识产权年刊》,法律出版社 2008 年版,第 114 页。杨巧:《论民间文学艺术的法律保护》,载吴汉东《知识产权年刊》,法律出版社 2008 年版,第 123 页。
⑤ 徐辉鸿:《非物质文化遗产传承人的公法与私法保护研究》,《政治与法律》2008 年第 2 期。章建刚:《对非物质文化遗产立法保护的几点思考》,中国民俗学网,2010 年 8 月 13 日,http://www.cssn.cn/news/327024.htm,2012 年 5 月 10 日。

家文化主权和少数民族基本人权;二是具有法理上的正当性,符合人格理论、劳动理论、功利主义理论及社会规划等法学理论;三是具有经济上的正当性,通过配置财产权,同归对少数民族非物质文化遗产的财产内容和经济要素提供私权保护,使其非物质文化遗产拥有确定的、绝对的私有财产权,促进资源的高效利用,利于充分实现其文化的价值,获得更多的经济利益,从而保持少数民族非物质文化遗产持续发展的原动力。①

有学者认为,应该赋予相关权利人以足够的私权,调动社会保护非物质文化遗产的积极性,并利用私权抑制和监督权力,使公权力得到适度、合理的利用,而使非物质文化遗产受到最小的侵害。②

有学者从弥补公权力不足的角度认为,有必要对非物质文化遗产进行私权保护。强调对非物质文化遗产进行保护,仅仅依靠公权力、政府的投资是不够的,毕竟政府的力量有限,还应采取私权保护,通过授予非物质文化遗产的权利主体以专有性权利来促进动态文化遗产的可持续利用与有效保护,有利于防止对非物质文化遗产的不正当使用与贬损性使用,有利于保存、发展以及合理利用本群体、本民族的非物质文化遗产。有必要在公权保护之外予以私权保护,私权保护有助于非物质文化遗产的保存、保护与弘扬。在具体权利的构建上,应重视精神权利的保护,非物质文化遗产所有人在文化遗产中所蕴含的人格利益需要得到尊重,享有以适当的方式表明非物质文化遗产来源的权利以及保护非物质文化遗产不被不适当使用和贬损性使用的权利;经济权利不宜过分强调,经济权利的授予与权利行使以惠益分享为原则,还应基于利益平衡原则予以一定的限制。③

二 对少数民族非物质文化遗产传承人进行私权保护的理由

基于以上研究,笔者认为,在目前的情况下,确实有必要对非物质文化遗产传承人以私权保护,其理由如下:

第一,非物质文化遗产传承人是非物质文化遗产的主要传播者,

---

① 余澜、梁业健:《少数民族非物质文化遗产私权保护正当性的多维视角》,《贵州民族研究》2011年第6期。
② 吴安新、杨玉钢:《非物质文化遗产私权保护探析》,《唯实》2008年第10期。
③ 黄玉烨:《论非物质文化遗产的私权保护》,《中国法学》2008年第5期。

他们在汲取传统社区文化养分的同时，不少传承人以他们的创造力对非物质文化遗产有所创造和革新。传承人之所以成为传承者，固然与一些先天环境（家族中有传承的传统，有师傅的带和教等）有关，但当事者的博闻强记、聪明智慧、心灵手巧、独特匠心等能力与个性，也是非物质文化遗产得以传承和发展的重要因素。总之，非物质文化遗产的文化传承，不是单线的延长或原质的移位，而是既有衰减又有增量，以创新达成文化的积累，而这主要靠传承人的创新，对他们的创新进行知识产权保护完全符合现代知识产权法的理念。

第二，在贵州等地，少数民族地区的非物质文化遗产开发进行得如火如荼，其方式有文化产业开发、民族村寨旅游开发、非物质文化遗产旅游开发（如民族节庆旅游）、民族特色旅游商品开发等，无论哪种开发模式，非物质文化遗产及其传承人都是其重要的卖点。笔者在贵阳青岩古镇调查发现，青岩古镇的店铺中数量最多的就是银饰店，所有的店铺均打着黔东南苗族银饰制作的旗号，或者挂着非物质文化遗产传承人的相片与传承人证书，几乎所有的店铺门前均有一位苗族打扮的银匠在制作银饰，以显示店内产品是来自黔东南的正宗银饰制品。笔者问起这些银匠的来历，多数确实来自黔东南雷山县西江镇控拜村。在这些非物质文化遗产开发中，国家、外来投资者、传统社区居民、非物质文化遗产传承人扮演着不同的角色，但毫无疑问，传承人有权利在其中分享部分利益。赋予他们相应的私权，正是他们获取利益的必要前提。

第三，正如有学者研究所指出，近些年来，非物质文化遗产开发过程中，过度的商业化开发、对非物质文化遗产的不正当及贬损使用经常发生，政府及外来资本往往由于主导了开发活动，使他们对这种不正当及贬损使用的情况视而不见，并不加以制止。这就需要赋予传统社区和传承人一定的私权，使他们有权利对抗这种导致非物质文化遗产"异化"的不当与贬损使用。

本书主要以少数民族非物质文化遗产传承人私权保护中最主要也是研究相对成熟的部分——知识产权保护和惠益分享两个方面，结合在贵州的田野调查展开论述。

第二节 少数民族传统知识的知识产权保护试点情况调研及问题
——以贵州三都水族自治县为例[①]

包括非物质文化遗产的传统知识是一群与自然紧密相连的人,即传统部族世代代积累创造的有自己分类体系的知识体系,是观察、适应当地环境以及资源利用和自我管理的经验体系。[②] 2008 年,国家知识产权局选定河南省禹州市、安徽歙县、贵州三都水族自治县三地作为全国首批传统知识知识产权保护试点县(市),其后每年又选定多个县(市、区)作为试点。各试点县的试点期为三年,目前,首批三个试点县的试点工作已结束。各地方政府也采取多种措施推进传统知识的知识产权保护工作。显然,有关试点工作需要及时进行经验总结和理论探索。本节正是以此为出发点,立足在贵州三都的实地调研,探讨少数民族传统知识的知识产权保护中存在的问题,提出相应的对策和建议。

一 三都水族自治县传统知识的知识产权保护试点状况

三都水族自治县位于贵州省南部,是全国水族的主要聚居地,非物质文化遗产非常丰富,拥有水族马尾绣、水书习俗、水族端节、九阡酒制作工艺、水族卯节等一大批国家级、省级非物质文化遗产。除了是全国首批传统知识的知识产权保护试点县,为少数民族传统知识的知识产权保护试点之外,三都水族自治县同时也是贵州 10 个县域经济知识产权试点县之一,并作为"省、州共建农特产品地理标志知识产权保护试点县",可以说,三都水族自治县的实践具有很强的示

[①] 本部分的调研工作得到了三都水族自治县科技局(知识产权局)的大力支持,特此表示感谢。本部分主要调研资料由笔者主持的教育部课题参与者文永辉提供,部分内容以文永辉作者的名义发表于《云南大学学报》(法学版) 2011 年第 6 期。参见文永辉《少数民族传统知识的知识产权保护试点状况调研及问题探析》。

[②] Graham Dutfield, "Trips – Related Aspects of Traditional Knowledge", *Case Western Reserve Journal of International Law*, Spring 2001, p. 33.

范意义，对其经验教训进行总结十分有必要。2011年7月，笔者在三都调研了县科技局（知识产权局），访谈了知识产权管理人、有关企业、传承人。三都水族自治县的非物质文化遗产知识产权保护试点状况如下：

（一）拟进行保护的项目

三都水族自治县水族自治县根据国家、省传统知识的知识产权保护试点的要求，拟定了以下项目作为知识产权保护的对象。

（1）民族节日：水族端节、水族卯节、水族霞节、苏鲶喜节。

（2）民族成分：三都水族、泐睢、恒睢。

（3）民族技（工）艺：水族豆浆染、水族银饰、水族木楼、水族石刻、水族传统剪纸、水族马尾绣、水族木鼓、水族弦鼓、苗族凤凰琴、水族祥云神虎、九阡酒曲。

（4）民族节徽、图腾：卯节节徽、诺密鸟（凤凰）、双鱼托葫芦。

（5）民族体育：水族三旗、水族框棋、水族挑棋、水族官棋、苗族手键。

（6）重要地名：尧人山。

（7）其他：水族芦笙舞、苗族凤凰琴舞、水族斗角舞、水族铜鼓舞、水族环刀舞（冥灵）、水族弦鼓舞、布依族刷把（长刷把、短刷把）舞。

（二）实际工作成效

在与国家及省签订的知识产权试点合同中，三都水族自治县传统知识的知识产权保护的主要目标包括：健全知识产权工作体系、完善知识产权管理政策体系、知识产权拥有量显著增加、知识产权保护得到加强、加强知识产权的转换应用五个方面。

在制度建设方面，三都水族自治县建立了知识产权政府办公会议协调机制、在县科技局挂牌成立"知识产权局"，制定出台了《三都水族自治县传统知识知识产权保护实施意见》、《三都水族自治县传统知识知识产权保护试点（国家级）工作实施方案》（以下简称《工作实施方案》）等，开展了区域传统知识资源状况、传承情况和知识产权保护现状的摸底调查工作。

在《工作实施方案中》，明确提出推进三都有关的传统知识（如九阡酒、甜茶）和传统文化产品（如水族马尾绣）等特色产品的技术创新，推动传统知识专利化；推进具有显著性传统文化元素的商标注册保护工作，重点对现有的水族马尾绣、水族端节和卯节以及来源于水族文化的文字、图形、符号等申请注册商标；利用水族文化的唯一性和神秘性等特点，推进独具特色的产品申请地理标志保护，打造独具特色的区域品牌，重点推进马尾绣、九阡酒等传统知识产品的地理标志申报工作，提高三都水族自治县传统知识工艺及衍生产品的竞争力，最大限度地实现经济利益最大化，推进县域经济的快速发展。

三都水族自治县根据《工作实施方案中》等文件，从商标、专利、著作权、地理标志等方面推进传统知识的知识产权保护工作，2009年1月至2011年6月，三都水族自治县申请受理发明专利共15件，申请商标注册30件。其中涉及传统知识的包括以下四个方面：

（1）专利申请：三都水族自治县九阡酒有限责任公司获得"九阡酒"包装外观设计专利6件；三都水族自治县香辣绿色食品有限公司申请"三都酸汤制作工艺"发明专利1件；中和镇马尾绣协会申请"马尾绣"外观设计专利。

（2）商标注册：三都水族自治县九阡酒有限责任公司获得"九千"著名商标证书1件；三都水族自治县香辣绿色食品有限公司获得"黔都"牌商标1件；县旅游局申请注册"产蛋崖"、"卯文化风情园"、"风流草"、"晴雨石"、"冷热洞"等旅游商标；三都水族自治县水族研究所注册"水书"商标；三都水族自治县巫不乡香猪农民专业合作社申请的"巫不"地理标志；三都水族自治县交梨乡水晶葡萄专业合作社申请的"交梨山野"商标已获国家商标局受理。

县政府还要求对非物质文化遗产可视性标记注册商标，重点选择3—5个各具代表性水书文字进行注册，如"端"和"卯"的水书字体进行注册；指导马尾绣生产经营者对产品进行商标申请。

（3）地理标志或证明商标保护：目前，三都还没有一个产品获得地理标志保护。2009年9月4日，三都水族自治县政府成立"三都水族自治县地理标志产品保护工作领导小组"，负责组织协调全县地理标志产品保护的申报和实施管理工作。引导县农业局、县农产品质量安全检测站、三都水族自治县中和镇马尾绣协会和三都水族自治县健康茶科技有限公司等企事业单位对三都的九阡酒、马尾绣、甜茶、巫不乡香猪、水晶葡萄等系列农产品开展地理标志普查，编制马尾绣、九阡酒、甜茶的地方标准。目前，中和镇马尾绣协会申请的"三都马尾绣"地理标志（或证明商标）正在申报过程中。

（4）著作权登记：包括对水书收集整理、注释的文章，进行著作权登记；对马尾绣图案，特别是具有代表性的图案进行著作权登记。2010年，韦桃花的"马尾绣百鸟图"等23件马尾绣作品在贵州省版权局进行了版权登记（当年贵州省进行版权登记的作品共118件）。

二 少数民族传统知识的知识产权保护的特点及问题

综观三都水族自治县对传统知识的知识产权保护实践，呈现出如下特点：

（一）直接知识产权保护模式

目前，国际上对传统知识的知识产权保护主要有三种模式：一是日本等国的非直接知识产权保护模式，强调"人"在传统知识保护中的重要作用，注重对传承人的认定和培养，如日本、韩国等国建立的"人间国宝"制度。二是美国等国的直接知识产权保护模式，运用现行知识产权制度，对非物质文化遗产进行保护。三是巴拿马等国的知识产权特殊保护模式，指定适合于传统知识的专门法律制度，如传统知识注册登记、来源地标示、事先告知同意、授权契约等制度，调动民间力量自主保护。这种特殊保护与知识产权体系是平行的，在保护标的及范围、申请主体与权力归属、权力内容和授权条件等方面都与知识产权制度存在差异，如保护期不予限制、给予永久保护等。

从三都水族自治县的试点情况来看，三都水族自治县对传统知识的保护采取的是直接知识产权保护模式，即对传统知识的知识产权保护完全根据现行知识产权制度，用现行专利、商标、著作权、地理标志等制度套用于传统知识，而不是寻求一种特殊的保护制度。

直接知识产权保护制度的缺点在于：现行知识产权制度很难完全覆盖全部传统知识的种类，导致知识产权保护的碎片化，出现众多制度上的空白和盲点。① 从三都水族自治县的试点来看，这种情况比较明显。三都水族自治县受到知识产权保护的传统知识基本限于能够直接带来经济利益或者产业化的项目，如工艺类的马尾绣、食品九阡酒等，而民俗类的水族端节、卯节等国家级非物质文化遗产，就很难获得知识产权法的保护。而且，即便对某一项传统知识进行了保护，但知识产权也只能保护这项知识的某一个方面，而做不到全面保护，碎片化现象非常明显。比如，水书习俗是首批国家级非物质文化遗产，2010年三都水族自治县水族研究所注册了"水书"商标，保护范围包括印刷品、书籍、报纸、杂志（期刊）、明信片、印章（印）、家具除外的办公必需品、图画、平版印刷工艺品、纸等，是一个商品商标。应当说，此类注册商标与需要保护的水书习俗关系并不大。

（二）权利主体的多元化

由谁享有权利，这是确认传统知识的知识产权首先要解决的问题。传统知识的形成和发展不单靠个体社会成员的天赋和灵感，更多的是由传统社区的全体成员在长期的生产生活实践中共同完成，因此，传统知识的主体具有群体性特点。很多传统知识为多个民族或多个民族社区共同拥有，其界限非常模糊，要确定传统知识的权利主体非常困难。目前，对此问题学界各种主张纷呈，国家、社区、社会团体、传承人等，均有人主张其可为传统知识的权利主体。从三都的试点情况来看，尽管该县传统知识获得的商标、专利等登记的知识产权并不多，但很明显地体现了权利主体的多元化特点，其权利主体包含了以下几类。

（1）国家：由政府有关部门或学术机构获取传统知识的知识产权。如县旅游局申请注册"产蛋崖"、"卯文化风情园"等旅游商标；三都水族自治县水族研究所注册"水书"商标。

（2）社会团体：由各地组建的行业协会作为代表。如中和镇马尾绣协会申请"马尾绣"外观设计专利和证明商标，巫不乡香猪农民专业合作社申请的"巫不"地理标志、三都水族自治县交梨乡水晶葡萄专业合作社申请的"交梨山野"商标。

---

① 李秀娜：《非物质文化遗产的知识产权保护》，法律出版社2010年版，第100页。

(3) 企业：如三都水族自治县九阡酒有限责任公司获得"九阡酒"包装外观设计专利6件；三都水族自治县香辣绿色食品有限公司申请"三都酸汤制作工艺"发明专利1件。

(4) 个人：如马尾绣省级传承人韦桃花的"马尾绣百鸟图"等23件马尾绣作品在贵州省版权局进行了版权登记，并准备申请"桃花马尾绣"商标，潘瑶准备申请"凤之羽"商标，用于销售马尾绣等非物质文化遗产产品。

笔者在三都水族自治县知识产权局调查得知，除企业申请知识产权保护是积极主动的行为之外，其他主体的知识产权保护行为多数都是政府推动的结果。一般而言，相关的企业主管部门如旅游局、农业局可以作为旅游地商标、地理标志申报主体。行业协会申报地理标志则有一定的争议，如三都水族自治县拟以中和镇马尾绣协会的名义申报"三都水族马尾绣"的证明商标，但三都马尾绣的中心，除中和镇外，还有三洞、水龙、塘州等乡镇，并且这些乡镇都成立了马尾绣协会，为什么以中和镇马尾绣协会的名义申报，知识产权局认为，这种选择并不会给其他乡镇的马尾绣生产者带来不利影响。但笔者认为，如果中和镇马尾绣协会申报"三都水族马尾绣"的证明商标成功，在理论上这种选择可能造成不公平：一是其他乡镇的商品是否符合"三都水族马尾绣"的制作工艺，理论上应由证明商标的持有主体——中和镇马尾绣协会来评判，由此可能出现地域保护和地域歧视的问题；二是由于是中和镇马尾绣协会申请了"三都水族马尾绣"的证明商标，容易使外界误认为只有中和是马尾绣最正宗的传承地，给其他传承区域带来不公平。此外，作为科研机构的三都水族自治县水族研究所申请了"水书"商品商标，但笔者调查发现，该研究所对此事细节不甚知晓。并且，作为纯学术研究机构，该研究所并没有商品生产资质，是否适宜作为商品商标申报主体值得商榷，其商标在三年之内不使用，还有被撤销的危险。

(三) 传统知识的知识产权保护的对象（客体）主要不是传统知识本身，而更多是传统知识所衍生的利益

有学者认为，传统知识作为知识产权制度保护的可能客体，存在三种知识产权利益：一是消极知识产权利益，即阻却一个国家内部的

传统知识被他国或本国人直接获得知识产权；二是积极知识产权利益，即传统知识主体就传统知识本身获取专利等知识产权利益；三是衍生知识产权利益，即传统知识及其体现物或其他相关因在长期使用过程中形成良好的商业信誉，作为一种"经营性资信"①，为持有人带来某种竞争优势，是传统知识衍生的产物或成果。②

循此分类方法，目前三都水族自治县传统知识的知识产权保护多数均为衍生知识产权利益，如韦桃花的"桃花马尾绣"，是她在近五六年经营过程中形成的商业品牌；又如九阡酒的制作工艺是一项传统知识，是三都水族自治县九阡镇当地人掌握的一项传统酿酒技艺，而围绕九阡酒所产生的知识产权，如三都水族自治县九阡酒有限责任公司的九阡酒包装外观设计专利6件、"九千"商标等，实际上均未涉及九阡酒的制作工艺本身，也并不存在与现行知识产权法的龃龉之处。

韦桃花就其水族马尾绣制品登记版权的行为则涉及传承人对传统知识本身是否享有知识产权的问题。版权登记不是取得版权的必要条件，韦桃花在贵州省知识产权局就其23幅马尾绣作品登记版权的行为，可视为韦桃花享有其23幅马尾绣制品版权的一种正式的行政认可。从2001年白秀娥诉国家邮政局、国家邮票印制局案件的法院判决结果来看③，这种确认并没有错。

因此，目前传统知识的知识产权保护更多是涉及传统知识衍生的商业利益，很少涉及传统知识本身的内容。部分传承人触及此方面问题，却引起极大的争议甚至纠纷。国际上关于此方面的纠纷也

---

① 吴汉东、胡开忠：《无形财产权制度研究》，法律出版社2001年版，第74页。
② 严永和：《论传统知识的知识产权保护》，法律出版社2006年版，第124页。
③ 白秀娥是山西著名的剪纸传承人，其4幅剪纸被国家邮政局和国家邮票印制局印制作为蛇年邮票，后来双方争议诉至法院，北京市中院认定该案中白秀娥运用民间剪纸技法创作完成的剪纸，不属于民间美术作品，应受著作权的保护。

屡见不鲜，如印度姜黄案①、印第安人的"死藤水"案②，以撤销专利告终；南非仙人掌案，以专利权人与原住民分享专利费结束③；贵州东单甘与莫厌学的纠纷，也以知识产权拥有人东单甘撤诉而告终。④

（四）传统知识的知识产权保护与传统知识的产业化发展高度关联。在此过程中，"传承群体—代表性传承人—资本参与方"产生了利益博弈，给知识产权保护带来了一定的挑战

在传统知识众多门类中，属于生产性的手工艺类传统知识，历史上就天然与市场联系紧密，自其产生之日起，这些产品就是当地简单商品交易市场上最常见的商品。在近些年国家市场经济大潮的冲击下，这些手工艺类的传统知识迅速成为国内外游客欢迎的旅游商品，逐步冲出了农村的简单商品交易市场，迈向了产业化发展之路。如水族马尾绣在2006年成为国家首批国家非物质文化遗产项目后，迅速

---

① 印度人把楝树（Neem）的叶片放在谷仓中用来驱虫，是相当古老的传统，致源于楝树的专利层出不穷。1985—1998年，得到美国专利的案件约40件，全世界的专利高达134件。其中美国公司W. R. Grace在1994年以楝树油作为杀虫剂得到美国专利。同年，欧洲专利局（European Patent Office，EPO）通过相同的专利。由于在印度，用这种树来驱虫是一个古老的传统知识和做法，以之作为专利，不仅违反了专利申请中的新颖性要求，也对印度人民的利益造成了损害，因而引起了印度人以及35个国家200多个团体的不满。印度认为这是剽窃印度的传统知识，向EPO提出异议。EPO于2000年5月撤销该项专利。郭华仁：《原住民的植物遗传资源权与传统知识权》，载蔡中涵编《生物多样性与台湾原住民族发展》，（中国台湾）原住民文教基金会2000年版，第165—185页。

② 死藤水是一种有医药和宗教用途的植物，是亚马逊流域盖丘亚（Quichua）族土语中的名称。在该土语中，死藤水的意思是"精神的葡萄酒"，它是亚马逊流域许多土著人眼中的神圣植物。在1986年，在对厄瓜多尔亚马逊流域进行研究后，一位美国科学家（国际植物药品协会主席）被授予关于死藤水的专利权。1999年，美国专利商标局基于该专利在申请公布前已被公众所知的事实，宣告该专利无效。美国专利商标局的无效决定是对亚马逊流域土著人组织协调机构（COICA）、亚马逊流域人民及其环境联合会和国际环境法中心（CIEL）的律师要求对该专利授权进行重审的请求而做出的回应。参见张磊《论土著居民传统生物技术利益的保护》，《中国石油大学胜利学院学报》2009年第1期。

③ 参见王鹤云、高绍安《中国非物质文化遗产保护法律机制研究》，知识产权出版社2009年版，第329—330页。

④ 1962年，贵州省著名苗族芦笙演奏家东单甘在上海民族乐器厂和苏州民族乐器厂的协助下，改良制成18管21音芦笙，1998年，东单甘获国家知识产权局颁发的《实用新型专利证书》（专利号：ZL9822824.1）。后来，东单甘认为，莫厌学仿造这种芦笙在社会上出售，要求莫停止制造。莫厌学认为，他家祖辈四代都是芦笙制作艺人，早在东单甘申请专利前，他就生产过15管芦笙。双方互不相让，由此形成诉讼，该案最终以东单甘撤诉而结束。

发展壮大，产品样式和种类因应市场需求开始快速变化。笔者在三都水族自治县三洞、中和等乡镇调查发现，在板告、达便、妙良、水根、杨柳等村落，几乎所有妇女甚至10多岁的女孩都在绣马尾绣，有小孩的青壮年男女已经很少外出打工，而是专心在家绣制马尾绣，马尾绣每年销售额达几百万元[①]，已经具备一定的产业化规模，因此，一些知识产权的因素也就在这样的非物质文化遗产项目上出现，涉入产业化较深的韦桃花、宋水仙，已具备了相关的知识产权保护意识。而不具备产业化条件的水歌、水书习俗、端节等，知识产权保护工作几乎没有起步。因此，尽管学界对于传统知识的产业化问题争论很大，一些学者认为：“当把非物质文化遗产变成商品的时候就不再具有原来的功能，是对非物质文化遗产的破坏和亵渎。”[②]

但从现实来看，传统知识的拥有者具有产业化的强烈愿望，部分传统知识的产业化发展已是一个不可逆转的事实。在此过程中，"传承群体—代表性传承人—资本参与方"产生了利益博弈，给知识产权保护带来了一定的挑战。

首先是传承群体与代表性传承人之间。以水族马尾绣为例，在2006年成为国家首批国家级非物质文化遗产项目后，韦桃花、宋水仙等传承人看准商机，开始收购马尾绣，目前已基本形成了"绣布生产—在绣布上画出图案—交给村妇绣制—传承人收购—向城市大型工艺品公司供货—销售"的市场化运作模式，传承人的生活迅速富裕，均在县城买房居住、开铺经营。从调查情况来看，获得非物质文化遗产代表性传承人特别是国家级的代表性传承人，对生产性的传承项目而

---

① 笔者从三都水族自治县非物质文化遗产中心主任潘瑶介处得知，她经营的水族非物质文化遗产展示（销售）中心每月进货额在10万元左右。她估计韦桃花和宋水仙的销售额度还要大一些，另一传承人潘勉收购销售马尾绣，年收入在20万元以上。
② 转引自安学斌《少数民族非物质文化遗产研究——以云南巍山彝族打歌为例》，民族出版社2008年版，第58页。

言无疑是一块金灿灿的招牌,是质量和信誉最有力的保障。①

图 5-1　韦桃花创立的马尾绣制作公司

那么,给予传承人知识产权保护会不会进一步拉大这种差距导致不公平,则值得深思。代表性传承人不仅拥有国家认定的金字招牌,更有相关法律保护和政策上的倾斜,在贷款融资、市场开发、产品宣传上都会享受到程度不同的政策扶持,这些都会使传承人在市场中领先一步。在此情况下,如果代表性传承人或传承团队再申请知识产权的保护,就可借助法律,将原属于传统社区共同拥有的传统知识的相关权利合法地私人化,使传统知识变成少数人的知识产权,甚至借此进行市场垄断,而其他传承人和社区居民,可能变成代表性传承人的"工人"。在马尾绣、蜡染等领域,这种趋势已经初步显现,因此,在壮大产业、发展地方经济和引进现代知识产权的时候,必须要考虑到对传统社区及其居民的公平性的问题。

---

① 据苗族芦笙制作技艺国家级传承人莫厌学介绍,他 2006 年获得国家级传承人的资格后,他生产的芦笙订单大幅上升,其中上升最快的就是省外订单,很多人从网上查到他的信息,就直接打钱过来问他购买芦笙;苗族银饰制作技艺国家级传承人杨光宾,在 2006 年以前与同村(雷山县控拜村)其他银匠的收入水平和生活方式并无太大差异,但在 2006 年成为苗族银饰制作的国家级传承人后,他打造的银饰价格即可达到其他人的四倍,产品多被博物馆收藏。

其次，就传承群体、传承人与资本参与方而言。在传统知识产业化过程中，很多传统知识社区和传承人创办了自己的企业，但是限于资金、管理等方面的因素，往往规模较小、效率低下，需要外来资本的介入与合作。由此容易产生利益博弈，知识产权是其中的焦点之一。如2000年三都水族自治县政府将国有的三都九阡酒厂以40万元的价格卖给了外地人，改为现在的三都水族自治县九阡酒有限责任公司。调查中，九阡镇上的很多人说现在九阡酒厂的酒根本不用传统的九阡酒酿制方法，只能到周边村民家中才能购买到纯正的九阡酒，这一说法也得到了附近村寨和县城的很多人认同。目前，九阡酒有限责任公司开展了有力的知识产权保护工作，如注册"九千"（与"九阡"同音）酒类商标，并于2007年获得了"中华老字号"的称号、申请"九阡酒"外观设计专利等。县政府对这项交易非常后悔但也无可奈何，只能采取申报"九阡"旅游注册商标、九阡酒地理标志保护（拟议中）之类的措施，防止有关九阡酒的全部知识产权被外地人经营的九阡酒有限责任公司获取。此案例中，囿于九阡酒制作工艺为当地人普遍掌握的传统知识，九阡酒有限公司未能获得"九阡酒"的商标或专利，而是采取申报同音（"九千"）商标或外观设计专利等方式，迂回获取知识产权保护利益。但可以想见，大多数外地人根本不会去区分"九阡"与"九千"究竟有多大的差异，拥有较强对外宣传和销售网络的九阡酒有限责任公司，肯定会获取三都之外市场的大多数知识产权利益。也许有一天，九阡酒有限责任公司生产拥有商标和专利的"九千酒"取代"九阡酒"成为正宗也未可知，而真正创造了九阡酒的九阡当地人，则只能守在家中，坐等识货的人来买上几斤纯正的九阡酒，获取微薄的利益。

因此，在传统社区、传承人与外来资本参与方的利益博弈过程中，如何防止知识产权成为损害传统知识和传统社区的工具，也值得进一步探讨。

从三都水族自治县传统知识的知识产权保护试点情况来看，少数民族传统知识的知识产权保护刚刚起步。一方面，各地方只能在现行知识产权法律的框架之内，对传统知识以商标、专利、著作权、地理标志等制度，进行直接的保护；另一方面，传统知识在主体、客体、内容等方面，与现代知识产权制度存在若干的差异，直接套用现行知识产权制度有时难免有削足适履的感觉，造成对传统知识保护的碎片化，很难完整地保护传统知识。

在传统知识的知识产权保护还处于初步探索的阶段，市场化、产业化大潮却已在一些易于转化为旅游商品的传统知识上发生作用。在这些项目上，一方面知识产权保护很有必要；另一方面知识产权保护却又可能使传统社区居民变成代表性传承人或强势资本参加者的"雇工"，甚至导致垄断，使传统知识的真正拥有者成为旁观者。因此，在强调传统知识的知识产权保护的同时，对传统社区的公平性问题必须提上议程。

综合三都水族自治县的实践来看，基本可以断言，对传统知识进行知识产权保护，单一、直接的知识产权保护模式不妥当，不能解决对传统知识保护的碎片化问题。同时，由于各地的保护都更多地涉及传统知识的衍生利益问题，很少直接涉及对传统知识本身积极利益的保护，因此，传统知识的知识产权保护工作，还亟待突破性的思维和发展。

第三节　贵州少数民族非物质文化遗产传承人知识产权保护调研及问题研究[①]

非物质文化遗产具有群体性的特征，不是个人的独有产物，但按照文化部《国家级非物质文化遗产项目代表性传承人认定与管理暂行办法》（2008年5月14公布）的规定，国家在认定代表性传承人是只认定个体性传承人，即使传承需要许多人的配合，地方政府在以团体名义申报时也会按照国家申报相关规定，指定出一名具体责任人。因此，目前的代表性传承人均为个人。

---

① 本部分主要调研资料由本书笔者主持的教育部课题参与者文永辉提供，部分内容以文永辉作者的名义发表于《贵州民族研究》2012年第1期，题目为《少数民族非物质文化遗产传承人知识产权保护问题研究——以贵州为例》。

现行知识产权制度本质上是一种私权利，在非物质文化遗产项目的私权利主体不明确的情况下，非物质文化遗产传承人作为某项传承项目的"代表"，理论上存在知识产权落到其身上的可能性。特别是一些手工艺品类容易转化为现实生产力的项目，如水族马尾绣、苗族蜡染等，很容易实现产业化。在此过程中，代表性传承人由于获得的巨大荣誉和名声，以及国家的政策扶持（根据《国家级非物质文化遗产项目代表性传承人认定与管理暂行办法》第十二条规定，各级文化行政部门应当对非物质文化遗产代表性传承人予以政策、资金等方面的支持），他们很容易在市场中领先一步，以独立身份实施产业化开发。笔者的田野调查也证实了这一点，如三都马尾绣省级传承人韦桃花、宋水仙；苗族蜡染国家级传承人王阿勇、王阿板、韦祖春；苗族芦笙国家级传承人莫厌学；苗族银饰国家级传承人杨光宾等。因此，以独立身份实施非物质文化遗产开发的传承人很可能领先一步获得相关知识产权。

基于此，笔者通过田野调查，试图了解我国少数民族地区非物质文化遗产传承人的知识产权保护意识、知识产权持有和保护的现状，为我国少数民族非物质文化遗产的知识产权保护提供实证数据，并提出相应的问题和建议。

一　被调查对象的基本情况

笔者所调查的区域主要是贵州黔东南和黔南两个少数民族自治州，笔者调查了贵州三都、丹寨、榕江、从江、雷山等地的40多名少数民族非物质文化遗产传承人所涉及的传承项目主要包括水族马尾绣、水书习俗、丹寨石桥古法造纸、苗族锦鸡舞、苗族蜡染技艺、反排木鼓舞、苗族古歌、苗族银饰制作技艺、侗族大歌、侗戏、苗族吊脚楼营造等，基本涵盖了非物质文化遗产的各种类型。共调查少数民族非物质文化遗产传承人42人。需要说明的是，调查对象中的部分传承人，并非国家、省、州、县所认定的非物质文化遗产代表性传承人，但是，笔者在调查中发现他们在从事非物质文化遗产项目的传承或保护工作，因此也作为本书研究的对象。另外，部分代表性传承人年老体衰，事实上很少能从事非物质文化遗产相关工作，但他们的家属或下一代把他们的工作（或相关生意）做得风生水起，此类家属或下一代也是本书的研究对象（见表5-1）。

表5-1　　　　　　　　传承人基本情况

调查的传承人总数：42 人			
传承人基本情况	类型	人数	比例（%）
性别	男	21	50
	女	21	50
文化程度	高中以上	6	14.3
	初中	14	33.3
	小学	15	35.7
	文盲	7	16.7
年龄	60 岁以上	13	31.0
	51—60 岁	7	16.7
	40—50 岁	9	21.4
	40 岁以下	13	31.0
传承人基本情况	类型	人数	比例（%）
传承人级别	国家级	11	26.2
	省级	11	26.2
	州级	5	11.9
	县级	8	19.0
	其他	7	16.7
传承项目类型	传统文学（苗族古歌）	2	4.8
	传统音乐（侗族大歌）、戏剧（侗戏）、舞蹈（锦鸡舞、反排木鼓舞等）	15	35.7
	传统技艺（马尾绣、苗族蜡染、古法造纸、苗族吊脚楼营造等）	23	54.8
	民俗（水书习俗）	2	4.8

二　少数民族非物质文化遗产传承人的知识产权保护意识

笔者调查所采用的方法为半结构式的访谈，即事先设定几个问题，在与调查对象开放式的访谈中伺机提出，而不是采用问卷调查的方式。

为了了解少数民族非物质文化遗产传承人的知识产权保护意识，笔者设定了几个问题在访谈中向传承人提出（具体表述问题时，会因调查对象而有所不同）。从调查结果来看，由于是开放式访谈，传承人的回答也是五花八门，但也可以做适当的归纳，基本情况如下。

问题1：您是否听说"知识产权"这一词语并了解其含义？您的这些知识从哪里得来？

答案	人数（比例）
从来没听过	15（35.7%）
知道一点，政府工作人员告诉的	18（42.9%）
知道一点，自己打官司知道的	1（2.4%）
知道，自己从报纸或书本上了解的	8（19.0%）

问题2：你们唱歌、跳舞或者所做出的作品（提问时会具体指明产品类型如马尾绣、芦笙）有没有被他人做成光碟之类的出售，如果有，是否向你们交过费？您是否认为这侵犯了你的权利？

答案	人数（比例）
没有，我们世代都这样唱，有什么权利	22（52.4%）
没有，也不知道侵犯什么权利	8（19.0%）
没有，应该是侵权了，但不知道是什么权利	12（28.6%）

问题3：您是否对你的技艺有创造发展，您觉得的这种创造发展是否应当受到保护？

答案	人数（比例）
不知道有没有创造，每个人做出来都不一样	18（42.9%）
不知道有没有创造，但我做的东西在当地是公认比较好的	9（21.4%）
有创造，既然创造发展了就应当保护	5（11.9%）
有创造，但大家都像兄弟姐妹一样，要学就学吧，保护什么？	3（7.1%）
有创造，但我的东西别人是学不来的	7（16.7%）

问题4：您是否想过要注册商标或申请专利？

答案	人数（比例）
没有，不知道怎么回事	26（61.9%）
有这方面的想法，但不知道怎么做	4（9.5%）
有这方面的想法，政府支持我去做	7（16.7%）
有这方面的想法，子女们准备做这事	5（11.9%）

问题5：您现在开店卖这些物品（非物质文化遗产产品），是否想过将您的字号登记或注册？

答案	人数（比例）
没有想过，就是做这些混口饭吃	32（76.2%）
想过，但不知道怎么做	4（9.5%）
想过，正在着手做	6（14.3%）

就笔者的调查来看，近一半的人还没有知识产权意识或甚至不知道知识产权为何物，只有少部分少数民族非物质文化遗产传承人具有一定的知识产权意识，或者说"品牌"意识，而他们这种意识又和身为国家（或省州）的传承人有极大的关系。有的传承人本身没有这方面的意识，但更年轻、更具有文化的子女在参与经营过程中，树立了此方面的意识。

三 非物质文化遗产传承人的知识产权持有及保护状况

笔者调查的非物质文化遗产传承人的知识产权持有和保护状况可以分为以下几类。

（一）已经持有知识产权或企业字号，并且对品牌经营比较注意

持有知识产权的目前仅限三都水族自治县韦桃花1人。2010年，韦桃花的"马尾绣百鸟图"等23件马尾绣作品在贵州省版权局进行了版权登记（当年贵州全省进行版权登记的作品共118件，韦桃花一人的登记占当年全省登记总量的19.5%，当年登记的作品中，另有6件属于非物质文化遗产传承人）。版权登记虽然不是取得著作权的必

要条件，但主动或在政府的帮助下进行版权登记，确是传承人知识产权保护意识实质性提高的一个标志。

另外，部分传承人登记了企业或开设了店面经营非物质文化遗产商品，并且对长期经营形成的字号具有一定的保护和经营意识。如韦桃花经营的水族马尾绣商店均取名"桃花马尾绣"，访谈中，韦桃花对有人盗用"桃花马尾绣"的牌子经营表示了担心。苗族蜡染国家级传承人王阿勇、省级传承人王阿板（王阿勇的儿媳）、韦祖春（王阿勇的儿子）全家都在经营苗族蜡染商品，设立了"丹寨阿勇苗族蜡染旅游有限责任公司"，在丹寨县城振兴路开设了店面，设计了含有"阿勇"两个字的图形商标，目前正在准备申请注册。王阿勇的二儿媳杨丽莎（贵州大学本科毕业生）介绍，目前，王阿勇年纪比较大了，主要指导工人和村民的蜡染生产，她们几个年轻的后辈负责经营，决心把"阿勇"这一品牌做大。丹寨石桥古法造纸的国家级传承人王兴武决心为他造的纸特别是迎春花纸申请注册商标。

（二）有了朦胧的品牌意识，但知识产权保护意识还不强烈

部分传承人有品牌经营意识，但不知如何经营，或保护意识不强。如三都水族自治县与韦桃花齐名的马尾绣省级传承人宋水仙，对外联络能力强，产品销路已经打入贵阳、外省市场，但她一直比较羡慕韦桃花品牌经营的意识，想创立自己的品牌，却一直不得法。苗族银饰制作技艺国家级传承人杨光宾会在自己打造的银饰上刻上自己的标志，他制作的银饰的价格是别的银匠制作的银饰价格的4倍；苗族芦笙制作的国家级传承人莫厌学，他生产的芦笙上会印上标志。

莫厌学说，有些其他村民在他们生产的芦笙上印上自己的标志，但也没有追究。他说："大家都是兄弟姐妹，都是靠祖传的芦笙技艺吃饭，他们要仿就仿吧。有时接到订单自己做不完，我还会给他们一些活干。"莫厌学对利用自身国家级传承人的名气扩大芦笙销路有一些兴趣，但同时有一定顾虑。2003年4月底，贵州省著名苗族芦笙演奏家东单甘起诉莫厌学侵犯18管芦笙专利权一案，使莫厌学对知识产权有相当的心理阴影。在笔者访谈过程中，莫厌学反复问，如果他将自己的名字注册或开店，会不会出现问题？可见，莫厌学、杨光宾等传承人，已经有了初步的"品牌"、"专有权利"意识，但还没有

第五章　少数民族非物质文化遗产传承人的私权保护　143

明确的知识产权观念。

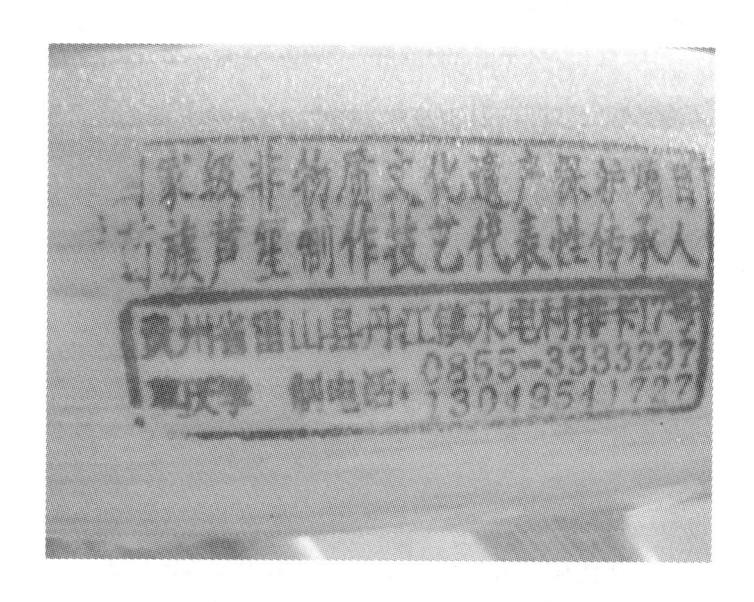

图5-2　国家级传承人莫厌学在其制作的芦笙上印上的标志

（三）大多数人还没有知识产权观念

除上述两类传承人外，其他传承人随着对外交往的增多，虽然从政府官员等人口中可能也听说过知识产权的概念，但并不认为他们所拥有的技艺具有用知识产权保护的价值。如丹寨石桥古法造纸经营者潘老三，虽然生意做得风生水起，对古法造纸也有诸多改良，在传统的白皮纸基础上，生产出了五彩花纸等多种工艺和装饰用纸，但他不认为自己超越传统的制作方法有申请知识产权保护的必要。

侗族大歌国家级传承人吴仁和、省级传承人贾福英等人，一生致力于收集侗族大歌唱词，并用"侗骈文"记录下来。应当说，他们对这些作品拥有著作权，但他们均表示无意禁止他人使用这些作品。此外，如苗族锦鸡舞传承人杨秀超、杨昌芬、侗族大歌传承人潘萨银花、潘萨立先、贾美兰等人，他们在各种场合唱歌跳舞时经常被他人拍摄制作成DVD，他们并不认为这有何不妥，并且他们认为自己又花钱去买这些自己唱歌跳舞的DVD也属正常。

四 少数民族传承人知识产权保护的特点及问题

综观少数民族非物质文化遗产传承人知识产权保护意识、知识产权持有状况，可以说传承人的知识产权保护整体还处于萌芽状态，不过其中涉及的公正性问题值得深思。

（一）知识产权的行政认可

以韦桃花在贵州省知识产权局就其23幅马尾绣作品登记版权的行为而言，虽然版权登记不是取得版权的必要条件，但可视为韦桃花享有其23幅马尾绣制品版权的一种正式的行政认可。毫无疑问，拥有高超技艺的韦桃花，其绣制的马尾绣制品属于创造性的劳动，似乎符合现代知识产权保护创造的宗旨。但试问：哪一幅马尾绣制品，不是水族妇女一针一线的结晶，不包含水族妇女个人的创造和智慧？确定无疑地印有个人独创的痕迹。在笔者调查中发现，三都水族自治县三洞乡的韦应利、韦家丽等人，虽说并无多少文化，但都会绘制马尾绣图案，王巧则在马尾绣放线方面敢于大胆突破传统色调，颜色鲜艳的马尾绣制品是其创作痕迹。事实上，无论马尾绣还是蜡染等手工技艺，都是在特定的区域环境下通过群体相互模仿方式进行创造性传承，如果某人的一点创造被视为拥有知识产权而独占使用，对群体而言是不公平的。因此，如果因为韦桃花的作品进行了版权登记，而禁止其他水族妇女模仿、复制等，对水族社区而言也不公平。相反，如果韦桃花的创作被关进知识产权保护的箱子，不再深入社区学习，则其创造力也会枯萎。当然，由于韦桃花名声在外，其个人作品的商业价值凸显，如果不对其作品进行任何保护，则可能被外来机构大量复制、使用甚至用作商标等，则对韦桃花而言又是不公平的。

（二）东单甘获取18管芦笙外观设计专利权也引起了争议

相比传统使用的芦笙，18管芦笙音域更加宽广。问题是，这种创造是否达到了对专利要求的新颖性和创造性尚存争论。如果允许对包括非物质文化遗产的传统知识加以改造获取专利，则哪些现代化的公司和拥有现代科学技术的个人会拥有比较大的优势，非物质文化遗产项目的发展和传承由此都会遭遇知识产权的"天花板"，这对创造了非物质文化遗产项目的传统社区来说无疑很不公平。笔者在调查中发现，对非物质文化遗产项目的小小革新和创造，在传统社区也是随处可见，比如与东单甘发生争议的国家级非物质文化遗产传承人莫厌学的大儿子，本身具备一定的专业知识，他就利用葫芦丝等乐器与苗族芦笙相结合，创造了很多造型各异、完全别于传统的芦笙。

（三）非物质文化遗产传承人知识产权保护的公正性问题

笔者在调查传承人知识产权保护的过程中，传承人两极分化的现象让人印象深刻：那些与市场联系紧密的传承人，多数都奔向市场，脱贫并开始致富；而那些没有办法产业化、市场化的非物质文化遗产项目，其传承人只能守候在农村，沿着他们原有的生活轨迹，逐渐地老去。造成这种现象的原因，除项目本身造成的差异外，国家的"代表性传承人"制度进一步拉大了这种差距。从调查情况来看，获得非物质文化遗产代表性传承人特别是国家级的代表性传承人，对生产性的传承项目而言无疑是一块金灿灿的招牌，是质量和信誉最有力的保障。据莫厌学介绍，他2006年获得国家级传承人的资格后，生产的芦笙订单大幅度上升，其中上升最快的就是省外订单，很多人从网上查到他的信息，就直接打钱过来向他购买芦笙；杨光宾在2006年以前与同村（雷山县控拜村）其他银匠的收入水平和生活方式并无太大差异，但在2006年成为苗族银饰制作的国家级传承人后，他打造的银饰价格即可达到其他人的4倍，产品多被博物馆收藏；韦桃花和宋水仙的情况也是如此。而其他非生产性的传承人则没有如此幸运，如侗族大歌由于名声响亮，这些年也作为一种文化产业开发，但传承人在其中并未得到太多好处，如从江县小黄村号称"侗族大歌窝"，大歌人才辈出，国家级传承人、获取国家级、省级各类歌唱大赛金奖的人不计其数，但大多数人在辉煌一阵后，又恢复到打工或到宾馆酒楼唱歌的地步。如"小黄十姐妹"之一的贾美兰，号称"女歌王"，2005年得过"金黔奖"，当初成名时，县里为了把她们留在村里，答应每月给她们发500元工资，但后来没有兑现，十姐妹解散，有的在家干农活，有的流落四处打工，生活普遍贫困。

知识产权保护会不会进一步拉大这种差距导致更大的不公平，则值得深思。代表性传承人不仅拥有国家认定的金字招牌，更有相关法律保护和政策上的倾斜，在贷款融资、市场开发、产品宣传上都会享受到不同程度的政策扶持，这些都会使传承人在市场中领先一步。在此情况下，如果代表性传承人或传承团队在申请知识产权的保护时，就可借助法律，将原属于传统社区共同拥有的非物质文化遗产的相关权利合法地私人化，独自占有，使得非物质文化遗产变成少数人或特定群体的知识产权，甚至借此进行市场垄断，而其他传承人和社区居民，可能变成代表性传承人的"工人"。在马尾绣、蜡染等领域，这种趋势已经初步显现，因此，在非物质文化遗产产业化过程中，在壮大产业、发展地方经济和引进现代知识产权的时候，必须要考虑到对传统社区及其居民的公平性的问题。

通过以上分析可以发现，尽管非物质文化遗产的知识产权保护模式也未有定论，但是，在地方政府和市场经济的推动下，即便是偏远的少数民族地区，非物质文化遗产传承人已逐步具备了知识产权保护意识。当然，从传承人持有的知识产权状况来看，传承人的知识产权保护集中在非物质文化遗产的衍生利益部分，现行商标法及著作邻接权对此可以进行保护，也不易引起争论。但就非物质文化遗产本身申请专利和著作权保护，则对非物质文化遗产在传统社区长期以来的传承模式（相互模仿学习）造成冲击，给其他传承人带来不公平。但是，在传统社区之外，由于著名传承人的作品具有极高经济价值，对其不予以保护又会对传承人带来不公平。因此，在赋予传承人知识产权的同时，应当区分传统社区之内和之外，赋予传承人不同的权利范围。

此外，由于传承人制度和知识产权保护可能带来代表性传承人对非物质文化遗产项目的"合法垄断"，应当采取适当措施，使传承人能够反哺社区，不至于造成制度化的不公。

笔者调查中也发现，相比而言，像莫厌学、王阿勇这些老一辈传承人，虽然能够意识到知识产权、品牌可能带来利益，但是他们对传统社区的感情很深，受传统观念影响，对于利用知识产权获取更大利益的兴趣并不是很大，他们更愿意与其他居民一起分享非物质文化遗产所带来的利益。相比与老一辈传承人而言，他们的后辈长期在外读书或谋生，与传统社区的联系要松散得多，拥有更多现代知识的他们在接手老一辈的非物质文化遗产传承事业后，行为方式会有很大的不同。也许再过若干年，随着非物质文化遗产产业化的发展和市场经济的深入，少数民族非物质文化遗产传承人的知识产权保护格局，会有较大的变化。

第四节 少数民族非物质文化遗产开发中传承人的利益分享制度

近年来，各地利用少数民族非物质文化遗产进行的商业化开发进行得如火如荼，尽管这种开发取得了较好经济效益，但学界对于非物质文化遗产过度商业化导致非物质文化遗产异化甚至消亡问题一直存有较大担忧，地方政府、投资者、少数民族社区、传承人、不同民众之间在此过程中所获得的经济收益也大相径庭，在一些地方甚至引发了较大的社会矛盾。少数非物质文化遗产开发的可持续发展，核心在于建立合理的利益分享机制。

一 少数民族非物质文化遗产开发模式——以贵州为例

近年来，贵州各地方将少数民族非物质文化遗产作为民族文化旅游的重要卖点加以宣传开发，其开发呈现出多头并举的态势，开发的模式和状况包含以下几个方面：

(一) 文化产业开发

从2005年起，贵州连续举办了多届"多彩贵州"歌唱大赛、"多彩贵州"旅游形象大使选拔赛、"多彩贵州"舞蹈大赛等。从文化产业开发角度，推广和打造贵州丰富多彩的非物质文化遗产资源，以"多彩贵州"为龙头的少数民族非物质文化遗产产业化开发是贵州少数民族产业化开发的典型。在"多彩贵州"各项赛事成功的基础上，贵州倾力打造了大型民族歌舞——多彩贵州风。该大型民族歌舞通过政府引导、市场运作的方式运行。"多彩贵州风"是汇集贵州少数民族非物质文化遗产精华的一场文化盛宴，成为非物质文化遗产商业化运作的典范。

(二) 非物质文化遗产旅游开发

贵州依托神奇隽秀的喀斯特自然山水风光和良好的气候生态条件，结合绚丽多姿的少数民族非物质文化遗产，探索出形式多样的旅游产品，主要是民族节庆旅游和民族村寨文化旅游。

1. 民族节庆旅游

贵州有"千节之省"的美称，其49个民族一年有1400多个节日、集会，名目繁多，五光十色。[①] 这些民族节庆活动集中展示了少数民族的服饰、歌舞、音乐、饮食、体育、宗教信仰、民间工艺及民族风俗，是贵州少数民族非物质文化遗产的博览会之一。在贵州各民族地方开展的民族节庆旅游中，多数直接以民族节庆作为旅游活动的内容和载体，有的则是以知名的非物质文化遗产开发出节庆旅游，如从江"侗族大歌节"、三都水族自治县"水族卯文化旅游节"等大规模的民族节庆旅游活动，集中展示少数民族歌舞、习俗、宗教等非物质文化遗产。

2. 民族村寨旅游

在贵州的崇山峻岭之中，拥有大量保存完好的民族村寨，其建筑古朴、民风淳朴、民俗奇异、生态环境良好，将有形的村寨与无形的非物质文化遗产结合起来，可以很好地满足疲惫都市人的返璞归真需求与异域想象，成为近年来发展迅速的一种旅游模式。开发了西江千户苗寨（全国最大苗寨）、郎德上寨、小黄侗寨（侗族大歌窝）、丹寨石桥村（国家级非物质文化遗产古法造纸）、从江岜沙苗寨等国内外具有一定影响力的民族旅游村寨。

（三）民族特色旅游商品开发

非物质文化遗产虽然是"非物质"的，但部分非物质文化遗产项目特别是工艺类非物质文化遗产，如水族马尾绣、苗族蜡染制作工艺等，均可以转化成较高品位的民族特色旅游商品，也是贵州旅游商品的重要组成部分。2006—2014年，贵州连续九年举办了"多彩贵州"旅游商品展销大会、旅游商品设计大赛和能工巧匠选拔大赛（以下简称"两赛一会"）。"两赛一会"的主题是"自主创新、打造精品、发现人才、拓展市场"，发掘贵州文化的价值和人才，做大做强贵州旅游商品市场。其中，发掘各类少数民族非物质文化遗产，开发民族特色旅游商品是其重点。目前，在贵州三都、丹寨、凯里、雷山等地，水族马尾绣、苗族蜡染

---

① 余青、龙光文：《贵州少数民族节庆活动探析》，《贵州社会科学》1999年第2期。

制作、银饰制作、丹寨石桥古法造纸等国家级非物质文化遗产的开发，已经初步形成小规模的产业化经营。

二 贵州少数民族非物质文化遗产开发中的利益分享模式

2012年，贵州省《黔东南州贯彻落实〈国务院关于进一步促进贵州经济社会又好又快发展的若干意见〉实施方案》第二条第七款规定：建立评定民间秘方、验方及医疗技术的机构，并制定和逐渐完善民间献方献技的规章制度，按照惠益分享原则给予献方献技人员合理报酬，调动民间献方献技人员的积极性。这是关于惠益分享制度比较明确的文件规定，但主要限定在民族医药领域，也没有具体的惠益分享方案。贵州各民族地区政府和少数民族民众在非物质文化遗产开发实践中发展出一些利益分享的模式。

（一）"公司+农户"模式

这是目前贵州少数民族非物质文化遗产开发中普遍采用的一种模式。以丹寨县石桥村的国家级非物质文化遗产——石桥古法造纸为例。石桥目前主要有两家较成规模的造纸合作社：一是由潘玉华组织五家人合作的石桥易兴古法造纸专业合作社；二是由王兴武组织的石桥黔山古法造纸专业合作社，合作社的社员已从最初的29户发展到63户，超过百人，2011年销售收入有500余万元。[①] 2011年10月，石桥黔山造纸合作社成为国家级首批非物质文化遗产生产性传承保护基地之一。再以水族马尾绣为例，2006年5月，文化部将水族马尾绣列为首批中国非物质文化遗产名录之后，这项民间传统绝活逐步重现生机。马尾绣省级传承人韦桃花于2010年9月成立三都水族自治县桃花马尾绣艺术品制作有限公司，现有在职员工8人，公司实行"公司+农户"的管理模式，对外签订合同承接马尾绣制品制作业务，再将任务分解到水族家庭之中，或定点收购水族妇女制作的马尾绣制品，目前已解决了近800名农村妇女富余劳动力，成为很多家庭的主要经济来源，韦桃花也成了贵州省百佳创业小老板。

[①] 王晓梅：《做世界级手工纸——记国家级非物质文化遗产项目传承人王兴武》，《当代贵州》2012年第1期，第26页。

图 5-3 丹寨县王兴武获得国家级传承人证书

图 5-4 王兴武在南皋乡石桥村创建黔山古法造纸专业合作社

图 5-5 黔山古法造纸专业合作社产品展示

（二）郎德上寨的"工分制"

20世纪80年代，贵州省雷山县的上郎德村在省文物局的推动下率先开发乡村旅游时，重新启用大集体时期我国农村普遍采用的工分制来管理资源、分配收益。郎德人认为，所有人都为村寨的建设和保护出过力，寨子是大家的，应该家家都受益。社区最主要的旅游项目——苗族歌舞表演由村寨集体举办，所有村民（外嫁妇女及学龄前儿童除外）均可参与旅游接待并按贡献大小计工分进行分配。基本规则是技艺越高、服饰越精美、承担角色越多者工分越高。妇女、儿童、男人，各有工分档次；有服装和没有服装的，也有区别；在活动中唱歌和没有唱歌的，亦有区分。另外，记工分只针对表演活动，吃饭、住宿等服务内容的生意，都是自己办自己的，所以，有条件的人家就搞"农家乐"，旅游部门要求进行厨艺培训，也都积极主动参与。有了钱的人们修建房屋，全部都是吊脚楼，而且在原有样式的基础上有自己的创新。①

（三）西江千户苗寨的"民族文化保护奖金"

贵州省雷山县西江千户苗寨是世界上最大的苗寨，已成为贵州民族文化旅游最主要的目的地之一。西江村最初每年将景区门票收入中的150万元作为传统建筑保护的奖励基金。2009年雷山县政府制定了《雷山县西江千户苗寨民族文化保护评级奖励暂行办法》，该办法分别对每户建筑保护、环境卫生和行为规范进行考核，每项分别设定基础分值为100分，其中建筑保护占总分值的60%，环境卫生占30%，行为规范占10%。最后根据民族文化保护的考核结果作为该户的最后得分依据，享受相应的民族文化保护评级奖励经费。新建房屋未满三年无资格参加分配，砖房用木料包装的给分比较少，砖房未进行包装的不给分。2012年，雷山县在原《西江千户苗寨民族文化保护评级奖励暂行办法》的基础上进行了一定修改，从门票收入中提取的民族文化保护评级奖励专项资金从原来的15%增加到了现在的18%。该奖励办法分别对每户家庭建筑保护和行为规范两个方面进行考核，每项分别设定基础分值100分，其中建筑保护占总分值的40%，行为规范占60%。民族文化保护奖金的考核评级工作由西江景区管理局牵头，西江镇政府、西江博物馆、西江村两委及部分群众代表共同参与。2012年2月13日，发放了2011年的民族文化保护评级奖金，平均每户享受民族文化保护资金4000余元；2012年8月20日，发放了2012年上半年的民族文化保护资金，平均每户近2400元。②

---

① 麻勇斌：《贵州文化遗产保护研究》，贵州人民出版社2008年版，第170页。
② 张世辉：《天下西江农民喜领500余万民族文化保护奖金》，中国民族宗教网，2012年2月15日，http://www.mzb.com.cn/html/report/277367-1.htm，2012年9月17日。

图 5-6　郎德上寨

图 5-7　郎德上寨村民们的迎客表演

图 5-8　贵州雷山县西江千户苗寨夜色

在其他一些民族村寨民族文化表演收入中,演员获取一部分,村集体留存一部分,如从江县岜沙村的演出收入为每场 800 元,一年演出 300 场次左右,演员每演出一场的报酬为 10 元,其余的收入归村集体所有。扣除每场付给演员的报酬之外,一半以上的演出收入归属于岜沙村集体所有。从江县小黄侗寨成立了侗族大歌表演队,每位演员一场表演的收入约为 5 元,其余的归集体所有。

图 5-9 从江县岜沙村的村民参与表演

三 存在的问题

在上述模式中,郎德上寨的"工分制"相当于一种原始民主制,在相对烦琐的制度下,充分利用民间智慧,较为充分地照顾到了非物质文化遗产拥有者和开发参与者的利益,笔者在郎德上寨调查发现,虽然郎德上寨是所有民族村寨中开发较早的,但其苗族建筑和民族文化保存得比较好,村民之间虽然也有了明显的贫富差距,但抱怨和矛盾较少。

西江千户苗寨的"民族文化保护奖金"制度是政府主导下的一种惠益分享制度,村民在其中的参与度较少,只能被动接受。由于西江苗寨的规模远胜郎德上寨,西江苗寨的旅游开发档次和复杂性也远非郎德上寨可比,西江苗寨显然也不可能采取郎德上寨那种原始而又比较烦琐的惠益制度。并且,由于西江苗寨的旅游开发是全方位的,少量村民在餐饮、住宿甚至带游客逃门票方面获利巨大,因此,虽然政府将旅游收入按一定比例以"民族文化保护奖金"的形式返还给了村民,但几千元的奖金显然不能令村民满意。有学者认为,与政府的投入相比,社区居民拥有的财富巨大,房产、土地、民族无形文化财富等价值超过 10 亿元,政府返还的利益不成比例。[1] 调查中发现,部分人对于西江开发产生怨气和逆反心理,以至于对自己拥有的苗族文化产生反感,甚至会走向极端进行文化的破坏。更重要的是,在此过程中,他们没有能够参与到利益分享的任何谈判机制之中,任何决策都可能让他们认为是"暗箱"操作不怀好意。

工艺类非物质文化遗产开发中所采取的"公司+农户"模式,则是现代合同法制下买卖双方相对固定的一种契约安排,遵循的是一种现代合同规则,双方意思表示一致,权利义务对等,事实上并不涉及传统社区的惠益分享问题。在此类开发模式中,传承人拥有国家授予的"金字招牌"和政策、资金、信息、市场等方面的支持,获取了非物质文化遗产开发的大部分收益,传统社区民众则变成传承人的雇工和订单供货者,只享受了非物质文化遗产开发末端的小部分利益。

因此,总体来看,贵州少数民族非物质文化遗产开发中的利益分享模式,有的考虑了本社区本民族的传统和习惯,在小规模开发的情况下,类似于郎德上寨的"工分制"有其适应力和可操作性。但在非物质文化遗产开发规模较大的情况下,利益分享机制具有一定的问题,这些问题在全国各地非物质文化遗产开发中也具有一定的共通性。

第一,政府和投资者在利益分享中处于主导地位,非物质文化遗产拥有者参与度过低,缺乏良好的参与机制,在非物质文化遗产开发利益分享中处于被动边缘地位。

学界普遍认为,非物质文化遗产开发中存在"两头热、中间冷"的现象[2],一头是政府为了地方经济发展而努力发掘非物质文化遗产的经济价值;另一头是学界为了挖掘非物质文化遗产中的各种经济、

---

[1] 山云:《关于稳定西江千户苗寨旅游开发的建议》,中国苗族网,2012 年 1 月 12 日,http://www.chinamzw.com/wlgz_ ReadNews.asp? NewsID =1889,2012 年 9 月 12 日。

[2] 谭宏:《非物质文化遗产保护的原则》,《重庆文理学院学报》(社会科学版)2006 年第 3 期。

文化、艺术和科学等价值而相互争鸣。而作为保护非物质文化遗产主力军的广大民众却认识不足，参与不多。究其原因，在于目前行政主导的非物质文化遗产保护似乎成了政绩工程，而社群并没有得到精神鼓励和利益刺激，甚至在某些情况下会受到政府和学者等来自文化精英的不良干扰。调动社群的积极性是非物质文化遗产保护的关键，重点在承认社群对非物质文化遗产拥有的权利，包括持有、保护、弘扬和防剽窃等权利。[①] 由于少数民族民众只是被动的参与者，对利益的分享没有发言权，完全被动地接受政府对自身文化的管理、想象、操弄甚至是随意编造，这可能使少数民族非物质文化遗产发生"异化"，造成"保护性破坏"。

第二，学界讨论相对宏观模糊，没有从法律制度的层面将其具体化，很难得到具体落实。目前，学界关于非物质文化遗产开发中利益分享制度的研究，多集中在非物质文化遗产开发的法理依据、必要性、宏观机制等方面，具体的利益分享机制比较模糊，缺乏可操作性。在现实中，非物质文化遗产开发已经在各地如火如荼地开展起来，非物质文化遗产异化和利益分配机制缺失所引起的矛盾已经非常突出，必须从法律制度层面，对非物质文化遗产开发中的利益分享机制做出较为明晰的规定，使其真正能够指导和规范各地的非物质文化遗产开发活动，保障各开发主体的利益，促进我国的非物质文化遗产保护和传承工作的健康发展。

四 少数民族非物质文化遗产开发中利益分享主体及其关系

要制定出切实可行的利益分享机制，首要的是要厘清少数民族非物质文化遗产开发中所涉及的各种利益主体及其关系。从贵州少数民族非物质文化遗产开发的实践来看，主要涉及政府、外来投资者、传统社区、代表性传承人、传统社区内不同民众等几类利益主体，需要通过法律来明确他们之间的利益分享机制。

（一）地方政府、外来投资者与传统社区之间

少数民族非物质文化遗产归属于特定的族群或传统社区，相关国

[①] 李秀娜：《非物质文化遗产的知识产权保护》，法律出版社2010年版，第32页。

际公约和法律均予以认可。① 学者们也认为,"调动社群的积极性是非物质文化遗产保护的关键,重点在承认社群对非物质文化遗产拥有的权利。"② 联合国《保护非物质文化遗产公约》第 15 条规定:"缔约国在开展保护非物质文化遗产活动时,应努力确保创造、延续和传承这种遗产的社区、群体,有时是个人的最大限度的参与,并吸收他们积极地参与有关的管理。"

在生物遗传领域,惠益分享制度调整的是传统知识的利用者和传统社区之间的利益分配关系,其问题主要集中在采取何种模式使得资源和知识的采集者与提供者之间的利益分配达到合理公平,并且,这种惠益分享制度建立在事先知情同意的基础上。少数民族非物质文化遗产开发中的利益关系,首要的也是要调整作为外来利用者的地方政府、投资者与传统社区之间的关系。而要理顺这一组关系,关键是确定传统社区的代表以及确定合理的谈判机制。

传统社区作为非物质文化遗产的拥有者,由谁来代表其行使权利一直是个争议较大的问题。有的学者主张由国家作为权利代表,有的学者主张以各级政府作为权利代表,在著名的黑龙江饶河县四排赫哲族乡政府诉郭颂等侵犯民间文学艺术作品著作权纠纷案中,由四排赫哲族乡政府作为赫哲族全体人民的代表参与诉讼,主张权利,获得了法院的支持。严永和教授在对贵州从江瑶族浴药传承与保护调研的基础上提出:"设立由从江县当地瑶族村民代表共同组成从江县瑶族浴药和药浴管理委员会,作为该文化遗产保护开发的权力机构,实现社区利益分享。"③

笔者认为,在确定由谁代表"不特定群体"时,首先应当考虑其具有真正行使权利的能力。"作为非物质文化遗产主体的群体虽然对

---

① Glossary – Intangible Cultural Heritage, Results of the International Meeting if Experts on Intangible Cultural Heritage – Establishment of a Glossary, Paris: UNESCO, June 2002, pp. 10 – 12.
  Carlos M. Correa: *Traditional Knowledge and Intellectual Property: Issues and Options Surrounding The Protection of Traditional Knowledge*, Quaker United Nations Office, 2001, p. 12.

② 李秀娜:《非物质文化遗产的知识产权保护》,法律出版社 2010 年版。

③ 国际行动援助中国办公室编:《保护创新的源泉:中国西南地区传统知识保护现状调研与社区行动案例集》,水利水电出版社 2007 年版,第 126—127 页。

其资源享有权利,却不一定拥有行使权利的能力。这种能力取决于社区的组织资本、对法律的了解和掌握,用于管理和实施权利的资源,等等。"① 那么,谁具有这样的资源呢?检索贵州少数民族地区所拥有的组织形式,事实上与全国各地大致类似,在国家各级权力机构之外,只有村民委员会有一定的组织资源。因此,笔者认为,在此情况下,以村民委员会作为非物质文化遗产的权利代表是最佳的选择。第一,在少数民族非物质文化遗产的开发过程中,涉及土地、房屋、利益分配等问题的大多数事务与村集体经济组织有关。第二,作为最基层的组织,其每天与村民打交道,了解村民的诉求,其对村民的权威也远不如上级权力机构,村民在其中有机会和敢于表达自己的意见,为争取其权利提供了一定可能性。第三,不少民族地方的村落是多民族聚居,其文化遗产可能为多个民族所有,由村民委员会代表各民族行使权利,可以避免目前对非物质文化遗产进行"族别化"分类的缺陷。

当然,由村民委员会作为非物质文化遗产权利主体,也面临着一些问题。正如我国农村"集体所有权"的主体被虚化一样,作为非物质文化遗产主体的村民委员会也极有可能被虚化,从而不能够真正行使权利。另外,"公社化造就了一套自上而下的经济控制与行政控制网络,使得国家权力对乡村社会的渗入和控制达到了前所未有的规模和深度"。② 在此情况下,村民委员会极有可能不堪上级权力机构的压力而傀儡化,不能真正代表一般少数民族群体的利益,村民委员会作为非物质文化遗产的权利主体并不能达到笔者设想的效果,担当这样一个角色——在政府主导下的少数民族非物质文化遗产开发中的深度参与者与利益谈判者。这确实是在现实状态下的一种次优选择。一方面,如果权力机关想减少矛盾冲突,愿意让渡一部分权利,真心实意地尊重少数民族的自治权利;另一方面,在村民委员会内部设立特定的民族文化保护机构,吸收寨老、文化学者、其他利益相关者加入其

---

① WIPO, Consolidated Analysis of the Legal Protection of Traditional Cultural Expressions, WIPO/GRTKF/IC/5/3, May 2, 2003, Annex, pp. 40-41.

② 梁治平:《乡土社会中的法律与秩序》,载王铭铭、王斯福主编《乡土社会的秩序、公正与权威》,中国政法大学出版社1997年版,第418页。

中，再通过一定的地方立法对其权利和地位加以确认。若这些条件能够满足，这一设想有可能达到应有的效果。

（二）传统社区内部不同民众

学界在讨论惠益分享制度时，更多的是讨论外来开发者与传统社区之间的利益分享。但是，贵州的非物质文化遗产开发实践表明，传统社区内部不同群体、不同地理位置的民众之间，在非物质文化遗产开发方面也会存在利益分享问题。以西江苗寨开发为例，部分少数民族群众认为，政府把他们圈起来收取门票，影响了他们的生活，提高了生活成本，但他们所获不多。还有人认为，政府收门票以后，很多原本经常到寨子中吃饭的本地人都不来了，影响了他们的收入。获利人群占有的比例不足8%，多数是居住在山下或山顶景观较好地带经营农家乐或将房屋租赁给外来者经营的村民，还有少部分是靠偷逃门票发财。40%的人群获利很少，多数是居住在半山腰以上或地理位置较差或丧失生产能力的村民。大多数人群的生活在开发前和开发后并没有发生多大变化，还是延续原来的农耕和外出打工的生活。西江的贫富差距明显加大，社区内原本和谐的邻里关系、亲戚也因为争抢客人而变得越来越不和谐。[①]

（三）传统社区普通民众与代表性传承人之间

传承人是非物质文化遗产传承的关键，对其加以特别保护确有必要。但笔者调查中发现，部分传承人具有一定的经营能力，获取国家级或省级传承人称号后，他们除可以领取数量不菲的传承人津贴外[②]，还获得了一块金字招牌，使其经营活动如虎添翼，他们制作的产品价格大幅翻番，如苗族银饰制作国家级传承人杨光宾制作的银饰价格比成为传承人前贵了四倍。此外，订单会高度集中到他们手中。如水族马尾绣省级传承人韦桃花、宋水仙，苗族芦笙制作国家级传承人莫厌学，苗族蜡染技艺国家级传承人王阿扁等人，均在成为传承人后大幅

[①] 何景明：《边远贫困地区民族村寨旅游发展的省思——以贵州西江千户苗寨为中心的考察》，《旅游学刊》2010年第2期。

[②] 如黔东南从江小黄村、黔南三都水族自治县三洞乡等地的农民年均收入不过2600—2800元，每年上万元的传承人补贴，在当地人看来无疑是一笔"巨款"，一下子将传承人与乡邻的生活水平拉大。

度扩张了自己的事业。他们在经营之余,很少有时间从事非物质文化遗产产品的制作,专心做起了老板,将订单交给乡民们来做,他们回到乡间,不再是与相邻探讨交流技艺,更多是来收购产品,像王阿扁则直接在丹寨县排调镇开设工厂雇用20多名妇女制作苗族蜡染制品。他们与乡民之间的关系,逐渐演变成了老板与被雇佣者之间的关系。因此,少数民族传承人身份本身,加上国家在政策、资金、信息方面对他们的诸多扶持,使传承人有可能独占非物质文化遗产开发的大部分利益,这可能导致传承人作为民族文化代表使身份变得模糊[①],甚至与社区发生冲突,被孤立、敌视,使其他没有获得利益的传承人产生不平而抛弃非物质文化遗产传承甚至破坏非物质文化遗产。因此,在传承人与社区普通民众之间,也存在利益分享的问题。

五 分类建立少数民族非物质文化遗产开发中利益分享机制

非物质文化遗产开发的模式多种多样,仅以贵州为例,有文化产业开发、民族节庆开发、民族村寨旅游开发、民族特色旅游商品开发等,在这些开发模式中,对非物质文化遗产的利用程度、社区参与程度、国家和社会资本的介入和控制程度均存在较大差异,不可能采用统一的机制来实现不同主体之间利益的合理分享。因此,有必要关注非物质文化遗产开发中的多样性,分类建立少数民族非物质文化遗产开发中利益分享的法律规制模式。

(一) 法律直接规定模式

对于文化产业开发、民族医药开发等非物质文化遗产开发形式,由于利用非物质文化遗产的形式和内容多样,往往不限于某一地域范围、某一民族,其受益对象是不确定的,因此很难采用谈判协商的形式确定如何进行利益分享。对此,应当通过法律直接规定,对于利用少数民族非物质文化遗产进行文化演出、影视剧制作的收益人,或者利用传统医药知识的民族医药企业,应当将其收益按照一定比例提取民族文化保护基金,用于少数民族非物质文化遗产的保护、传承;为了确保专款专用,应当分民族成立非政府民族文化保护基金会,负责

---

① 林继富:《"非遗"项目代表性传承人的文化身份——基于刘德方的分析》,《中央民族大学学报》(哲学社会科学版) 2011年第4期。

收取、监管、分配民族文化保护基金,确保收益的专款专用。

(二)合同协商模式

对于利用民族节庆、民族村寨进行旅游开发,其受益范围往往固定在特定村寨,可由特定村寨的村民委员会作为代表与地方政府和外来投资者进行谈判,通过合同方式,明确双方的权利义务。在遗传资源的惠益分享领域,合同模式被认为是在不能一步到位地形成统一完善的制度时,最实际最有效的利益分享模式。[①] 合同签署双方当事人可以根据自己的意愿自由协商相关的惠益分享的权利义务。当然,少数民族传统社区的习惯法与现代合同制度存在较大差异,他们对现代知识体系的熟悉程度也远不如地方政府和资本拥有者,为此,国家有必要为传统社区培训合同谈判人才或提供法律服务。更重要的是,文化行政管理部门应当根据各地少数民族非物质文化遗产开发的不同模式,制定非物质文化遗产开发利益分享的合同范本,提供给谈判各方参考,也避免由于没有先例可循导致对谈判内容一无所知,双方过于谨慎或漫天要价致使谈判破裂,或者合同内容过于简略、显失公平或漏洞过大,导致合同履行困难争议不断,影响少数民族非物质文化遗产的正常开发。因此,合同内容应当做到权利义务对等、利益分配均衡,一般而言,应当包含以下内容。

(1)合同的订立的原则:合同双方应遵循诚实信用、合理开发、保持非物质文化遗产的原真性、公众参与、可持续发展原则。

(2)外来开发方的权利义务:包括获取传统社区的知情同意;提供非物质文化遗产开发的可行性计划和详细开发方案;保证按照约定足额投入开发资金;保证开发活动遵循当地民族习惯、保持非物质文化遗产的原真性等。

(3)传统社区的权利义务:在合理期限内获得社区居民的同意;为开发活动提供必要便利;协调开发者与社区居民之间的关系,保障开发活动的顺利进行;督促社区居民保持传统建筑、按照符合传统的生活方式接待游客等。

(4)利益分配模式:利益分配按照不同的标准可以分为不同的模

---

① 王华芳:《遗传资源惠益分享合同研究》,《河北法学》2008年第7期。

式，如货币分享模式和非货币分享模式；短期安排模式、中长期安排模式以及综合模式。为了少数民族非物质文化遗产的可持续发展，有必要改变以货币分享为主的模式，多种利益分享模式相结合，不仅要注重眼前利益，更要注重长期效益。

货币分享模式包括：如西江苗寨按照门票收入的一定比例向传统社区支付"传统文化保护奖金"；吸纳当地人参与开发的所应支付的费用。

非货币分享模式包括：吸纳当地人就业；按照优惠价格优先购买当地出产物；通过出版物对当地进行正面宣传；对当地人进行培训；给予基础设施建设；针对当地情况提供急需的服务。

短期安排模式包括：为当地修建道路，组织公共健康工作组和森林保护工作组，直接向合作地方社区提供医疗服务、饮水设备等。

中长期安排模式包括：在一定时期内，为当地子弟受教育提供奖学金和资助；在当地设立民族文化教育机构并聘请教师；设立非物质文化遗产传习所，并支付传承人工资和传习人补贴。

(5) 公众参与机制：传统社区居民及其日常生活均是非物质文化遗产的一部分，成为开发对象，他们自然有权利关心、了解非物质文化遗产开发的状况。因此，应当在合同中明确信息公开的范围、内容、标准、程序、监督、救济等方面的内容，使非物质文化遗产开发的进程、结果公开化、明确化、制度化，减少猜忌和流言，增强社区民众的主人翁意识和参与意识，从而更加自觉地维护其非物质文化遗产。当然，个人的意愿或利益只有符合公众意愿或利益时，才有其合理性。[①] 必须建立合理的参与机制，防止个人过于随意而影响开发经营活动的正常运作。

(6) 知识产权约定：少数民族非物质文化遗产申请能否专利、商标，获取著作权，知识产权申请中对少数民族社区的披露，这种权利能否转让，知识产权利益如何分配等，都应当通过合同条款加以明确。

(7) 保密义务：双方对于非物质文化遗产开发中知晓的技术秘密

[①] 吕忠梅：《环境法新视野》，中国政法大学出版社2000年版，第257页。

和商业秘密进行保密。

（8）纠纷解决机制：少数民族非物质文化遗产开发中的利益分享合同的主体一方可能是政府或村民委员会这样的政府机构或村民自治组织，但其性质依然应当是平等主体之间确立民事权利义务的民事合同。在现行的纠纷解决机制下，双方之间发生争议的，可以采用调解、仲裁、诉讼等方式解决，考虑到此种合同标的的特殊性以及强烈的地域性，建议非物质文化遗产管理部门吸收行政官员、专家学者、法律界人士、非物质文化遗产传承人、寨老、村级干部、群众代表组成专门的调解委员会，调解此类纠纷。

（三）法律规定与村民自治相结合模式

对于传承人与传统社区、传统社区内部的惠益分享，由于双方之间不具有互惠互利的条件，不太可能通过平等协商的方式达成利益分享的协议。比如，在西江苗寨的旅游开发中，山下、路边、半山以及山上居民的收入差距逐渐加大，部分人家经营"苗家乐"每年收入上百万元（如阿农苗家），很多山上居民所得甚少，却承受着村寨生活成本的急剧提高，以游人川流不息所带来的生活不便甚至环境破坏。但是，要靠村民之间通过谈判来缩小贫富差距几乎不可能。对此，可以通过法律直接规定和村民自治相结合的模式来进行利益分享。对于以少数民族非物质文化遗产开发为主的旅游景区，可以对依附产业的盈利按照5%—10%的比例征收民族文化保护调节基金，用于补偿未受益的人家。同时，可以通过村规民约、榔规榔约等对如何征收、分配调节基金做出具体约定，通过法律的强制和民间智慧来平衡非物质文化遗产开发中的利益分配不均。

同样，由于部分非物质文化遗产传承人占有非物质文化遗产开发的大部分利益，也可以按照一定的方法，核算"传承人"这一称号给他们带来的经济效益的增值，对其增值部分按照一定比例收取民族文化保护调节基金。对于采取"公司+农户"经营的传承人，要对传承人经营的公司与农户之间的合同进行登记、备案，对于显失公平的合同，要为农户提供相应的法律咨询和法律服务，以确保传承人和其所依托的社区居民之间利益分配不至于过度失衡。

（四）现代公司模式

在以上三种相对宏观的模式之外，还可以在非物质文化遗产开发中引进现代公司制度，直接通过股份制实现对非物质文化遗产开发利益的明确分享。在贵州西江苗寨以及云南西双版纳的傣族园开发过程中，都成立了相应的公司来管理景区，但是，公司的控制权主要掌握在政府和外来投资者手中。普通居民在公司中没有股份，也没有发言权。事实上，村寨的土地、房屋甚至村民的生活方式才是公司最重要的经营资产，这些资产比起政府和投资者投入基础设施的资本来说，价值也许要大得多。但是，村民在公司运营中，一般只是公司的雇工，而没有参与决策和利益分配的权利。

因此，为了更公平地体现外来开发者的资本投入与传统社区居民的财产、文化投入的价值。可以直接将传统社区村民的有形财产（如房屋、非物质文化遗产实务、场所）和无形文化按照一定方式折价，与外来资本一起，投资成立有限责任公司、股份有限公司或者合伙企业。当然，我国《公司法》规定，有限公司的股东不能超过 50 人，而股份有限公司的设立条件较高，传统社区的居民户数大多会超过 50户。为了解决这一问题，可用村民小组的名义作为股东，这样，既符合公司法的规定，又避免公司股东过于分散使公司治理困难或者意见纷呈而致公司运营瘫痪，也避免由乡镇政府等行政机构作为传统社区代表，而使传统社区完全失去主导权。通过现代公司模式进行利益分配，村民在公司中享有选择管理者、表决和红利分配的权利，是少数民族非物质文化遗产开发中权利义务最为清晰、明确的利益分配模式。

小　结

总体上说，我国目前对非物质文化遗产传承人实行的主要是一套以公法保护为主的模式，如设立代表性传承人制度、建立专项资金对濒危非物质文化遗产进行影像留存、投入资金对非物质文化遗产进行生产性开发等。通过贵州的实例研究可以发现，要实现对少数民族非物质文化遗产传承人的私权保护，单凭公法以规范是远远不够的。在少数民族非物质文化遗产开发这场传统与现代的强劲互动中，一些原本对非物质文化遗产开发抱着很大期望的传统社区民众，发现他们在这场政府主导的开发盛筵中逐渐变成了局外人，作为非物质文化遗产的拥有者，在强大的政府面前，他们无从参与任何利益分享机制的谈判，社区物价提高导致生活成本大增，原本和谐的邻里关系变成了商业竞争关系，承载生命意义的各种仪式变成了日日重复的机械表演。

在这一系列的矛盾交织之中，加强非物质文化遗产及其传承人的私权保护值得重视。知识产权和利益分享制度是私权保护的两个重要制度。非物质文化遗产的知识产权保护在理论上还存在巨大争议，在实践中也裹足不前。利益分享制度因此承载了非物质文化遗产私权保护的重要使命，在实践中也显得十分迫切。黔东南、黔南等少数民族非物质文化遗产异常丰富的自治地方，必须在国家现有的非物质文化遗产保护法律、法规基础上，充分运用国家赋予的民族区域自治立法权，深挖地方特色，将纷繁复杂的少数民族非物质文化遗产分类细化，提出多元化的利益分享模式，明确非物质文化遗产开发中传统社区的事先知情同意、非物质文化遗产权利主体的实现方式、制定惠益分享合同范本等，为非物质文化遗产的私权保护立法做出贡献。

第六章 传承人的制度反思与理论构建

在承认传承人制度对于非物质文化遗产保护的必要性以及重要贡献的同时，不少学者也看到该制度对于非物质文化遗产保护带来了一些负面影响，开始反思代表性传承人制度。此外，学界对传承人的研究重点在于构建制度化的保护模式，大多着眼于实际，解决传承人存在的实际问题，还停留在资料积存和制度创建的程度，对传承人的理论研究进行得还不够深入，而传承人的理论研究，是指引传承人研究及保护走向深入的必由路径，本章将对此进行初步的探讨。

第一节 传承人的制度反思

对于传承人制度可能带来的负面影响，学界主要有以下几个方面的担忧：

一 传承人制度的功利化

有学者认为当前的传承人制度具有极大的功利性，对非物质文化遗产的保护有害，存在不少弊端：一是审批的数量有限，可能会使一些待保护的传承人等不及政府确认就已去世，从而使其所代表的非物质文化遗产失传。二是目前各地政府及企业大多是"保护为名、开发为实"，给旅游搞"看点"。至于"保护"行动，则是申报积极、包装积极、表演积极，在传承人保护和精髓研究上却不认真。这种功利性极强的做法是无益于有效保护非物质文化遗产的。①② 为了经济利益在传承人认定中以假乱真、以次充好；地方政府过度干预等。③

也有学者认为，现行传承人制度可能带来三个方面的负面影响：一是可能来自各个方面的利益诱使传承人出走，从而功能发生折损，乡间的传统文化终结；二是可能来自各级政府部门的过分"关爱"，使民俗变为"官俗"，打断非物质文化遗产原有的自主传承体系和破坏其原汁原味，并挫伤传承人的积极性；三是可能来自知识界的过分"热心"，过分干预本土文化，使许多地方文化遗产发生变异、失去价值。④

刘晓春认为，一些地方传承人以"生产性方式保护"为借口，错误地理解其内涵，盲从市场需求，改变非物质文化遗产的内容、材料、手工技艺、传承空间等核心要素，此种"生产性方式保护"无异于"杀鸡取卵"，空余非物质文化遗产的外壳。⑤

二 传承人制度带来不公，影响社区和谐

鲁春晓强调，现行行政申报的方式违背非物质文化遗产传承的自然规律，有可能导致传承人的"独占"地位，造成"政策垄断"。特别是在产业化开发过程中，被政府认定的代表性传承在贷款融资、政策倾斜、市场开发、产品宣传等各个环节都会享受到不同程度的政策倾斜，凭借这些政策支持，代表性传承人产业化脚步往往就在市场经济中领先一步，而其余的传承人实施产业化开发时就很难得到政府的政策倾斜；更为严重的是，即使其他经济个体不依靠政策倾斜，以独立身份实施产业化开发，也会遭遇代表性传承人的"政策垄断"而无

---

① 张牧涵：《申报制有利于传承保护？是保护，还是毁灭》，《市场报》2007 年 6 月 13 日第 6 版。

② 周安平、龙冠中：《我国非物质文化遗产传承人的认定探究》，《知识产权》2010 年第 5 期。

③ 类似观点可参见吴平《传承人当代生境与传承——基于黔东南非物质文化遗产传承人的调查研究》，《原生态民族文化学刊》2010 年第 4 期；苑利：《非物质文化遗产传承人保护之忧》，《探索与争鸣》2007 年第 7 期；尹凌、余风：《从传承人到继承人：非物质文化遗产保护的创新思维》，《江西社会科学》2008 年第 12 期。

④ 苑利：《名录时代的非物质文化遗产保护问题》，《江西社会科学》2006 年第 3 期。

⑤ 刘晓春：《非物质文化遗产传承人的若干理论与实践问题》，《思想战线》2012 年第 6 期。

法公平竞争。① 朱兵担心传承人名录制度及补助制度可能导致社区不和谐与过度开发②；有学者注意到政府对传承人的种种保护措施，导致传承人"文化身份的模糊"，影响传承人传承非物质文化遗产活动、传承中出现利益冲突而使传承的非物质文化遗产变味，甚至失去了原有的传承群体而导致传承人减少。③

三 传承人制度无法真正保护非物质文化遗产

还有学者指出，代表性传承人的提法只是一种象征，在实际的社会活动中并不能成为一种主体制度来进行运作，代表性传承人的范围也太窄，只限定在存在明确的传承人的领域，难以涉及大多数没有明确的代表性传承人的领域。对于如何总体保护传承人、如何处理代表性传承人与一般传承人之间及其社群之间的关系、如何更有效地保护非物质文化遗产等问题都没有做出安排。④ 学者孙正国通过对湖北省荆州市非物质文化遗产传承人的深入调查，认为现行将传承人作为一个统一体保护的总体性保护方案忽视了传承人差异，走到了非物质文化遗产的反面，使保护没有实际效果甚至变成了摧残，只有原则规定而没有真正的具体措施，为第一线的非物质文化遗产传承人保护带来了混乱和不安。⑤ 高小康则对现行的保护手段的效果较为悲观，他认为现行对传承人的保护方式基本类似于"临终关怀"，用花钱供养传承人或像设立自然生态保护区那样的方式，使这类习俗、技能靠着输血的方式苟延残喘一段时期，在消亡之前拍一些 DV，留作文化记忆，

---

① 鲁春晓：《非物质文化遗产产业化中的权利归属研究——以手工技艺类为例》，《东岳论丛》2011年第4期。

② 朱兵：《非物质文化遗产传承人的保护及法律制度》，中国人大网（2008年9月27日），http://www.npc.gov.cn/npc/xinwen/rdlt/，2012年5月10日。相似观点还可参见吴平《传承人当代生境与传承——基于黔东南非物质文化遗产传承人的调查研究》，《原生态民族文化学刊》2010年第4期；苑利：《非物质文化遗产传承人保护之忧》，《探索与争鸣》2007年第7期；尹凌、余风：《从传承人到继承人：非物质文化遗产保护的创新思维》，《江西社会科学》2008年第12期。

③ 林继富：《"非遗"项目代表性传承人的文化身份——基于刘德方的分析》，《中央民族大学学报》（哲学社会科学版）2011年第4期。

④ 徐辉鸿：《非物质文化遗产传承人的公法与私法保护研究》，《政治与法律》2008年第2期。

⑤ 孙正国：《论非物质文化遗产传承人的类型化保护》，《求索》2009年第10期。

最后的归宿还是或迟或早的消亡。① 吴效群认为，尽管名录及传承人制度保护了相对重要或完整的非物质文化遗产，但也造成其他一些同类型民俗文化的边缘化和被忽视。中国各地的民俗文化同中有异，绚烂多彩，撷取其一即兴保护和支持无疑会妨碍文化多样性的表达。再者，民俗文化有其流行的特定区域，也可以说，民俗文化是一种地方性知识或地方性表达，经公权力帮助进入社会公共文化领域后，他们的地方性特点就成为无本之木、无源之水，面临被消解的危险。②

面对种种情况，有学者提出，非物质文化遗产保护应有创新思维。为了进一步保护非物质文化遗产，仅有传承人的保护过于狭窄，还应当注重"继承人"的保护，继承人的范围较传承人宽泛，既没有年龄的限制，也没有性别的差异、没有从业时间和资质的要求，传承人包含于继承人之中，是非物质文化遗产保护的塔顶，继承人是保护的基石。由于非物质文化遗产的集体性和活态性，应当更加注重广泛的继承人的培养，通过社会生活、学校教育、新兴传媒等方式，培养继承人。③ 也有论者认为，现行传承人的研究没有解决非物质文化遗产的主体问题，严重阻碍了理论研究和实际保护操作的进程。为此，可以借鉴监护和代理制度，将其核心理念演化于非物质文化遗产的法律保护上，建立一项新的主体制度——非物质文化遗产监理人制度。通过设立各类"非物"监理人独自代表非物质文化遗产的所有者进行管理、保护、发扬和参与诉讼等活动，避免各种复杂的主体制度的设定和规范设计。④

---

① 高小康：《非物质文化遗产保护是否只能临终关怀》，《探索与争鸣》2007年第7期。

② 吴效群：《对今年我国非物质文化遗产研究几个重要问题的看法》，《文化遗产》2011年第1期。

③ 尹凌、余风：《从传承人到继承人：非物质文化遗产保护的创新思维》，《江西社会科学》2008年第12期。

④ 王庆：《非物质文化遗产主体制度设计研究》，硕士学位论文，西南大学，2009年。

第二节　理论研究在民间故事
　　　 传承人领域的尝试

总结我国各个学科领域对传承人的研究，其研究内容大致可以分为几个方面：一是对单个传承人及其生命史的挖掘、传承人与非物质文化遗产的关联；二是探索具体某项非物质文化遗产传承人的传承谱系；三是对传承人保护方法的思考及建议；四是探讨传承人的权利义务内容。当然，这些研究内容之间可能又存在一定的交叉重合。

总体而言，这些研究成果，一是可以起到资料积存的意义，对我国各民族丰富多彩的非物质文化遗产有一个全貌展示；二是对传承人的保护提出了众多合理化建议，其中不少得到了政府机构的采纳，对于我国非物质文化遗产及其传承人的保护意义重大。学界关于传承人理论的研究成果不多，但也有部分学者试图站在更高的角度，建构传承人的研究理论。这方面成果主要集中在民间故事传承人的研究方面，这方面的理论探讨弥足珍贵，对进一步提高我国传承人研究理论水平具有一定的引领作用。

一　民间故事传承人的理论研究

1984年，我国启动了大规模的民间文学集成工作，为了指导民间文学的田野工作，中国民间文学继承总编委会办公室制定了《中国民间文学集成工作手册》，该手册指出："目前各民族的优秀文化遗产，大多保存在少数老的民间歌手和故事家的记忆中，这些歌手和故事家大都年事已高，人数越来越少，失去一个歌手或故事家，将意味这一个民族文化的小宝库永远消逝。"该文件还特别强调了民间传承人在整个集成工作中的重要性，以及如何记录民间文学传承人。在该次民间文学集成中，大批不同地域、不同性别的杰出民间故事传承人被挖掘出来。由于有规范的指导，从20世纪80年代开始，我国对于民间故事传承人的研究，就不仅是停留在只采录故事文本的层面，而是将故事传承人作品承继路线、故事传承人成长道路和民间故事传述环境、故事传承人的个人才能和独特风格、故事传承人在群众艺术生活中的地位等都被纳入到研究者的视阈。

因此，关于民间故事传承人的研究，一开始就不是停留在文本传承人生平重要关系事件以及故事文本上面，而是带有理论的深度探讨在其中。根据林继富先生的归纳，其中的研究内容可以归纳为以下七个方面：(1)全景式对民间故事传承人的把握；(2)传承人的调查报告，主要是对发现传承人过程的描述和传承人传承线路的交代；(3)传承人的传承研究，包括传承人的传承线路研究、故事传承与传承人特定生活时空关系研究；(4)民间故事传承人共性与个性研究；(5)从文学角度研究民间故事传承人，紧扣民间故事的文学本原性，全面深入分析故事传承人讲述故事的艺术特征和思想内容；(6)流失故事传承人当代意义研究，揭示传承人直接现实的文化功能；(7)传承人与接受者、收集者的互动关系研究。[①] 由此可以看出，在民间故事传承人研究领域，其研究的对象不止传承人本身，传承人所处社区、传承人讲述故事的时间、地点、内容、故事收集者、接受者、传承人的性别、传承人不同历史时期的讲述等，均是学者研究的对象，这大大深化了民间故事传承人的研究。

二 民间故事传承人研究的理论批评

不过，也有学者认为，现行民间故事传承人的研究还存在一定的不足。如刘魁立先生认为："对民间故事家、歌手对民间文学作品口头流传的具体过程，对讲述过程对讲述者的制约情况，特别是对听众的作用，还缺乏深入的研究。对于民间文学作品的流传环境（包括历史环境、社会环境、地理环境、文化民俗环境）及其对作品的影响的探讨，也很少见。"[②] 林继富也认为："对民间故事传承人研究经验式泛说多，深入调查少……许多学者在自说自话，依然在实施经验式的判断，他们对民间故事传承人的研究偏离了田野的轨道，偏离了老百姓的解释。""很多专门研究民间故事传承人的著作和文章，其研究也只是对我国民间故事传承人的介绍和一般理论的揭示，对于我国丰富

---

① 林继富：《20世纪中国民间故事传承人研究的批评与反思》，《文化遗产》2008年第3期。

② 刘魁立：《寻找自己——关于民间文学研究的若干思考》，载刘魁立《刘魁立民俗学论集》，上海文艺出版社1998年版，第73页。

的民间故事传承人的分析不够缜密，研究不够细致"，"对民间故事传承人性格特点关注多，个性叙事研究少"，"对单个民间故事传承人研究文章多，对社区故事传承人群落、故事家族关注少"，"主要侧重于个人，突出个人的创造，突出个人的位置，陷入了本末倒置的尴尬境地"。①

对于民间故事传承人理论研究存在问题的研究，其原因很多，但其中最主要的原因与对民间故事传承人的田野调查不够深入、不够广泛有直接关系。

不少学者试图在此方面有所突破，这方面的代表著作如林继富的《民间叙事传统与故事传承》一书。该书在梳理了国内外民间故事传承人的研究的基础上，指出既有研究集中于文本采集，侧重于传承人的生平描述、讲述风格和传承线路的考察，从而使传承人理论较为分散，而田野研究做得不够完善也制约了传承人研究的理论深度和系统理论形成。②基于此，该书以湖北省长阳土家族自治县都镇湾镇民间故事传承人为例，结合地方志以及采录上来的资料，对故事传承与民间叙事传统的关系进行深入系统的调查。采用类型学方法，对不同类型的故事传承人如何表达传统，如何形成个性化叙事风格的过程实施考察；对传承人在故事时空场所的叙事传统倾向进行研究；明确阐释了民间叙事文本形成的过程与传统表达之间的关系，总结出都镇湾镇民间故事传承人的主要类型，对民间故事三种讲述形态进行精细考察，提炼出民间故事传统的地域叙事传统、作为类型故事的叙事传统和个人讲述习惯的三重结构法则，回答了关于民间叙事传统的构成层次、民间故事的乡土文化意义以及传承人与民间叙事传统兴衰的密切联系等学理性问题。③

此外，辽宁大学江帆教授对我国著名民间故事家谭振山20多年的追踪研究也是传承人理论研究的典范。研究者注意到了谭振山所讲述的1040则民间故事，但没有"止于文本"，而是对谭振山进行了多

---

① 林继富：《国外民间故事传承人研究的批评与反思》，《中南民族大学学报》（人文社会科学版）2008年第6期。
② 同上。
③ 林继富：《民间叙事传统与故事传承》，中国社会科学出版社2007年版。

年的田野追踪,将叙事文本还原于讲述者的生存环境、个人生活史以及特定的叙事情境中,进行综合的动态性探索和阐释。① 2006 年,"谭振山的口头文学"作为唯一的个人项目,被列入第一批国家非物质文化遗产代表作名录,这与研究者的努力是分不开的。徐媛则以湖北宜昌市夷陵区中国民间故事传承人刘德方为个案,结合地方志以及业已采录上来的书面文本资料,追踪考察刘德方被发现、退出、进一步发掘的历程,通过对比论证,探究非物质文化遗产保护大背景下民间故事传承人如何得到有效保护的方案,认为其中隐含了原生态保护与衍生态保护之间的矛盾。②

尽管民间故事非物质文化遗产传承人的理论研究也还存在一定的局限,但在整个非物质文化遗产传承人研究领域,民间故事传承人的理论研究还是最为深入的,其研究不是浮在传承人生平和故事文本上,而是深入到传承人所处的文化土壤、多人一次讲述一个故事、一人多次讲一个故事、传承人的性别差异等领域,使民间故事传承人的研究从多个点上得以深入,这为促进我国其他类型非物质文化遗产传承人理论研究的深入具有较大的借鉴意义。

第三节 传承人理论构建的主要突破点

前已述及,总体上说,现行传承人的研究主要是对传承人生平、技艺介绍、传承人保护的制度构建方面,传承人理论研究方面的论著比较缺乏,这使得传承人的研究虽然在面上不断得到铺陈和扩大,但在点的深入研究方面还乏善可陈,这种理论上的匮乏以及深度调查资料上的欠缺,一定程度上影响了我国传承人保护的制度建设和保护效

---

① 江帆:《走进文化持有者的真实世界——对著名民间故事家谭振山 20 年追踪研究的田野感言》,载王文章《非物质文化遗产保护与田野工作方法》,文化艺术出版社 2008 年版,第 26—39 页。王志清:《从"知其然到知其所以然"的深描与阐释——论江帆持续性追踪研究故事讲述者的启示意义》,载王文章《非物质文化遗产保护与田野工作方法》,文化艺术出版社 2008 年版,第 40—46 页。

② 徐媛:《民间故事传承人保护方案研究》,硕士学位论文,华中师范大学,2008 年。

力。本书借鉴民间故事传承人的相关研究成果，基于在贵州的少数民族调查，认为少数民族非物质文化遗产传承人的理论构建可以从以下几个方面加以突破。同时，在田野调查之中，也可以从这几个方面进行深入，以改进和完善对传承人的田野调查方法，从多个角度关注传承人，最终逐步形成我国的传承人研究理论，指导传承人研究工作。

一 传承人研究与非物质文化遗产保护的"原真性"问题

在非物质文化遗产保护中，"原真性"、"本真性"、"原生态"、"原汁原味"等词汇被经常使用，《中华人民共和国非物质文化法》强调"保护非物质文化遗产，应当注重其真实性、整体性和传承性"，《贵州省非物质文化遗产保护条例》也提出对非物质文化遗产的保护应当"坚持真实性和整体性的原则"，学界对于非物质文化遗产被异化、切割以及非物质文化遗产商业化包装中的"伪民俗"等现象痛心疾首。然而，什么是非物质文化遗产的"原真性"，在学界、保护者以及立法的表述中并没有一个确切的概念和标准，始终处于模糊混沌的状态，有没有凝固不变的"原真性"存在也为学界所质疑。然而，现行的研究之中，多数只注意到了作为结果的非物质文化遗产的变与不变，而很少有人注意作为非物质文化遗产主要传承主体的传承人的变与不变，以及在此过程中坚守与变化的原因、动力，更少有人在深度田野调查基础上做群体性的比较研究。因此，本书认为，可以将传承人研究与非物质文化遗产保护的"原真性"问题很好地结合起来。

非物质文化遗产保护中的"原真性"事实上是一个被不断修正、深化的概念。1964年5月，在第二届历史古迹建造师及技师国际会议上通过了《国际古迹保护与修复宪章》（以下简称《威尼斯宪章》），该宪章将"传递其原真性的全部信息"作为对历史古迹修复的主要要求，并且以比较严苛的方式固定了"原真性"的主要内容：绝不能改变该建筑的布局或装饰；绝不允许任何导致群体和颜色关系的新建、拆除合伙改动；不得全部或局部搬迁古迹；任何不可避免的添加都必须与该建筑的构成有所区别，并且必须能识别是当代的东西；任何添加均不允许，除非它们不至于贬低该建筑物的有趣部分、传统环境、布局平衡及其与周围环境的关系。1994年，世界遗产委员会第十八次会议通过了《关于原真性的奈良文件》，基于亚洲国家古迹中使用木质材料较多、易于腐烂的特点,对"原真性"的概念做了宽泛理解,不再囿于一个固定的评价标准,而是充分考虑文化遗产的相关文化背景,尊重多样的背景信息来源,以此判断文化遗产的原真性。[①] 而在非物质文化遗产保护领域,根据有关学者考察,在《保护非物质文化遗产公约》、《世界人权宣言》、《保护世界文化和自然遗产公约》中并没有提及"原真性",在《实施保护世界文化与自然遗产公约的操作指南》中对文化遗产的"原真性"进行了细致的描述和界定,但明确之处原真性的描述须与文化遗产突出的普遍价值相联系进行考察。由此,原真性概念在中国实际上是一种误读,是将其从"世界遗产"的领域直接挪用到非物质文化遗产领域。[②] 对非物质文化遗产的"原真性"保护要求无论是不是一种误读,随着《非物质文化遗产法》等法律的颁布,"原真性"保护有了明确的法律依据。当然,由于非物质文化遗产的"非物质性",作为一种无形的"文化",其原生状态与真实状态究竟为何,确实不像有形的文化遗产那么容易判断。笔者在调查中也发现,即便在一个很小的社区内,人们对于某项非物质文化遗产的来龙去脉以及表现形式都存在不同的说法。因此,当我们探究非物质文化遗产的"原真性"时,也许不能仅将目光放在非物质文化遗产本身之上,而是应当从非物质文化遗产传承人入手,来客观看待"原真性"问题。

一方面,可以通过对一定数量传承人群体的调研访谈,甚至对同一传承人的多次深度访谈,来比较、印证、呈现、接近非物质文化遗产在不同时期、不同地域的本真面目,全面认识某项非物质文化遗产。

另一方面,传承人对非物质文化遗产项目的传承是"活态"的,随着现代化的变迁以及官方、学者、商人、传媒等外在力量的介入,传承项目被赋予各种新的功能、意义和价值,原有的传承动力被打破,传承状态被重置,这种情况下,要求传承人一成不变,保持所谓

---

① 联合国教科文组织编:《世界文化遗产报告——文化的多样性、冲突与多元共存》,关世杰等译,北京大学出版社2003年版,第150页。

② 刘晓春:《非物质文化遗产传承人的若干理论与实践问题》,《思想战线》2012年第6期。

的"原生态"是不切实际的，也不符合非物质文化遗产活态传承与创新发展的要求。而我们对传承人的研究中，就应当注意到传承人在"变"的过程中所遇到的各种动力与阻力，理解传承人的痛苦与欣喜，保守与革新，并关注其内涵。

二　传承人研究中的性别视野

在非物质文化遗产研究领域，已有不少学者注意到女性传承人的独特性。如著名学者祁庆富指出："女性当中传承者型的人一般说来比男性中的要多。因为女性生活的世界狭窄，她们每每带有静观生活、留心细微之处的特性，于是在不自觉中具备了传承者的性格，能够比较客观地论人论事。"[①] 入选第一批国家级非物质文化遗产项目代表性传承人名单的谭振山回忆，其祖母孙氏对他成长为民间故事家产生了重要影响，正是孙氏这个不识字的民间故事家，将谭振山引进了民间故事的艺术宝库。另如华中师范大学刘守华教授对湖北省长阳县土家族女故事家孙家香进行了长期研究，取得了令人瞩目的成果。由魏国英、祖嘉两位教授主编的《我的民间艺术世界——八十位女性的人生述说》，从女性学的视角，以口述历史与田野调查方法，记录了不同地区和民族的 80 位民间女艺人的生命历程、生活百态、艺术追求、创造与感悟，从一个独特的视角引发人们对中国妇女民间艺术的关注与反思。[②] 再如《云南省非物质文化遗产传承人名录》和《传衍文脉：贵州省非物质文化遗产项目代表性传承人小传》等文献，简单记述了部分女性传承人的生平、传述事迹。但直接研究少数民族非物质文化遗产女性传承人的，仅见云南民族大学葛新艳的《少数民族非物质文化遗产女性传承人现状研究》一文，对少数民族非物质文化遗产女性传承人的生境、特点、价值与作用、女性传承人的培养等方面做了简要探索。[③]

---

　　① 祁庆富：《论非物质文化遗产保护中的传承及传承人》，《西北民族研究所》2006 年第 3 期。
　　② 魏国英、祖嘉主编：《我的民间艺术世界——八十位女性的人生述说》，北京大学出版社 2007 年版。
　　③ 葛新艳：《少数民族非物质文化遗产女性传承人现状研究》，《经营管理者》2009 年第 18 期。

国外学者也注意到了女性传承人的特殊性,如有日本学者指出:"对一家一户的兴衰这类事,男人的关心远不如女人的关心更为深切。可以想象,人们的思想,都关注在各自最注重的方面,是自然的法则……女性的记忆力是很宝贵的,它为传说的继承起了不可磨灭的作用。"不过,对女性传承人系统研究的成果并不多,但对传承人的理论积累较为深厚,其中以民间故事传承人领域的研究成果最为丰富,突出成就是将传承人的研究放回他所生活的文化传统中考察,在静态的文本和动态的生活中把握传承人的本质。应该说,运用社会性别理论研究少数民族女性,有不少成功的个案,此方面的成果为本书研究提供了理论支撑。但总体上,学界对少数民族非物质文化遗产女性传承人这一群体还没有足够重视。

在贵州绚烂多彩的非物质文化遗产中,除茅台酒制作工艺等个别外,其余均为少数民族所创造。贵州拥有的46名国家级非物质文化遗产代表性传承人中,有8名女性;在贵州首批93名省级非物质文化遗产传承人中,有22名女性,均为少数民族。本章以社会性别视角,集中研究少数民族非物质文化遗产女性传承人这一群体,有以下两个方面的意义:

第一,在非物质文化遗产研究中引入性别视角,将非物质文化遗产传承人的理论研究推向深入,为更好地推动少数民族非物质文化遗产及其传承人的保护提出合理建议。可以说,各少数民族的非物质文化遗产都打上了深深的性别烙印,少数民族刺绣、剪纸、传统手工艺、民间故事等非物质文化遗产项目,其性别分野十分明显,民间舞蹈、曲艺、民间宗教中的性别规范,传女(媳)不传男等民间习俗如何塑造着男女两性的社会性别,都是十分值得研究的课题。因此,在非物质文化遗产传承人研究中引入性别视野,是必须和必然的。

第二,非物质文化遗产最集中体现和展示了一个民族文化、风俗的精髓,女性传承人是少数民族非物质文化遗产的重要承载者,对女性传承人这一特殊群体进行研究,为深入和拓展少数民族性别研究提供了一个很好的切入点。有助于通过日常生活、民俗的视野,在少数民族女性的社会性别构建、女性参与、性别平等、社会变迁中女性传承人的社会适应等方面做出理论探讨和实践贡献。

因此，可以以社会性别理论为统领，通过深入的田野调查，探讨不同民族的社会文化而不仅仅是生理性别如何决定女性的社会分工、性别角色、气质、能力等，并进而形塑各少数民族丰富多彩的非物质文化遗产。在剧烈变迁的社会中，女性的社会性别角色变化，对以女性为主传承的非物质文化遗产项目造成什么样的影响，国家、社会应当如何保护女性传承人，这些仍然是值得深入思考的问题。

三 从传承人与调查者的互动关系进行研究

在传统的对非物质文化遗产传承人研究之中，对传承人进行脸谱化刻画的现象比较突出，传承人往往都被描述成痴迷于本民族传统文化、执着于弘扬民族优秀文化成果、潜心于学习提高民族文化技艺的一个群体，他们往往不畏艰险、不惧流言探索民族文化真谛，最终成为心系民族文化命脉的传奇人物。这种对于传承人感情化的描述，虽然让我们对传承人肃然起敬，但多少带着几分刻板，是调查者居高临下带着同情和浪漫意味的一种单方面观察。事实上，传承人本来就是我们身边的普通人，他们有着相当的执着与聪明，也可能带有普通人的俗气与狡黠。我们在观察他们，他们其实也在观察我们。在他们那里其实并没有那么多神圣不变的东西。

在人类学田野调查的参与观察法中，研究者除以局内人身份进入文化场域之中观察调查对象之外，调查人本身也可以成为观察的对象。在对传承人的研究之中，也可以引入此种方法，从传承人与调查者如何互动来探究非物质文化遗产是如何通过文化建构的方式，从某个地方某群人生活方式的一部分，在现代社会中被逐步呈现，最终成为远远超越其原生文化空间的公共产品。部分传承人从其原生文化空间出走后，又如何与新的调查者互动，在原生文化空间之外演绎别样的非物质文化遗产。

对大多数非物质文化遗产传承人来说，非物质文化遗产原本不过是传统社区一种习以为常的生活方式或者一种安身立命的手艺、一份养家糊口的工作，但不知从什么时候起，一个个或者一群群带着相机、拿着笔记本的人对他们那些原本自认很普通的东西充满兴趣甚至满怀崇拜，追着他们问着各种各样奇怪甚至无聊的问题。那些原本在电视等现代文明冲击下被认为是破败落后的东西、被儿孙晚辈门避之不及的物件，突然被这些看似很有学问的人反复观摩，一些被传统社区认为不务正业的人，突然之间成了香饽饽，来访的人对他肃然起敬，平时说话无人理睬，此时随便说一句话，就被那些奇怪的人认真地记录在笔记本上。这一切都是怎么了！

　　以上也许是研究者、调查者初入传统社区时的场景。非物质文化遗产作为一种无形的文化财产，部分通过有形的实物得以呈现，但更主要是通过人们的行为与语言讲述来为外界所知晓与理解。在此过程中，一方面，研究者在把传承人当成研究对象来观察和记录；另一方面，传承人也在仔细观察和研究这些调查者。他们可能通过自己的观察、判断来调整自己的行为与语言讲述，也可能在多次讲述过程中重新认识自身的非物质文化遗产。其实，笔者在调查中发现，我们把非物质文化遗产想成是神圣不可改变的传奇，但在传承人那里，传统并非一成不变，传承人完全可以根据他自己的理解和调查者的喜好来较为随意地编排、呈现不同的非物质文化遗产内容。正如著名故事家刘德培所说："看病先要拿脉，讲经也是一样。""脉拿准了，千个师傅万个法，各人照各人的讲，这个这里多两句趣话，那个那里少两句淡话，都是有的。就说我自己，这次兴这么讲，下次也兴多句把话，少句把话，两下的不一定是原封原样。但君臣佐使，为主的都一样。"①

　　此外，随着更多的非物质文化遗产走出传统社区，非物质文化遗产在非原生的文化空间之下发挥着新的功能，比如，原先只是一种普通的生活方式，现在变成被展演、观看的对象，传承人在此种情况下，同样会观察他所面对的观众与访谈者，对非物质文化遗产做出另外一种展演和表述。我们只有既把传承人作为被观察的对象，又把他作为正在观察别人（特别是调查者）的主体，将更多的关注点放在传承人与观察者的互动上面，才能更好地理解传承人及其所表达的非物质文化遗产。

　　因此，有必要通过不同身份研究者的结合，用多人次访谈、多次

---

① 湖北省民间文艺研究会编：《湖北省民间文学论文选》，1983年，第202页。转引自林继富《故事传统与个性叙事——多人一次讲述一个故事的传承考察》，《民族文学研究》2007年第3期。

深度访谈等模式,探讨传承人如何与访谈者互动,面对不同的调查者进行不同的表达与讲述,探究传承人在传承非物质文化遗产过程中遗忘、添加、错位等情况,探寻传承人在面对不同访谈人时,如何既忠于传统又有所超越,使非物质文化遗产呈现出一定的传统模式,又带上了鲜明的个人特征。如果我们能这样理解传承人,那么我们的某项非物质文化遗产就不再是一个统一脸谱,而是人(传承人和其他传统社区民众)的特性得以鲜明呈现、带着多样化的鲜活色彩。

四 传承人群体的比较研究

非物质文化遗产都具有群体性,是群体聪明智慧、经验和创造力的产物,但目前国家只认定个体性传承人,即使传承需要许多人的配合,地方政府在以团体名义申报时也会按照国家申报相关规定,指定出一名具体责任人。在传承人研究中,也是对个体性传承人的研究较多,对传承人集体、群体性传承人或传承家族的研究较少。而且主要的研究都集中在民间故事传承人领域,如江帆对辽宁民间故事家谭振山、林继富对湖北都镇湾故事家群落的研究等,在其他领域,相关的研究较为缺乏。笔者认为,对传承人群落进行比较研究,以及对集体性传承人展开研究,具有以下意义:

第一,每个传承人背后都有其深厚的文化土壤,一个杰出的传承人背后往往有一个规模较大的传承人群落。例如,贵州规模庞大的苗族银饰制作匠人,多数都出自雷山县西江镇控拜村,是什么样的文化生态让这个群体出现在控拜这一个至今都交通艰险的偏僻山村,这个群体经过了怎样的发展与变迁历程,传承人之间的传承谱系、关系网络如何?都是值得深入研究的问题。只有这样成规模的比较研究,才能真正将传承人研究从表面深入到文化土壤中去。

第二,很多非物质文化遗产项目特别是"民俗类"非物质文化遗产,都是通过集体传承。此类非物质文化遗产项目没有相应的代表性传承人,国家对这类项目几乎没有采取任何有效的保护措施,处于自生自灭的状态,或者有的地方政府将民族节日、宗教信仰等作为旅游卖点,对其加以任意的切割与改造,使民族节日完全丧失原真性。其实,这类非物质文化遗产项目并非没有传承人,只是其传承人不是单个个体,可能是一群人,也可能是熟悉此类非物质文化遗产项目关键性环节的几个人，只是囿于目前的非物质文化遗产传承人认定体制，没有办法对这样的集体传承项目传承人进行认定。但在研究领域，这应当成为研究的重点之一，在乡土文化日渐破碎和瓦解的情势下，通过群体传承机制的研究，为民俗类非物质文化遗产的保护提出切实可行的方案，改变多数民俗类非物质文化遗产项目自生自灭的状态，并纠正部分民俗类项目演变为"官俗"的倾向，防止民俗文化的破坏。

小 结

综上所述，少数民族非物质文化遗产传承人的理论构建可以通过以上四个方面加以展开，这不仅有利于逐步完善我国的传承人研究理论，而且也有助于将传承人的研究推向深入。

结 语

在贵州这样的少数民族地区，无论官方是出于发展旅游经济的考虑还是真心地出于对民族文化的尊重，少数民族非物质文化遗产及其传承人都得到相当程度的重视，当然，在保护过程中有若干的具体措施还值得商榷。

首先，贵州建立了一套包含国家、省、市（州）、县四级的完整的非物质文化遗产代表性传承人的保护体系。通过对传承人年龄的统计表明，尽管贵州省国家级传承人存在年龄偏大的问题，但省、市（州）、县级传承人的年龄结构较为合理，30—60岁的传承人比例较为恰当。通过这样的一个传承人梯次结构建设，传承人人亡艺绝、人亡歌息的危险性大为降低。相信通过传承人的逐级传送，贵州省的国家级传承人的年龄会逐步降低。当然，不排除普查力度不够导致某些身怀绝技的传承人被遗漏的问题，特别是贵州大量的未识别族群中，传承人数量偏少的问题值得重视。

其次，与全国一样，贵州也建立了一套从认定到发放津贴为主的传承人整体行政保护制度。这一制度对提高非物质文化遗产的社会认同度和传承人的社会地位、改善传承人的生活等方面都发挥了重要作用。但是，通过本书的研究可以发现，尽管大多数身怀绝技的传承人都通过该制度进入到了传承人名录之中，但现行的传承人认定制度是一套完全由官方主导的认定体系，传统社区民众在其中发声的机会不多，存在一定漏洞，有可能为权力所滥用，塞入不合格的传承人而使真正的传承人受到打击。同时，民俗类非物质文化遗产等集体传承的项目，没有相应的传承人，该类项目基本上处于一种自生自灭的状态。此外，整体保护策略忽视了传承人在生活水平与保护诉求方面的差异，使保护效果大打折扣，有必要推行分类型差异化的保护策略，针对性地细化对传承人的保护措施。最重要的是，现行的传承人保护体系对传习人不具备相应的吸引力，导致传承人无徒可教，这才是整个非物质文化遗产保护最主要的危机，为此，建立一套独立的传习人激励机制势在必行。

最后，除行政保护体制外，传承人的私权保护也很重要。通过私权保护，传承人可以主动行使权利，抵制对非物质文化遗产的不当开发与歪曲适用，获取相应的利益，提高保护非物质文化遗产的积极性。通过本书研究可以看到，贵州部分少数民族非物质文化遗产传承人已经有了一定的知识产权保护意识，但知识产权保护还主要限于非物质文化遗产的衍生利益，非物质文化遗产本身得到的保护不多。在非物质文化遗产开发中，非物质文化遗产传承人应当获得更多的知识产权利益。同时，可以通过合同法、公司法的规定以及政府制定相应的强制性和授权性规范，完善非物质文化遗产开发中的惠益分享模式，使相应的开发利益在传承人、传统社区、政府、外来投资者之间能够得到合理的分配。

通过本书的研究还发现，传承人制度本身会带来一些急功近利的开发，加速非物质文化遗产的消亡。传统的社区也可能因为某人突然被认定为传承人并享受数量不菲的津贴，导致原来的和谐人际关系遭到破坏。或者某些长袖善舞的传承人，抓住机会变身老板，将大多数传承人和传承群体变成雇工，导致文化资源占有的不公或者传承人文化身份的模糊。因此，传承人制度本身存在若干值得反思的地方。现行传承人研究重点在于构建制度化的保护模式，大多着眼于实际，解决传承人存在的实际问题，还停留在资料积存和制度创建的程度，因此，构建研究理论是下一步传承人研究得以深入的一个重点方向。

笔者在研究过程中深切地感受到，在中国，无论是在繁华都市还是在黔东南的偏僻民族山村，尽管现代化程度不同，但全球化和市场经济的触角已经深深地进入到每一寸土地。贵州当下正在全省各地大力推行工业化和城镇化建设，一条条高速公路深入到了那些沉寂许久的乡村，一切可用的资源都纳入了资本和政府的眼中来进行开发，非物质文化遗产及其传承人也不例外。尽管学界对少数民族非物质文化遗产开发存在着巨大争议和担忧，但非物质文化遗产开发却已经是一个不可阻挡的社会现实。政府希望通过对这些"原生态"资源的开发经营，发展文化、旅游产业、开发旅游商品，刺激地方经济腾飞；而大多数"原生态"的社区，从耄耋老者到青年后生，大多数人也对非物质文化遗产开发抱着很大的祈盼，有人希望在开发中实现民族传统文化的复兴，有人希望在开发中找到工作的机会，发家致富以改变人生命运。可以说，这是一场从官方到传统社区都支持的运动。在现代化与市场经济的滚滚车轮之下，事实上已经不存在所谓"静止"的原生态，那些没有进入政府、媒体、文化人视野也没有经过任何开发和经营的非物质文化遗产，可能并不是绚烂开放在静静深山中，而是以更快的速度毫不迟疑地被其拥有者所抛弃。从这个角度上讲，非物质文化遗产的开发，既可能是现代对传统的强力入侵，也可能是现代对传统的最后救赎，它可能不是最优的方案，但也不会是最坏的方案。至此，我们可以发现，选不选择成为传承人，更多的不再是传承文化的使命与挽救民族精神的厚重，而变成了一个简单的成本——收益的计算问题。

因此，在本书研究过程中，面对现代化的滚滚洪流、面对乡土社会千年未有之大变局、面对各民族年轻人对现代都市生活的强烈渴望，研究者不时会怀疑，既然贵州非物质文化遗产赖以生存的乡土社会、宗族制度都在快速瓦解，形成贵州"文化千岛"的山峦隔绝也被现代高速公路、快速铁路所填平，那么，单纯制度上的精细构造，能否挽救非物质文化遗产的传承后继无人？在本书调研即将结束之际，笔者到离贵阳市区不远的青岩古镇调查，发现满街的店铺之中，最多的当属银饰店，而每一个银饰店门口，都有一个身着黔东南少数民族服饰的银匠在敲打着银器。沉重的敲打声中，是青岩古镇熙熙攘攘的游客在喧嚣，他们沉默着，安心地做着银饰店的雇工和点缀，没有了黔东南传统银匠走村串寨的辛苦和劳顿。也许，他们也会怀念家乡，怀念自由，但在现代都市的安逸与家乡的困厄之间，大多数人选择了离开家乡。非物质文化遗产和它的传承人，就在这样的异文化空间之中得以生根发芽。

本书进行这样精细化的制度研究，对于非物质文化遗产的保护也许作用甚微，本书在田野调查深度和理论构建方面，也还做得远远不够。学界在任何理论上的构建，最终都需要国家在政策和立法上予以支持。全国非物质文化遗产种类繁多、保护模式也大相径庭，国家不可能在一些具体措施方面都统一立法。拥有立法权的黔东南、黔南等自治地方，应当利用自身优势，运用民族区域自治立法，在非物质文化遗产传承人的保护方面做出贡献。

附 录

《中华人民共和国非物质文化遗产法》

(2011年2月25日第十一届全国人民代表大会常务委员会第十九次会议通过)

第一章 总 则

第一条 为了继承和弘扬中华民族优秀传统文化,促进社会主义精神文明建设,加强非物质文化遗产保护、保存工作,制定本法。

第二条 本法所称非物质文化遗产,是指各族人民世代相传并视为其文化遗产组成部分的各种传统文化表现形式,以及与传统文化表现形式相关的实物和场所。包括:

(一) 传统口头文学以及作为其载体的语言;
(二) 传统美术、书法、音乐、舞蹈、戏剧、曲艺和杂技;
(三) 传统技艺、医药和历法;
(四) 传统礼仪、节庆等民俗;
(五) 传统体育和游艺;
(六) 其他非物质文化遗产。

属于非物质文化遗产组成部分的实物和场所,凡属文物的,适用《中华人民共和国文物保护法》的有关规定。

第三条 国家对非物质文化遗产采取认定、记录、建档等措施予以保存，对体现中华民族优秀传统文化，具有历史、文学、艺术、科学价值的非物质文化遗产采取传承、传播等措施予以保护。

第四条 保护非物质文化遗产，应当注重其真实性、整体性和传承性，有利于增强中华民族的文化认同，有利于维护国家统一和民族团结，有利于促进社会和谐和可持续发展。

第五条 使用非物质文化遗产，应当尊重其形式和内涵。

禁止以歪曲、贬损等方式使用非物质文化遗产。

第六条 县级以上人民政府应当将非物质文化遗产保护、保存工作纳入本级国民经济和社会发展规划，并将保护、保存经费列入本级财政预算。

国家扶持民族地区、边远地区、贫困地区的非物质文化遗产保护、保存工作。

第七条 国务院文化主管部门负责全国非物质文化遗产的保护、保存工作；县级以上地方人民政府文化主管部门负责本行政区域内非物质文化遗产的保护、保存工作。

县级以上人民政府其他有关部门在各自职责范围内，负责有关非物质文化遗产的保护、保存工作。

第八条 县级以上人民政府应当加强对非物质文化遗产保护工作的宣传，提高全社会保护非物质文化遗产的意识。

第九条 国家鼓励和支持公民、法人和其他组织参与非物质文化遗产保护工作。

第十条 对在非物质文化遗产保护工作中做出显著贡献的组织和个人，按照国家有关规定予以表彰、奖励。

第二章 非物质文化遗产的调查

第十一条 县级以上人民政府根据非物质文化遗产保护、保存工作需要，组织非物质文化遗产调查。非物质文化遗产调查由文化主管部门负责进行。

县级以上人民政府其他有关部门可以对其工作领域内的非物质文化遗产进行调查。

第十二条 文化主管部门和其他有关部门进行非物质文化遗产调查，应当对非物质文化遗产予以认定、记录、建档，建立健全调查信息共享机制。

文化主管部门和其他有关部门进行非物质文化遗产调查，应当收集属于非物质文化遗产组成部分的代表性实物，整理调查工作中取得的资料，并妥善保存，防止损毁、流失。其他有关部门取得的实物图片、资料复制件，应当汇交给同级文化主管部门。

第十三条 文化主管部门应当全面了解非物质文化遗产有关情况，建立非物质文化遗产档案及相关数据库。除依法应当保密的外，非物质文化遗产档案及相关数据信息应当公开，便于公众查阅。

第十四条 公民、法人和其他组织可以依法进行非物质文化遗产调查。

第十五条 境外组织或者个人在中华人民共和国境内进行非物质文化遗产调查，应当报经省、自治区、直辖市人民政府文化主管部门批准；调查在两个以上省、自治区、直辖市行政区域进行的，应当报经国务院文化主管部门批准；调查结束后，应当向批准调查的文化主管部门提交调查报告和调查中取得的实物图片、资料复制件。

境外组织在中华人民共和国境内进行非物质文化遗产调查，应当与境内非物质文化遗产学术研究机构合作进行。

第十六条 进行非物质文化遗产调查，应当征得调查对象的同意，尊重其风俗习惯，不得损害其合法权益。

第十七条 对通过调查或者其他途径发现的濒临消失的非物质文化遗产项目，县级人民政府文化主管部门应当立即予以记录并收集有关实物，或者采取其他抢救性保存措施；对需要传承的，应当采取有效措施支持传承。

第三章 非物质文化遗产代表性项目名录

第十八条 国务院建立国家级非物质文化遗产代表性项目名录，将体现中华民族优秀传统文化，具有重大历史、文学、艺术、科学价值的非物质文化遗产项目列入名录予以保护。

省、自治区、直辖市人民政府建立地方非物质文化遗产代表性项目名录，将本行政区域内体现中华民族优秀传统文化，具有历史、文学、艺术、科学价值的非物质文化遗产项目列入名录予以保护。

第十九条 省、自治区、直辖市人民政府可以从本省、自治区、直辖市非物质文化遗产代表性项目名录中向国务院文化主管部门推荐列入国家级非物质文化遗产代表性项目名录的项目。推荐时应当提交下列材料：

（一）项目介绍，包括项目的名称、历史、现状和价值；

（二）传承情况介绍，包括传承范围、传承谱系、传承人的技艺水平、传承活动的社会影响；

（三）保护要求，包括保护应当达到的目标和应当采取的措施、步骤、管理制度；

（四）有助于说明项目的视听资料等材料。

第二十条 公民、法人和其他组织认为某项非物质文化遗产体现中华民族优秀传统文化，具有重大历史、文学、艺术、科学价值的，可以向省、自治区、直辖市人民政府或者国务院文化主管部门提出列入国家级非物质文化遗产代表性项目名录的建议。

第二十一条 相同的非物质文化遗产项目，其形式和内涵在两个以上地区均保持完整的，可以同时列入国家级非物质文化遗产代表性项目名录。

第二十二条 国务院文化主管部门应当组织专家评审小组和专家评审委员会，对推荐或者建议列入国家级非物质文化遗产代表性项目名录的非物质文化遗产项目进行初评和审议。

初评意见应当经专家评审小组成员过半数通过。专家评审委员会对初评意见进行审议，提出审议意见。

评审工作应当遵循公开、公平、公正的原则。

第二十三条 国务院文化主管部门应当将拟列入国家级非物质文化遗产代表性项目名录的项目予以公示，征求公众意见。公示时间不得少于二十日。

第二十四条 国务院文化主管部门根据专家评审委员会的审议意见和公示结果，拟订国家级非物质文化遗产代表性项目名录，报国务院批准、公布。

第二十五条 国务院文化主管部门应当组织制订保护规划，对国家级非物质文化遗产代表性项目予以保护。

省、自治区、直辖市人民政府文化主管部门应当组织制订保护规划，对本级人民政府批准公布的地方非物质文化遗产代表性项目予以保护。

制订非物质文化遗产代表性项目保护规划，应当对濒临消失的非物质文化遗产代表性项目予以重点保护。

第二十六条 对非物质文化遗产代表性项目集中、特色鲜明、形式和内涵保持完整的特定区域，当地文化主管部门可以制订专项保护规划，报经本级人民政府批准后，实行区域性整体保护。确定对非物质文化遗产实行区域性整体保护，应当尊重当地居民的意愿，并保护属于非物质文化遗产组成部分的实物和场所，避免遭受破坏。

实行区域性整体保护涉及非物质文化遗产集中地村镇或者街区空间规划的，应当由当地城乡规划主管部门依据相关法规制订专项保护规划。

第二十七条 国务院文化主管部门和省、自治区、直辖市人民政府文化主管部门应当对非物质文化遗产代表性项目保护规划的实施情况进行监督检查；发现保护规划未能有效实施的，应当及时纠正、处理。

第四章 非物质文化遗产的传承与传播

第二十八条 国家鼓励和支持开展非物质文化遗产代表性项目的传承、传播。

第二十九条 国务院文化主管部门和省、自治区、直辖市人民政府文化主管部门对本级人民政府批准公布的非物质文化遗产代表性项目，可以认定为代表性传承人。

非物质文化遗产代表性项目的代表性传承人应当符合下列条件：

（一）熟练掌握其传承的非物质文化遗产；

（二）在特定领域内具有代表性，并在一定区域内具有较大影响；

（三）积极开展传承活动。

认定非物质文化遗产代表性项目的代表性传承人，应当参照执行本法有关非物质文化遗产代表性项目评审的规定，并将所认定的代表性传承人名单予以公布。

第三十条　县级以上人民政府文化主管部门根据需要，采取下列措施，支持非物质文化遗产代表性项目的代表性传承人开展传承、传播活动：

（一）提供必要的传承场所；

（二）提供必要的经费资助其开展授徒、传艺、交流等活动；

（三）支持其参与社会公益性活动；

（四）支持其开展传承、传播活动的其他措施。

第三十一条　非物质文化遗产代表性项目的代表性传承人应当履行下列义务：

（一）开展传承活动，培养后继人才；

（二）妥善保存相关的实物、资料；

（三）配合文化主管部门和其他有关部门进行非物质文化遗产调查；

（四）参与非物质文化遗产公益性宣传。

非物质文化遗产代表性项目的代表性传承人无正当理由不履行前款规定义务的，文化主管部门可以取消其代表性传承人资格，重新认定该项目的代表性传承人；丧失传承能力的，文化主管部门可以重新认定该项目的代表性传承人。

第三十二条　县级以上人民政府应当结合实际情况，采取有效措施，组织文化主管部门和其他有关部门宣传、展示非物质文化遗产代表性项目。

第三十三条　国家鼓励开展与非物质文化遗产有关的科学技术研究和非物质文化遗产保护、保存方法研究，鼓励开展非物质文化遗产的记录和非物质文化遗产代表性项目的整理、出版等活动。

第三十四条　学校应当按照国务院教育主管部门的规定，开展相关的非物质文化遗产教育。

新闻媒体应当开展非物质文化遗产代表性项目的宣传，普及非物质文化遗产知识。

第三十五条 图书馆、文化馆、博物馆、科技馆等公共文化机构和非物质文化遗产学术研究机构、保护机构以及利用财政性资金举办的文艺表演团体、演出场所经营单位等，应当根据各自业务范围，开展非物质文化遗产的整理、研究、学术交流和非物质文化遗产代表性项目的宣传、展示。

第三十六条 国家鼓励和支持公民、法人和其他组织依法设立非物质文化遗产展示场所和传承场所，展示和传承非物质文化遗产代表性项目。

第三十七条 国家鼓励和支持发挥非物质文化遗产资源的特殊优势，在有效保护的基础上，合理利用非物质文化遗产代表性项目开发具有地方、民族特色和市场潜力的文化产品和文化服务。

开发利用非物质文化遗产代表性项目的，应当支持代表性传承人开展传承活动，保护属于该项目组成部分的实物和场所。

县级以上地方人民政府应当对合理利用非物质文化遗产代表性项目的单位予以扶持。单位合理利用非物质文化遗产代表性项目的，依法享受国家规定的税收优惠。

第五章 法律责任

第三十八条 文化主管部门和其他有关部门的工作人员在非物质文化遗产保护、保存工作中玩忽职守、滥用职权、徇私舞弊的，依法给予处分。

第三十九条 文化主管部门和其他有关部门的工作人员进行非物质文化遗产调查时侵犯调查对象风俗习惯，造成严重后果的，依法给予处分。

第四十条 违反本法规定，破坏属于非物质文化遗产组成部分的实物和场所的，依法承担民事责任；构成违反治安管理行为的，依法给予治安管理处罚。

第四十一条 境外组织违反本法第十五条规定的，由文化主管部门责令改正，给予警告，没收违法所得及调查中取得的实物、资料；

情节严重的，并处十万元以上五十万元以下的罚款。

境外个人违反本法第十五条第一款规定的，由文化主管部门责令改正，给予警告，没收违法所得及调查中取得的实物、资料；情节严重的，并处一万元以上五万元以下的罚款。

第四十二条 违反本法规定，构成犯罪的，依法追究刑事责任。

第六章 附 则

第四十三条 建立地方非物质文化遗产代表性项目名录的办法，由省、自治区、直辖市参照本法有关规定制定。

第四十四条 使用非物质文化遗产涉及知识产权的，适用有关法律、行政法规的规定。

对传统医药、传统工艺美术等的保护，其他法律、行政法规另有规定的，依照其规定。

第四十五条 本法自2011年6月1日起施行。

《贵州省非物质文化遗产保护条例》

(2012年3月30日贵州省第十一届人民代表大会常务委员会第二十七次会议通过)

第一章 总 则

第一条 为了继承和弘扬优秀传统文化，推动社会主义文化大发展大繁荣，促进社会主义精神文明建设，加强对非物质文化遗产的保护，根据《中华人民共和国非物质文化遗产法》和有关法律、法规的规定，结合本省实际，制定本条例。

第二条 本省行政区域内非物质文化遗产的保护和管理适用本条例。

第三条 本条例所称非物质文化遗产，是指各族人民世代相传并视为其文化遗产组成部分的各种传统文化表现形式，以及与传统文化表现形式相关的实物和场所。包括：

（一）传统口头文学以及作为其载体的语言；

（二）传统美术、书法、音乐、舞蹈、戏剧、曲艺和杂技；

（三）传统技艺、医药和历法；

（四）传统礼仪、节庆等民俗；

（五）传统体育和游艺；

（六）其他非物质文化遗产。

属于非物质文化遗产组成部分的实物和场所，凡属文物的，适用《中华人民共和国文物保护法》的有关规定。

第四条 对非物质文化遗产实行保护为主、抢救第一、合理利用、传承发展的方针，坚持真实性和整体性的原则。

第五条 县级以上人民政府应当制定非物质文化遗产保护规划，将非物质文化遗产保护工作纳入国民经济和社会发展规划，所需保护经费列入本级财政预算。

第六条 县级以上人民政府文化主管部门负责本行政区域内的非物质文化遗产保护和管理工作。

县级以上人民政府有关部门按照各自职责，做好非物质文化遗产保护和管理工作。

乡镇人民政府、街道办事处（社区）会同县级人民政府文化主管部门做好非物质文化遗产保护工作。

村（居）民委员会协助当地人民政府做好非物质文化遗产保护工作，文化主管部门应当给予指导和支持。

第七条 县级以上人民政府及有关部门应当在资金、项目上对民族地区的非物质文化遗产保护给予支持。

第八条 鼓励单位和个人通过捐赠等方式依法设立非物质文化遗产保护资金，专门用于非物质文化遗产保护。

任何单位和个人不得侵占、挪用非物质文化遗产保护资金。

第二章 非物质文化遗产调查

第九条 县级以上人民政府负责组织对非物质文化遗产进行普查、调查，文化主管部门具体实施，并对非物质文化遗产予以认定、记录，建立档案和数据库。

单位和个人应当在调查所在地人民政府文化主管部门的管理下依法进行非物质文化遗产调查。

第十条 中华人民共和国境外的组织或者个人在本省进行非物质文化遗产调查，应当向省人民政府文化主管部门提出申请，载明调查的内容、对象、时间、地点、调查组织或者人员等情况；省人民政府文化主管部门应当自受理申请后15日内做出是否批准的书面决定；获得批准的申请人应当将批准文件送交调查所在地县级人民政府文化主管部门后，方可开展调查活动。

中华人民共和国境外的组织在本省进行非物质文化遗产调查，应当与境内非物质文化遗产学术研究机构合作进行。

第十一条 开展非物质文化遗产的调查、考察、采访和实物征集等活动时，应当征得被调查对象同意，尊重民族风俗、信仰和习惯，尊重真实性、完整性，不得歪曲和滥用，不得非法占有、损毁非物质文化遗产的资料、实物，不得侵害被调查对象的合法权益。

第十二条 对濒临消失的非物质文化遗产项目，县级人民政府文化主管部门应当及时予以记录和收集有关实物，并立即采取抢救性保护措施。

第十三条 县级以上人民政府文化主管部门和其他有关部门对在调查中取得的非物质文化遗产实物和资料，应当妥善保存，防止损毁、流失；其他有关部门取得的实物图片、资料复制件及电子档案，应当在30日内汇交给同级人民政府文化主管部门。

县级以上人民政府文化主管部门对捐赠非物质文化遗产相关资料和实物的单位和个人应当予以奖励。

第三章　非物质文化遗产代表性项目名录

第十四条　县级以上人民政府应当建立本级非物质文化遗产代表性项目名录，将体现优秀传统文化，具有历史、文学、艺术、科学价值的非物质文化遗产列入名录予以保护。

县级以上人民政府文化主管部门制定本行政区域内非物质文化遗产代表性项目的保护规划，并组织实施。

第十五条　县级以上人民政府文化主管部门应当建立非物质文化遗产代表性项目专家评审制度。

第十六条　单位和个人可以向所在地人民政府文化主管部门提出列入非物质文化遗产代表性项目名录的申请。

单位和个人认为某项非物质文化遗产体现优秀传统文化，具有历史、文学、艺术、科学价值的，可以向县级以上人民政府或者文化主管部门提出列入非物质文化遗产代表性项目名录的建议。

鼓励单位和个人向县级以上人民政府文化主管部门提供非物质文化遗产线索。

第十七条　列入非物质文化遗产代表性项目名录的，应当符合下列条件：

（一）具有突出的历史、文学、艺术、科学价值；

（二）具有优秀传统文化的典型性、代表性；

（三）具有在一定群体或者地域范围内世代传承传播的特点；

（四）具有地域和民族特色，在本行政区域内有较大影响力。

第十八条　列入非物质文化遗产代表性项目名录的项目，文化主管部门应当确定相应的保护责任单位；保护责任单位应当具有该项目相对完整的资料，具备实施该项目保护计划的能力和开展传承、展示活动的场所及条件。

第十九条　保护责任单位应当履行下列职责：

（一）收集该项目的实物、资料，并登记、整理、建档；

（二）保护该项目相关的文化场所；

（三）开展该项目的展示展演活动；

（四）为该项目传承及相关活动提供必要条件；

（五）定期报告项目保护实施情况，并接受监督。

第二十条　县级以上人民政府文化主管部门应当将拟列入本级非物质文化遗产代表性项目名录的项目予以公示，征求公众意见。公示时间不得少于20日。

公示期间，单位和个人可以书面提出异议。县级以上人民政府文化主管部门经过调查，认为异议不成立的，应当在30日内书面告知异议人并说明理由；异议成立的，应当重新组织专家按照规定的程序进行评审。

第二十一条　县级以上人民政府文化主管部门根据专家评审委员会的意见和公示结果，拟定本级非物质文化遗产代表性项目名录，报本级人民政府批准、公布，并报上一级人民政府文化主管部门备案。

第二十二条　市、州、县级人民政府可以从本级非物质文化遗产代表性项目名录中向上一级文化主管部门推荐列入上一级非物质文化遗产代表性项目名录的项目。

上级人民政府文化主管部门经本级人民政府批准，可以将下级名录的非物质文化遗产项目列入本级名录。

第二十三条　县级以上人民政府文化主管部门应当每2年对本级非物质文化遗产代表性项目的保护情况进行评估。评估不合格的，责令限期整改，整改后仍不合格的，变更非物质文化遗产代表性项目保护责任单位；无法变更或者项目失传的，命名机关取消其非物质文化遗产代表性项目名录资格。

第四章　非物质文化遗产代表性项目的代表性传承人

第二十四条　符合条件的个人可以申请非物质文化遗产代表性项目的代表性传承人。

单位和个人可以推荐非物质文化遗产代表性项目的代表性传承人；单位和个人推荐非物质文化遗产代表性项目的代表性传承人，应当征得被推荐人的书面同意。

申请和推荐非物质文化遗产代表性项目的代表性传承人，应当向县级以上人民政府文化主管部门提交以下材料,材料应当真实、准确：

（一）被推荐人或者申请人的基本情况；

（二）该项目的传承谱系以及被推荐人或者申请人的学艺与传承经历；

（三）被推荐人或者申请人的技艺特点、成就及相关的证明材料；

（四）被推荐人或者申请人持有该项目的相关实物、资料的情况；

（五）其他说明被推荐人或者申请人代表性的材料。

非物质文化遗产代表性项目的代表性传承人名单经县级以上人民政府文化主管部门认定后公布。

第二十五条　非物质文化遗产代表性项目的代表性传承人应当依法履行义务,并享有下列权利：

（一）开展传艺、技艺展示、讲学以及艺术创作、学术研究等活动；

（二）享受人民政府规定的传承补贴；

（三）按照师承形式或者其他方式选择、培养传承人；

（四）依法提供有关原始资料、实物、场所等；

（五）参加有关活动取得相应的报酬；

（六）其他与非物质文化遗产保护相关的权利。

第二十六条　对做出重要贡献的非物质文化遗产代表性项目的代表性传承人和保护责任单位,由省人民政府文化主管部门报省人民政府核准,授予杰出传承人和优秀保护责任单位称号,并给予奖励。

市、州、县级人民政府对在非物质文化遗产的传承或者保护中做出突出贡献的非物质文化遗产代表性项目的代表性传承人和保护责任单位,给予表彰和奖励。

第二十七条　县级以上人民政府文化主管部门应当采取下列措施支持非物质文化遗产代表性项目的代表性传承人和保护责任单位开展传承活动：

（一）记录、整理、出版有关技艺资料；

（二）提供必要的传承活动场所；

（三）给予必要的经费资助；

（四）组织开展研讨、展示、宣传、交流等活动；

（五）其他有利于项目传承的措施。

第二十八条 县级以上人民政府文化主管部门应当每2年对非物质文化遗产代表性项目的代表性传承人进行考评。

非物质文化遗产代表性项目的代表性传承人无正当理由不履行法律规定义务，或者在传艺、展示、讲学等活动中随意改变非物质文化遗产性质谋取非法利益的，命名机关可以取消其代表性传承人资格，重新认定该项目的代表性传承人；丧失传承能力的，命名机关可以重新认定该项目的代表性传承人。

第五章 文化生态保护区

第二十九条 非物质文化遗产资源丰富、保存较完整、特色鲜明、历史文化积淀丰厚、存续状态良好，具有重要价值和广泛群众基础的特定区域，可以申请设立文化生态保护区，实行区域性整体保护。

第三十条 设立文化生态保护区，由所在地县级人民政府组织有关部门编制保护规划，听取保护区内村（居）民的意见，提出申请，经上一级人民政府审核后，报省人民政府批准、公布。

文化生态保护区跨两个以上县级行政区域的，可以联合申报。

申请设立国家级文化生态保护区，按照国家有关规定办理。

第三十一条 县级以上人民政府应当划定文化生态保护区保护范围，并设立保护标志。

文化生态保护区内对列为非物质文化遗产代表性名录项目所涉及的建（构）筑物、场所、遗迹等，文化生态保护区所在地人民政府应当在城乡规划和建设中采取措施予以保护。

第三十二条 文化生态保护区内的建设项目选址和设计方案应当符合文化生态保护区的保护规划。

文化生态保护区内与非物质文化遗产相关的建（构）筑物、场所、遗迹等不得擅自修缮、改造；确需修缮、改造的，其风格、色彩及形式应当与相邻传统建筑的风貌相一致，并接受文化、住房和城乡建设等相关部门的指导和管理。

第三十三条 文化生态保护区应当建立非物质文化遗产展示馆（室）。

鼓励单位和个人在文化生态保护区建立非物质文化遗产馆和传习所，开展对非物质文化遗产研究，展示非物质文化遗产项目。

第三十四条 县级以上人民政府文化主管部门应当对文化生态保护区的保护规划的实施情况进行监督检查；发现保护规划未能有效实施的，应当及时纠正、处理。

第六章 传播与利用

第三十五条 县级以上人民政府应当采取措施，支持非物质文化遗产的传播与利用，加强对非物质文化遗产研究人才的扶持和培养。

第三十六条 县级以上人民政府应当有计划地建立收藏、展示、研究和传承非物质文化遗产的专门场所；对列为非物质文化遗产代表性项目名录的相关建（构）筑物、场所、遗迹等，在不改变其原有风貌、文化内涵的前提下，应当向公众开放。

对与非物质文化遗产相关的具有重要历史、文化、艺术、科学价值的建（构）筑物、场所、遗迹等，有关部门应当提供必要的维护经费。

第三十七条 鼓励、支持单位和个人结合节庆、当地民间习俗等，开展非物质文化遗产代表性项目的展示、展演等活动。

第三十八条 广播、电视、互联网、报刊等新闻媒体应当宣传非物质文化遗产保护工作，普及非物质文化遗产保护知识，培养全社会非物质文化遗产保护意识。

鼓励和支持教育机构以开设相关课程等形式开展传播、弘扬优秀非物质文化遗产活动。

鼓励和支持中小学校将本地优秀的非物质文化遗产项目内容纳入素质教育。

鼓励和支持科研机构、高等院校开展非物质文化遗产保护的研究和专门人才培养。

第三十九条　县级以上人民政府可以结合本地非物质文化遗产资源优势，鼓励、支持单位和个人合理利用非物质文化遗产代表性项目，进行弘扬优秀民族传统文化的文艺创作，开发具有地方特色、民族特色和市场潜力的文化产品和开展文化服务。

第四十条　对合理利用非物质文化遗产代表性项目发展民族文化产业的单位和个人，文化产业发展专项资金应当予以扶持。

第四十一条　涉及国家秘密或者商业秘密的非物质文化遗产代表性项目，应当按照有关法律、法规的规定进行传播、利用。

第七章　权利保障

第四十二条　非物质文化遗产代表性项目保护责任单位和代表性传承人依法行使该非物质文化遗产代表性项目的相关权利。

第四十三条　县级以上人民政府文化主管部门应当会同有关部门，鼓励、支持非物质文化遗产代表性项目的代表性传承人和保护责任单位将项目申请专利、注册商标、申报地理标志、登记版权等。

单位和个人合法拥有的非物质文化遗产代表性项目的实物、资料、建（构）筑物、场所等，其所有权或者使用权受法律保护。

第四十四条　利用非物质文化遗产代表性项目应当注明项目名称及所在地、所属民族等相关信息，不得进行虚假或者误导性宣传。

第四十五条　在特定区域利用非物质文化遗产项目从事整体开发经营活动的，应当与该区域相关组织及村（居）民代表约定利益分配方式。

第四十六条　单位和个人开发非物质文化遗产产品、开展非物质文化遗产旅游服务等相关产业的，依照国家和省的相关规定享受税收等优惠政策。

第八章　法律责任

第四十七条　县级以上人民政府文化主管部门和其他有关部门的工作人员在非物质文化遗产保护工作中玩忽职守、滥用职权、徇私舞弊，以及在进行非物质文化遗产调查时侵犯被调查对象风俗习惯，造成严重后果，尚不构成犯罪的，依法给予行政处分。

第四十八条 违反本条例规定，在申报非物质文化遗产代表性项目、代表性传承人过程中弄虚作假的，由县级以上人民政府文化主管部门给予警告；被列入非物质文化遗产代表性项目名录或者取得代表性传承人资格的，由县级以上人民政府文化主管部门予以撤销，责令返还项目保护经费或者传承补贴，处以1000元以上1万元以下罚款，有违法所得的，没收违法所得。

第四十九条 违反本条例第十一条规定的，由县级以上人民政府文化主管部门对考察、调查、采访、实物征集等活动者予以警告，责令改正；情节严重的，处以1000元以上1万元以下罚款。造成不良影响的，责令消除影响；损毁非物质文化遗产的资料、实物的，依法承担赔偿责任。

第五十条 违反本条例第十九条规定，项目保护责任单位不履行职责的，由县级以上人民政府文化主管部门责令限期改正；导致非物质文化遗产实物、资料损毁、流失的，对项目保护责任单位和直接责任人处以1万元以上3万元以下罚款。

第五十一条 违反本条例第三十二条第二款规定，情节轻微的，由县级以上人民政府文化、住房和城乡建设等有关部门给予警告，责令限期改正；拒不改正，情节严重的，处以2000元以上2万元以下罚款。

第五十二条 违反本条例第四十四条规定，情节轻微的，由县级以上人民政府文化主管部门给予警告，责令改正；造成不良影响的，责令消除影响，并处以1万元以上10万元以下罚款。

第九章 附 则

第五十三条 对传统医药、传统工艺美术等的保护，其他法律、行政法规另有规定的，依照其规定。

第五十四条 本条例自2012年5月1日起施行。2002年7月30日贵州省第九届人民代表大会常务委员会第二十九次会议通过的《贵州省民族民间文化保护条例》同时废止。

《国家级非物质文化遗产项目代表性传承人认定与管理暂行办法》

(中华人民共和国文化部令第45号)

(2008年5月14日文化部部务会议审议通过 2008年5月14日发布,自2008年6月14日起施行)

第一条 为有效保护和传承国家级非物质文化遗产,鼓励和支持国家级非物质文化遗产项目代表性传承人开展传习活动,根据国家有关规定,制定本办法。

第二条 本办法所称的"国家级非物质文化遗产项目代表性传承人",是指经国务院文化行政部门认定的,承担国家级非物质文化遗产名录项目传承保护责任,具有公认的代表性、权威性与影响力的传承人。

第三条 认定国家级非物质文化遗产项目代表性传承人,应当坚持公开、公平、公正的原则,严格履行申报、审核、评审、公示、审批等程序。

第四条 符合下列条件的公民可以申请或者被推荐为国家级非物质文化遗产项目代表性传承人:

(一)掌握并承续某项国家级非物质文化遗产;

(二)在一定区域或领域内被公认为具有代表性和影响力;

(三)积极开展传承活动,培养后继人才。

从事非物质文化遗产资料收集、整理和研究的人员不得认定为国家级非物质文化遗产项目代表性传承人。

第五条 公民提出国家级非物质文化遗产项目代表性传承人申请的,应当向所在地县级以上文化行政部门提供以下材料:

(一)申请人基本情况,包括年龄、性别、文化程度、职业、工作单位等;

（二）该项目的传承谱系以及申请人的学习与实践经历；

（三）申请人的技艺特点、成就及相关的证明材料；

（四）申请人持有该项目的相关实物、资料的情况；

（五）其他有助于说明申请人代表性的材料。

国家级非物质文化遗产项目保护单位可以向所在地县级以上文化行政部门推荐该项目代表性传承人，但应当征得被推荐人的同意，推荐材料应当包括第一款各项内容。

项目保护单位属省级行政部门直属单位的，可以将推荐材料直接报送省级文化行政部门；项目保护单位属中央各部门直属单位的，可以将推荐材料直接报送国务院文化行政部门。

第六条 文化行政部门接到申请材料或推荐材料后，应当组织专家进行审核并逐级上报。

省级文化行政部门收到上述材料后，应当组织省级非物质文化遗产专家委员会进行评审，结合该项目在本行政区域内的分布情况，提出推荐名单和审核意见，连同原始申报材料和专家评审意见一并报送国务院文化行政部门。

第七条 国务院文化行政部门收到省级文化行政部门报送的申报材料后，结合申请项目在全国的分布情况，进行整理分类，组织该项目领域的专家组进行初评，由专家组提出初评意见。

第八条 国务院文化行政部门设立国家级非物质文化遗产项目代表性传承人评审委员会。评审委员会对各专家组的初评意见进行审核评议，提出国家级非物质文化遗产项目代表性传承人推荐名单。

第九条 国务院文化行政部门对评审委员会提出的代表性传承人的推荐名单向社会公示，公示期为15天。

第十条 国务院文化行政部门根据公示结果，审定国家级非物质文化遗产项目代表性传承人名单，并予以公布。

第十一条 国家级非物质文化遗产项目保护单位应采取文字、图片、录音、录像等方式，全面记录该项目代表性传承人掌握的非物质文化遗产表现形式、技艺和知识等，有计划地征集并保管代表性传承人的代表作品，建立有关档案。

第十二条 各级文化行政部门应对开展传习活动确有困难的国家

级非物质文化遗产项目代表性传承人予以支持，支持方式主要有：

（一）资助传承人的授徒传艺或教育培训活动；

（二）提供必要的传习活动场所；

（三）资助有关技艺资料的整理、出版；

（四）提供展示、宣传及其他有利于项目传承的帮助。

对无经济收入来源、生活确有困难的国家级非物质文化遗产项目代表性传承人，所在地文化行政部门应积极创造条件，并鼓励社会组织和个人进行资助，保障其基本生活需求。

第十三条　国家级非物质文化遗产项目代表性传承人应承担以下义务：

（一）在不违反国家有关法律法规的前提下，根据文化行政部门的要求，提供完整的项目操作程序、技术规范、原材料要求、技艺要领等；

（二）制订项目传承计划和具体目标任务，报文化行政部门备案；

（三）采取收徒、办学等方式，开展传承工作，无保留地传授技艺，培养后继人才；

（四）积极参与展览、演示、研讨、交流等活动；

（五）定期向所在地文化行政部门提交项目传承情况报告。

第十四条　省级文化行政部门应于每年年底前将本行政区域国家级非物质文化遗产项目代表性传承人的情况报送国务院文化行政部门。

第十五条　国务院文化行政部门应当建立国家级非物质文化遗产项目代表性传承人档案。

国务院文化行政部门对做出突出贡献的国家级非物质文化遗产项目代表性传承人，给予表彰和奖励。

第十六条　国家级非物质文化遗产项目代表性传承人无正当理由不履行传承义务的，经省级文化行政部门核实后，报国务院文化行政部门批准，取消其代表性传承人资格，重新认定该项目的代表性传承人。

国家级非物质文化遗产项目代表性传承人丧失传承能力的，经省级文化行政部门核实后，报国务院文化行政部门，重新认定该项目的代表性传承人。

第十七条 本《暂行办法》由国务院文化行政部门负责解释。

第十八条 本《暂行办法》自2008年6月14日起施行。

《文化部关于加强非物质文化遗产生产性保护的指导意见》

(文非物质文化遗产发〔2012〕4号)

各省、自治区、直辖市文化厅（局），新疆生产建设兵团文化广播电视局，各计划单列市文化局：

为进一步规范、加强非物质文化遗产生产性保护，根据《中华人民共和国非物质文化遗产法》（主席令第42号）和《国务院办公厅关于加强我国非物质文化遗产保护工作的意见》（国办发〔2005〕18号）精神，现就非物质文化遗产生产性保护提出以下指导意见：

一 充分认识开展非物质文化遗产生产性保护的重要意义

非物质文化遗产生产性保护是指在具有生产性质的实践过程中，以保持非物质文化遗产的真实性、整体性和传承性为核心，以有效传承非物质文化遗产技艺为前提，借助生产、流通、销售等手段，将非物质文化遗产及其资源转化为文化产品的保护方式。这一保护方式主要是在传统技艺、传统美术和传统医药药物炮制类非物质文化遗产领域实施。

在有效保护和传承的前提下，加强传统技艺、传统美术和传统医药药物炮制类非物质文化遗产代表性项目的生产性保护，符合非物质文化遗产传承发展的特定规律，有利于增强非物质文化遗产自身活力，推动非物质文化遗产保护更紧密地融入人们的生产生活；有利于提高非物质文化遗产传承人的传承积极性，培养更多后继人才，为非物质文化遗产保护奠定持久、深厚的基础；有利于继承弘扬优秀传统文化，推动优秀传统文化繁荣发展，满足人民群众的精神文化需求；有利于促进文化消费、扩大就业，促进非物质文化遗产保护与改善民生相结合，推动区域经济、社会全面协调可持续发展。

各级文化行政部门应充分认识非物质文化遗产生产性保护的重要意义，增强责任感和紧迫感，积极探索，加强引导，进一步推动我国非物质文化遗产生产性保护工作深入开展。

二 正确把握非物质文化遗产生产性保护的方针和原则

非物质文化遗产生产性保护要坚持以科学发展观为指导，按照《中华人民共和国非物质文化遗产法》的规定，认真贯彻"保护为主、抢救第一、合理利用、传承发展"的方针。在非物质文化遗产生产性保护工作中，坚持以人为本、活态传承原则，坚持保护传统工艺流程的整体性和核心技艺的真实性原则，坚持保护优先、开发服从保护原则，坚持把社会效益放在首位，社会效益和经济效益有机统一原则，坚持依法保护、科学保护原则。

三 科学推进非物质文化遗产生产性保护工作深入开展

（一）坚持正确导向。非物质文化遗产生产性保护是一种保护方式，出发点和落脚点都是非物质文化遗产的保护和传承。因此，应当坚持非物质文化遗产生产性保护的正确导向，严格遵循非物质文化遗产传承发展的规律，处理好保护传承和开发利用的关系，始终把保护放在首位，坚持在保护的基础上合理利用，尊重非物质文化遗产生产方式的多样性，坚持传统工艺流程的整体性和核心技艺的真实性，不能为追逐经济利益而忽视非物质文化遗产保护和传承，反对擅自改变非物质文化遗产的传统生产方式、传统工艺流程和核心技艺。

（二）合理规划布局。加强对非物质文化遗产生产性保护的调查研究与整体规划，编制促进非物质文化遗产生产性保护的行动计划，将非物质文化遗产生产性保护纳入本地区经济社会发展规划。重点培育一批国家级非物质文化遗产生产性保护示范基地，积极探索和总结非物质文化遗产生产性保护的做法和经验，充分发挥国家级非物质文化遗产示范基地的示范、带动作用。发掘东中西部地区各自优势，规划建设各具特色的非物质文化遗产生产性保护示范基地，彰显区域特色和民族特色。

（三）健全传承机制。要研究非物质文化遗产生产性保护的特点，建立健全符合非物质文化遗产自身规律的传承机制。制定非物质文化遗产生产性保护传承人培养计划，建立传承人培养激励机制，增强代表性传承人履行传承义务的责任感和荣誉感；为代表性传承人开展生产、授徒传艺、展示交流等活动创造条件，提供服务；对年老体弱的代表性传承人，抓紧开展抢救性记录工作，翔实记录代表性传承人掌握的精湛技艺和工艺流程；对传承工作有突出贡献的代表性传承人给予表彰、奖励；对学艺者采取助学、奖学等措施，鼓励其学习、掌握传统技艺；遵循非物质文化遗产项目生产方式的个性和特征，鼓励和支持代表性传承人设立个人工作室等。

（四）落实扶持措施。要统筹规划，加强天然原材料、珍稀原材料的保护，处理好天然原材料、珍稀原材料保护与利用的关系，依照相关法规制度为传承人使用天然原材料、珍稀原材料提供帮助和支持；鼓励和支持传承人在传承传统技艺、坚守传统工艺流程和核心技艺的基础上对技艺有所创新和发展；鼓励和支持传承人在制作传统题材作品的同时创作适应当代社会需求的作品，推动传统产品功能转型和审美价值提升；支持和帮助代表性传承人开展产品宣传，利用报刊、电视、网络等媒体宣传非物质文化遗产代表性项目及其产品的文化内涵和审美价值；积极为代表性传承人提供技艺展示、产品销售的渠道和平台。

（五）加强引导规范。深入开展调查研究，掌握本地区适合生产性保护的非物质文化遗产代表性项目生存发展状况，根据不同状况采取相应的引导、规范措施。对适合生产性保护但处于濒危状态、传承困难的代表性项目，要优先抢救与扶持，记录、保存相关资料，尽快扶持恢复生产，传承技艺，督促开展相关工作；对有市场潜力的代表性项目，鼓励采取"项目+传承人+基地"、"传承人+协会"、"公司+农户"等模式，结合发展文化旅游、民俗节庆活动等开展生产性保护，促进其良性发展；对开展生产性保护效益较好的代表性项目，要引导传承人坚持用天然原材料生产，保持传统工艺流程的整体性和核心技艺的真实性，促进该项遗产的有序传承；对开展生产性保护取得显著成绩的代表性项目，要及时总结，推广经验；对忽视技艺保护和传承或者过度开发、破坏传统工艺流程和核心技艺的，要及时纠正偏差，落实整改措施，加强管理和规范。

（六）建设基础设施。要充分发挥政府职能，合理布局，有计划地建设一批非物质文化遗产生产性保护基础设施，为代表性传承人提供必要的生产、展示和传习场所。鼓励开展非物质文化遗产生产性保护的企业、单位和个人根据自身条件建设非物质文化遗产展示馆（室）和传习所，鼓励社会力量参与非物质文化遗产生产性保护设施建设。充分发挥已有设施的作用，积极开展宣传、展示、传习等活动，有计划地征集非物质文化遗产项目代表性传承人的代表作品，妥善保存和科学展陈传统工艺精品、传承人代表性作品。

（七）发挥协会作用。要充分发挥传统工艺美术等已有行业协会的积极作用，鼓励成立非物质文化遗产相关行业协会，支持协会开展非物质文化遗产的宣传、展示、教育、传播、研究、出版等活动，鼓励协会制定有关非物质文化遗产代表性项目在原材料、传统工艺流程和核心技艺方面的相关标准和规范，支持协会开展行业管理、行业服务、行业维权等工作，通过行业自律和行业监管，推动非物质文化遗产生产性保护健康发展。

（八）营造良好氛围。非物质文化遗产生产性保护与人民群众的生产生活密切相关，许多非物质文化遗产项目具有鲜明的地域特色、民族特色，依存于传统民俗节庆活动之中。要鼓励开展各种健康有益的民俗文化活动，尊重和支持民众在民俗文化活动中开展非物质文化遗产生产性保护实践；充分利用"文化遗产日"和传统民俗节庆，开展非物质文化遗产生产性保护宣传展示活动，营造非物质文化遗产生产性保护的良好社会氛围。

四 建立完善非物质文化遗产生产性保护的工作机制

（一）坚持政府引导。坚持政府对非物质文化遗产生产性保护的价值引导、政策引导和舆论引导，组织开展非物质文化遗产生产性保护知识和成果宣传，利用现有的优惠政策和出台新的优惠政策扶持非物质文化遗产生产性保护，为非物质文化遗产生产性保护营造环境、创设条件和提供服务。

（二）鼓励社会参与。积极采取措施，鼓励个人、企业和社会组织积极参与非物质文化遗产生产性保护，多渠道吸纳社会资金投入非物质文化遗产生产性保护；鼓励建立社会中介组织，使其成为非物质文化遗产生产性保护与社会需求、市场需求联系的桥梁与纽带。

（三）发挥专家作用。鼓励专家结合非物质文化遗产生产性保护工作实际开展理论研究和实践研究，充分发挥专家的指导、咨询和参谋作用，为非物质文化遗产生产性保护提供学术支持和实践指导。

（四）加强指导检查。加强对国家级、省级非物质文化遗产生产性保护示范基地的管理，制定相关管理办法；建立非物质文化遗产生产性保护绩效评估机制，对生产性保护实施情况进行指导和检查，及时发现问题，总结经验，改进工作；对非物质文化遗产生产性保护成绩突出的地区或单位予以鼓励。

中华人民共和国文化部
2012年2月2日

《黔东南州民族文化村寨保护条例》

（2008年2月28日黔东南苗族侗族自治州第十二届人民代表大会第三次会议通过 2008年5月30日贵州省第十一届人民代表大会常务委员会第二次会议批准）

第一条 为加强民族文化村寨的规划、保护、建设、管理和利用，根据《中华人民共和国民族区域自治法》及有关法律、法规的规定，结合实际，制定本条例。

第二条 本行政区域内民族文化村寨的规划、保护、建设、管理和利用，适用本条例。

第三条 本行政区域内，具备下列条件之一的村寨，可以由县级以上人民政府命名为民族文化村寨：

（一）历史悠久，布局协调，建筑典型，具有显著民族特色或者地方特点的；

（二）传统习俗保存完整、民族风情浓郁、具有民族特色或者地方特点的；

（三）与历史名人或者重大历史事件相关联的；

（四）具有历史文化传统和生态自然景观的；

（五）民间传统艺术或者工艺独具特色的；

（六）有纪念意义或者独特文化内涵的。

第四条 县级以上人民政府应当把民族文化村寨的规划、保护、建设、管理和利用纳入本级国民经济和社会发展规划。

民族文化村寨坚持保护为主、抢救第一、科学规划、合理利用、政府主导、社会参与的原则。

第五条 县级以上人民政府的财政预算应当安排民族文化村寨的规划、保护、建设、管理和利用专项资金。

鼓励单位和个人赞助、捐赠、投资民族文化村寨保护、建设和利用。

第六条 自治州人民政府应当组织开展民族文化村寨的普查，制定民族文化村寨保护、建设、管理和利用的总体规划。

县级以上人民政府文化、民族事务等行政主管部门，应当负责对民族文化村寨的物质文化、非物质文化进行收集整理、研究和管理，建立民族文化村寨相关资料、数据、影像档案。

第七条 自治州人民政府文化行政主管部门负责自治州民族文化村寨的保护、管理和利用工作。

县级人民政府文化行政主管部门负责本行政区域内民族文化村寨的保护、管理和利用工作。

县级以上人民政府相关行政主管部门按照各自职责，做好民族文化村寨的保护、管理和利用工作。

乡（镇）人民政府负责辖区内民族文化村寨的保护、管理和利用工作。

村民委员会依照本条例规定，负责辖区内民族文化村寨的保护、管理和利用工作。

第八条 县级以上人民政府应当对为民族文化村寨规划、保护、建设、管理和利用做出贡献的单位、个人予以表彰和奖励。

第九条 民族文化村寨的认定，由县级人民政府文化行政主管部门会同相关部门提出方案按程序报县级以上人民政府审定。经批准的民族文化村寨，应当向社会公布。

第十条 县级人民政府建设行政主管部门应当会同相关部门，对民族文化村寨的保护进行规划，划定保护区，明确禁建区和限建区。

第十一条 民族文化村寨内具有代表性的街道、建筑物、构筑物、公益活动场所和古树名木等应当设置标识。

第十二条 民族文化村寨的规划、建设、保护、管理和利用，应当尊重群众的意愿，维护当地群众的利益。

第十三条 对民族文化村寨的规划建设方案应当由县级人民政府组织文化、建设、民族事务、旅游等相关部门的专家进行论证。

民族文化村寨内的建设项目和设施，由建设单位或者个人申请，经村民委员会、乡（镇）人民政府签署意见，报县级以上人民政府文化行政主管部门提出意见，县级以上人民政府建设行政主管部门核发建设规划许可证后方可施工。

单位和个人投资开发民族文化村寨的，应当按照有关规定办理相关手续。

第十四条 在民族文化村寨内，经批准改建、维修、新建的建筑物、构筑物，应当遵循修旧如旧的原则，鼓励采用原有工艺技术，使用原质或者仿原质材料，保持原有功能和原有风貌。

第十五条 民族文化村寨的公益事业建设、基础设施建设、民居建设等应当体现民族风格和地方特点。民族文化村寨保护区内，禁止修建与村寨建筑风格不协调的建筑物、构筑物。

第十六条 在民族文化村寨保护区内，符合规划需要改建、维修、新建的建筑物、构筑物的立面、造型、高度、色调应当与民族文化村寨整体建筑风格协调一致。

第十七条 民族文化村寨保护区内已建成的建筑物、构筑物，与民族文化村寨建筑风格不协调的，应当按照民族文化村寨的规划，逐步进行改造或者迁出。

第十八条 民族文化村寨内的水管、电线、电话线、闭路电视线等设施应当与整体风貌相协调。道路、给水、排水、垃圾池、垃圾箱等基础设施的外观设计、制作材料应当与民族文化村寨传统建筑风格相协调。

第十九条 民族文化村寨的鼓楼、门楼、戏台、风雨桥、芦笙场、踩鼓场、游方场、踩歌堂、竞技场等公益活动场所及设施，应当加以保护、修缮，保持完好。

第二十条　民族文化村寨的建筑物、构筑物的维修、改造、修建，由产权人负责。对重点民居、街坊、院落、标志性建筑物等进行保护性维修、改造，当地人民政府应当予以支持。

第二十一条　各级人民政府应当加强对民族文化村寨的非物质文化保护。对符合条件的，申报列入世界级、国家级和省级非物质文化遗产名录。

第二十二条　民族文化村寨的民族服饰传承，应当保持原有特征。鼓励穿戴民族服饰参加节日活动。

民族文化村寨的中、小学校应当开设民族文化课程。

第二十三条　尊重和保护民族文化村寨健康有益的民族习俗，支持、引导开展传统的节日、庆典、祭祀、娱乐、竞技活动，传承传统文化。

第二十四条　各级人民政府应当鼓励和支持民间艺人、工匠开展技艺的培训、传承、研究和交流等活动。

第二十五条　县级以上文化行政主管部门应当会同有关部门组织对民族文化村寨的民族服饰制作工艺、民歌、音乐、乐器、美术工艺、传统建筑技术、传统节日程序、代表性的习俗、有价值的民间文学、楹联、典籍、契约、碑碣、艺术品等进行收集、整理、研究，建立文字资料和影像资料。形成的相关资料由县级以上民族文化博物馆收藏、管理或者档案馆保存。

反映历史上各个时代具有历史、艺术、科学价值的原始手稿、典籍、契约、碑碣、楹联、艺术品、图书资料等文物，除依法按程序报经批准的以外，一律不得出境。

自治州加强对具有民族民间传统文化特色的服饰、银饰、建筑、器具等制作工艺的保护和传承。

第二十六条　县级以上文化行政主管部门应当为对外开放的民族文化村寨拟定限制摄影、录像、录音、文字收集的民族民间文化资料、民间工艺和实物名称，报同级人民政府公布。摄录和收集传统技术性、艺术性的工艺流程、历史科学价值资料，应当报经县级以上文化行政主管部门批准。

第二十七条 国内外团体、个人在民族文化村寨从事考察、采风、旅游和其他活动时，应当尊重当地民族的风俗习惯，不得损毁民族文化村寨的自然景观和人文景观。

第二十八条 加强对民族文化村寨自然地形地貌、森林植被、水体、自然景观及古迹遗址等自然生态环境的保护。

第二十九条 民族文化村寨应当加强植树造林、封山育林、退耕还林还草工作，保护古树名木、风景林和水源涵养林。

第三十条 民族文化村寨应当加强环境卫生管理，设置垃圾场、垃圾箱、修建公厕等卫生设施，建立保洁制度，保持村容整洁、卫生、美观。

第三十一条 民族文化村寨应当加强饮用水源的保护，生活饮用水应当进行净化处理，保证饮水安全。逐步完善村寨的排污设施，保持水体洁净和水质卫生。

第三十二条 民族文化村寨应当加强消防安全宣传和教育，预防和消除隐患，做好公共安全及防火、防洪等工作。

第三十三条 民族文化村寨保护区内，不得有下列行为：

（一）设置废渣场；

（二）乱占土地、取土、烧窑、采石、挖沙、采矿、葬坟；

（三）砍伐林木、捕杀鸟兽；

（四）电鱼、毒鱼、炸鱼；

（五）随意张贴广告、标语和堆放、悬挂有碍村寨容貌的物品；

（六）其他破坏或者影响民族文化村寨景观和环境保护的行为。

第三十四条 国家机关工作人员在民族文化村寨保护工作中玩忽职守、滥用职权、徇私舞弊，尚未构成犯罪的，由所在单位或者上级行政主管部门给予行政处分。造成损失的，依法予以赔偿。

第三十五条 违反本条例第十三条、第十四条、第十五条规定的，由县级人民政府建设行政主管部门责令其拆除，逾期不拆除的依法强制拆除。

第三十六条 违反本条例第二十五条第二款规定的，由公安机关依法没收其资料和实物，并将没收物品移交文化行政主管部门；尚未构成犯罪的,依法给予行政处罚。

第三十七条 违反本条例第二十六条规定的,由县级以上人民政府文化行政主管部门责令停止违法行为,没收其拍照或者摄录的资料,并处以1000元以上5万元以下罚款。

第三十八条 违反本条例第三十三条规定的,按照以下规定予以处罚:

(一)违反第一项规定的,由县级人民政府环境保护行政主管部门责令停止违法行为,并处以1万元以上10万元以下的罚款。

(二)违反第二项规定的,由县级以上人民政府相关行政主管部门责令停止违法行为,予以批评教育,限期恢复原状;逾期不改的,可处以100元以上1000元以下罚款。不能恢复的依法赔偿,并可处100元以上2000元以下罚款。

(三)违反第三项规定的,由县级以上人民政府林业行政主管部门责令停止违法行为,予以批评教育,没收违法所得和工具,并处以50元以上1000元以下罚款。

(四)违反第四项规定的,由县级以上人民政府相关行政主管部门责令停止违法行为,予以批评教育,没收违法所得和工具,并处以50元以上1000元以下罚款。

(五)违反第五项规定的,由县级以上人民政府相关行政主管部门责令停止违法行为,并处以50元以上1000元以下罚款。

第三十九条 本条例规定处罚以外的其他违法行为,由相关部门依法处理。

第四十条 本条例自2008年9月1日起施行。

《三都水族自治县水书文化保护条例》

(2008年1月15日三都水族自治县第十四届人民代表大会第二次会议通过 2008年5月30日贵州省第十一届人民代表大会常务委员会第二次会议批准,2008年6月20日三都水族自治县人民代表大会常务委员会公告公布 自2008年10月1日起施行)

第一条 为加强对水书文化的保护、管理和开发利用，根据《中华人民共和国民族区域自治法》及有关法律法规的规定，结合自治县实际，制定本条例。

第二条 自治县水书文化保护适用本条例。

第三条 本条例所保护的水书文化是指：

（一）各个历史时期用水族文字手抄、刻印的水书文物古籍；

（二）水族文字、水书文献，有水族文字的篆刻、碑文、木竹刻、刺绣、金属饰品、器皿、楹联等水书载体；

（三）民间口头传承水书文化和技艺；

（四）水书文化特色的民俗活动；

（五）需要保护的其他民间传统的水书文化。

第四条 水书文化的保护实行保护为主、抢救第一、加强管理、合理利用、发展传承。

第五条 自治县人民政府应当将水书文化保护纳入国民经济和社会发展规划，所需经费列入自治县财政预算。

自治县人民政府设立水书文化专项保护资金，用于水书文化的保护、抢救、征集、翻译、出版、奖励等。

鼓励单位和个人投资、捐资保护水书文化。

第六条 自治县人民政府文化行政主管部门是水书文化保护的主管部门。主要职责是：

（一）负责制定水书文化的保护措施和开发利用规划，报经自治县人民政府批准并组织实施；

（二）组织对水书文化的普查、征集、整理，民间口头传承的水书文化采集、录制；

（三）保护水书文化传承人和知识产权；

（四）监督、指导水族文字的使用和水书文化艺术展演。

第七条 自治县人民政府民族宗教部门协助文化行政主管部门做好水书文化的抢救、保护、研究，水书传承人的认定、保护和培训。

组织对水书翻译，译文论证审稿，水书出版物的审定，翻译成果的认定和推广利用，开展水书文化学术交流。

协助有关部门做好水书文物的征集、抢救，水族文字的认定和中小学用的水书教材编写，水族文字的推广使用和水书文化艺术展演。

第八条 自治县档案管理部门负责水书的接收、收集、整理、保管和提供利用。

第九条 自治县的公安、工商、旅游、城建及其他有关部门在各自的职责范围内，协助相关部门做好水书文化的保护工作。

第十条 单位和个人利用水书文物拍摄电影、电视、调拨参展的，应当提出申请，按程序报经批准，并对水书孤本、精品本加强管护，按期归还。

单位和个人利用水书影印本、复制品拍摄电影、电视、调拨参展、交换、转让、捐赠等，须报经自治县人民政府批准。

第十一条 自治县征集和接受捐赠的水书实物资料属国家所有，单位和个人收藏的水书实物资料，所有权受法律保护。

鼓励单位和个人将收藏的水书文化资料捐赠给自治县人民政府，自治县人民政府应当根据情况给予奖励，并发给证书。

自治县征集单位和个人收藏的水书文化资料，应当遵循自愿的原则，合理作价，并发给证书。

第十二条 经过认定的水书文物，未经批准，任何单位和个人不得收购、转让、抵押和经营。

第十三条 单位和个人收藏的水书文物的流通，应当遵守有关法律法规的规定。

未经批准，水书文物严禁转让、出租、抵押给外国人。

第十四条 自治县人民政府采取措施加强对水书文化传承人的培养。

鼓励和支持水书文化传承人收徒传授水书文化，培养水书文化传承人。

鼓励有条件的中、小学校开设水书文化课。

鼓励国家机关工作人员学习水族语言文字和水书文化。

第十五条 自治县人民政府行政主管部门依法没收、追缴的水书文物，必须送自治县文化行政主管部门登记，并移交自治县档案部门收藏。

第十六条 自治县人民政府鼓励和支持水书文化的开发利用，发展水族文化产业。

第十七条 单位和个人利用水书文化资源从事经营活动的，必须向自治县文化行政主管部门申请办理水书文化经营许可证。

第十八条 自治县的国家机关、社会团体、公民都有宣传和保护水书文化的义务，有权对违反本条例的行为进行制止和举报。

第十九条 自治县人民政府对保护水书文化成绩显著的单位和个人，给予表彰和奖励。

第二十条 违反本条例有关规定的，按以下规定给予处罚：

（一）违反本条例第十条第一款规定的，由文化行政主管部门处以5000元以上1万元以下的罚款；违反第二款规定的，处以500元以上2000元以下的罚款；

（二）违反本条例第十二条、第十三条规定的，由工商行政主管部门会同文化行政主管部门没收实物和非法所得，并处以2000元以上1万元以下的罚款。

第二十一条 本条例规定未设置处罚条款的违法行为，由有关部门依法处理。

第二十二条 自治县文化行政主管部门和其他有关部门的工作人员玩忽职守、滥用职权、徇私舞弊，使水书文物损坏、流失以及水书文物管理人员监守自盗，尚未构成犯罪的，由有关行政主管部门给予行政处分，造成损失的，依法赔偿。

第二十三条 本条例自2008年10月1日起施行。

参考文献

(一) 中文专著

1. 白庚胜:《文化遗产保护诠说》,宁夏人民出版社2010年版。
2. 北京大学世界遗产研究中心编:《世界遗产相关文件选遍》,北京大学出版社2004年版。
3. 陈久金、杜升云、徐用武:《贵州少数民族天文学史研究》,贵州科技出版社1999年版。
4. 陈来生主编:《世界遗产在中国》,长春出版社2006年版。
5. 陈向明:《质的研究方法与社会科学研究》,教育科学出版社2006年版。
6. 程金城:《文艺人类学的理论与实践》,民族出版社2007年版。
7. 仇立平:《社会研究方法》,重庆大学出版社2008年版。
8. 丁丽瑛:《传统知识保护的权利设计与制度构建》,法律出版社2009年版。
9. 方家良、郭清康、董莹:《文化经济学》,上海交通大学出版社1991年版。
10. 费孝通:《民族研究文集》,民族出版社1989年版。
11. 费孝通主编:《中华民族多元一体格局》修订本,中央民族大学出版社2003年版。
12. 冯骥才主编:《守望民间:中国民间文化遗产抢救工程》,西苑出版社2002年版。
13. 贵州艺术研究室编:《贵州艺术研究文丛》(布依族、彝族舞蹈专辑)第一期,1988年。
14. 高丙中:《居住在文化空间里》,中山大学出版社1999年版。
15. 高轩:《我国非物质文化遗产行政法保护研究》,法律出版社2012

年版。

16. 顾军、苑利：《文化遗产报告：世界文化遗产保护运动的理论与实践》，社会科学文献出版社 2005 年版。
17. 顾兆贵：《艺术经济学导论》，文化艺术出版社 2004 年版。
18. 贵州省曲艺家协会编：《西南三省六方曲艺理论研讨会文集》，黔新出（95）内图准字第 155 号，1995 年。
19. 贵州省人民政府发展研究中心、贵州省人民政府研究室编：《贵州省情研究报告》，贵州人民出版社 2008 年版。
20. 贵州省文化出版厅、贵州省群众文化学会编：《贵州民间艺人小传》，贵州人民出版社 1986 年版。
21. 贵州省文化厅群文处、贵州省群众文化学会编：《贵州少数民族节日大观》，贵州民族出版社 1991 年版。
22. 贵州世居民族研究中心编：《贵州世居民族研究》第三卷，贵州民族出版社 2006 年版。
23. 贵州艺术研究室编：《贵州艺术研究文丛》（地方曲艺文辑之一）第二期，1988 年。
24. 桂梅：《布依戏研究文集》，贵州人民出版社 1993 年版。
25. 国际行动援助中国办公室编：《保护创新的源泉：中国西南地区传统知识保护现状调研与社区行动案例集》，水利水电出版社 2007 年版。
26. 《国家级非物质文化遗产大观》编写组编：《国家级非物质文化遗产大观》，北京工业大学出版社 2006 年版。
27. 韩小兵：《中国少数民族非物质文化遗产法律保护基本问题研究》，中央民族大学出版社 2011 年版。
28. 胡惠林：《文化经济学》，上海交通大学出版社 1996 年版。
29. 胡惠林：《文化产业学——现代文化产业理论与政策》，上海文艺出版社 2006 年版。
30. 黄海：《瑶山研究》，贵州人民出版社 1997 年版。
31. 黄海、刑淑芳：《盘王大歌——瑶族图腾信仰与祭祀经典研究》，贵州人民出版社 2006 年版。
32. 黄淑娉、龚佩华：《文化人类学历史理论方法研究》，广东高等教育出版社 1998 年版。
33. 黄泽：《西南民族节日文化》，云南教育出版社 1995 年版。
34. 林惠祥：《文化人类学》，商务印书馆 2000 年版。
35. 李向平、魏扬波：《口述史研究方法》，上海人民出版社 2010 年版。
36. 李墨丝：《非物质文化遗产保护国际法制研究》，法律出版社 2010 年版。
37. 李雄飞：《文化视野下的山歌认同与差异：以河州"花儿"与陕北"信天游"比较为个案》，民族出版社 2005 年版。
38. 李秀娜：《非物质文化遗产的知识产权保护》，法律出版社 2010 年版。
39. 林耀华：《民族学研究》，中国社会科学出版社 1985 年版。
40. 林耀华主编：《民族学通论》修订本，中央民族大学出版社 1997 年版。
41. 绫部恒雄编：《文化人类学的十五种理论》，贵州人民出版社 1988 年版。
42. 刘红婴、王健民：《世界遗产概论》第 2 版，中国旅游出版社 2005 年版。
43. 刘红婴：《世界遗产精神》，华夏出版社 2006 年版。
44. 刘吉发、岳红吉、陈怀平：《文化产业学》，经济管理出版社 2005 年版。
45. 刘锡诚：《象征：对一种民间文化模式的考察》，学苑出版社 2002 年版。
46. 麻勇斌：《贵州苗族建筑文化活体解析》，贵州人民出版社 2005 年版。
47. 马奔腾：《文化遗产的保护与利用》，中国社会科学出版社 2014 年版。
48. 马翀炜、陈庆德：《民族文化资本化》，人民出版社 2004 年版。
49. 马林、孙丽坤：《民族地区旅游业发展论》，民族出版社 2007 年版。
50. 马曜：《民族学与民族工作论文集》，云南民族出版社 2001 年版。

51. 潘光华、龙从汉：《贵州民间工艺研究》，中国民族摄影艺术出版社1991年版。
52. 潘一志：《水族社会历史资料稿》，三都水族自治县民族文史研究组编印，1981年。
53. 庞彦强：《艺术经济通论》，文化艺术出版社2008年版。
54. 彭兆荣主编：《文化遗产学十讲》，云南教育出版社2012年版。
55. 彭振绅、黄柏权：《土家族文化资源保护与利用》，社会科学文献出版社2007年版。
56. 祁庆富主编：《民族文化遗产》第一辑，民族出版社2004年版。
57. 黔滨、杨庭硕、唐文元：《贵州民族民俗概览》，贵州人民出版社2006年版。
58. 上海交通大学国家文化产业创新与发展基地：《中国文化产业评论》第一卷，上海人民出版社2003年版。
59. 申茂平：《区域、差距与制度变迁——贵州省经济社会发展问题研究》，贵州人民出版社2005年版。
60. 申茂平：《走进最后的鸟图腾部落——贵州省丹寨县非物质文化遗产探寻》，贵州人民出版社2006年版。
61. 申茂平等编：《国家级非物质文化遗产大观》，北京工业大学出版社2006年版。
62. 石国义：《水族村落家族文化》，贵州民族出版社2007年版。
63. 宋升贵：《传承与超越：当代民族艺术之路》，人民出版社2007年版。
64. 孙兆霞编：《屯堡乡民社会》，社会科学文献出版社2005年版。
65. 索晓霞：《无形的链结——贵州少数民族文化的传承与现代化》，贵州人民出版社2000年版。
66. 陶立璠、樱井龙彦主编：《非物质文化遗产学论集》，学苑出版社2006年版。
67. 王鹤云、高绍安：《中国非物质文化遗产保护法律机制研究》，知识产权出版社2009年版。
68. 王恒富：《傩·傩戏·傩文化》，文化艺术出版社1989年版。
69. 王铭铭、潘忠党主编：《象征与社会：中国民间文化的探讨》，天津人民出版社 1997 年版。
70. 王铭铭主编：《西方人类学名著提要》，江西人民出版社 2004 年版。
71. 王铭铭：《走在乡土上——历史人类学札记》，中国人民大学出版社 2006 年版。
72. 王文章：《非物质文化遗产概论》，文化艺术出版社 2006 年版。
73. 王文章：《中国非物质文化遗产保护论坛论文集》，文化艺术出版社 2006 年版。
74. 韦兴儒：《艺术功能——民间工艺美术及传统文化研究》，贵州人民出版社 1995 年版。
75. 魏小安、王洁平主编：《创造未来文化遗产》，中国人民大学出版社 2005 年版。
76. 吴晓萍：《民族旅游的社会学研究》，贵州民族出版社 2003 年版。
77. 向云驹：《人类口头和非物质遗产》，宁夏人民教育出版社 2004 年版。
78. 谢彬如等：《文化艺术生态保护民族地区社会发展——关于贵州民族文化保护与发展的研究》，贵州民族出版社 2004 年版。
79. 谢名家：《文化产业的时代审视》，人民出版社 2002 年版。
80. 徐嵩龄等编：《文化遗产的保护与经营：中国实践与理论进展》，社会科学文献出版社 2003 年版。
81. 徐嵩龄：《第三国策：论中国文化与自然遗产保护》，科学出版社 2005 年版。
82. 徐万邦编：《中国少数民族节日与风情》，中央民族大学出版社 1994 年版。
83. 徐万邦、祁庆富：《中国少数民族文化通论》，中央民族大学出版社 1996 年版。
84. 许宪隆：《民族文化发展与保护研究》，民族出版社 2007 年版。
85. 薛达元：《民族地区医药传统知识传承与惠益分享》，中国环境科学出版社 2009 年版。
86. 薛艺兵：《神圣的娱乐：中国民间祭祀仪式及音乐的人类学研究》，方志出版社 2003 年版。

87. 严永和：《论传统知识的知识产权保护》，法律出版社 2006 年版。
88. 杨通进、高予远编：《现代文明的生态转向》，重庆出版社 2007 年版。
89. 杨晓辉：《贵州民间美术传承与发展》，贵州人民出版社 1994 年版。
90. 杨正权：《黔东南非物质文化遗产集锦》，贵州人民出版社 2007 年版。
91. 袁岳：《深度访谈：如何结交陌生人》，机械工业出版社 2006 年版。
92. 张建世、杨正文、杨嘉铭：《西南少数民族民间文艺文化资源保护研究》，四川民族出版社 2005 年版。
93. 张庆善主编：《中国少数民族艺术遗产保护及当代艺术发展国际学术研讨会论文集》，文化艺术出版社 2004 年版。
94. 张旭主编：《全国非物质文化遗产保护试点工作交流材料汇编》，文化艺术出版社 2007 年版。
95. 张意：《文化与符号权力：布尔迪厄的文化社会学导论》，中国社会科学出版社 2005 年版。
96. 张幼琪：《神奇的卡斯特王国——重塑贵州旅游形象的思考》，贵州人民出版社 2000 年版。
97. 张中笑、罗廷华：《贵州少数民族音乐》，贵州民族出版社 1989 年版。
98. 赵方：《我国非物质文化遗产的法律保护研究》，中国社会科学出版社 2009 年版。
99. 郑正强：《最后的屯堡》，贵州人民出版社 2001 年版。
100. 中国戏剧志贵州卷编辑部编：《贵州戏剧资料汇编》，1984 年。
101. 中国人类学学会编：《人类学研究》，中国社会科学出版社 1984 年版。
102. 中国艺术研究院中国民族民间文化保护工程国家中心编：《中国民族民间文化保护工程普查工作手册》，文化艺术出版社 2005 年版。
103. 钟敬文主编：《民俗学概论》，上海文艺出版社 1998 年版。

104. 周国茂：《自然与生命的意义世界——贵州少数民族原始崇拜与民俗》，贵州教育出版社 2004 年版。
105. 周相卿主编：《贵州世居民族研究》第四卷，贵州民族出版社 2009 年版。
106. 庄孔韶主编：《人类学通论》，江西人民出版社 2004 年版。
107. 邹启山主编：《人类非物质文化遗产代表作》，张崇华、燕汉生翻译，大象出版社 2006 年版。

（二）译著

1. 阿斯特莉特·埃尔、冯亚琳主编：《文化记忆理论读本》，余传玲等译，北京大学出版社 2012 年版。
2. 爱德华·泰勒：《原始文化：神话、哲学、宗教、语言、艺术和习俗发展之研究》重译本，连树声译，广西师范大学出版社 2005 年版。
3. 布尔迪厄：《文化资本与社会炼金术：布尔迪厄访谈录》，包亚明译，上海人民出版社 1997 年版。
4. 达利尔·波塞、格雷厄姆·杜特费尔德：《超越知识产权——为当地少数民族和社区争取传统资源权利》，许建初等译，云南科技出版社 2003 年版。
5. 克利福德·格尔兹：《文化的解释》，韩莉译，上海人民出版社 1999 年版。
6. 克利福德·格尔兹：《文化的解释》，纳日碧力戈等译，上海人民出版社 1999 年版。
7. 凯·米尔顿：《环境决定论与文化理论：对环境话语中的人类学角色的探讨》，袁同凯、周建新译，民族出版社 2007 年版。
8. 拉德克利夫·布朗：《社会人类学方法》，夏建中译，山东人民出版社 1988 年版。
9. 迈拉·沙克利：《游客管理：世界文化遗产管理案例分析》，孙晓萍、何昌邑等译，云南大学出版社 2004 年版。
10. 许烺光：《祖荫下：中国乡村的亲属、人格与社会流动》，王芃、徐隆德译，国家编译馆主编，（台北）南天书局有限公司 2001 年版。

(三) 期刊

1. 安学斌：《民族文化传承人的历史价值与当代生境》，《云南民族大学学报》（哲学社会科学版）2007年第6期。
2. 陈秀梅：《福建省非物质文化遗产项目代表性传承人现状分析与保护对策》，《福建艺术》2008年第5期。
3. 甘明、刘光梓：《论非物质文化遗产保护法权利主体制度的构建》，《广西民族研究》2009年第1期。
4. 高小康：《非物质文化遗产保护是否只能临终关怀》，《探索与争鸣》2007年第7期。
5. 李华成：《论非物质文化遗产传承人制度之完善》，《贵州师范大学学报》（社会科学版）2011年第4期。
6. 李荣启：《论非物质文化遗产保护的主要原则与方法》，《广西民族研究》2008年第2期。
7. 林继富：《国外民间故事传承人研究的批评与反思》，《中南民族大学学报》（人文社会科学版）2008年第6期。
8. 林继富：《非物质文化遗产项目代表性传承人的文化身份——基于刘德方的分析》，《中央民族大学学报》（哲学社会科学版）2011年第4期。
9. 刘婷：《"后申遗"时期我国非物质文化遗产传承与保护研究——基于壮族"布洛陀"文化的调查》，《广西民族研究》2013年第2期。
10. 刘云升：《论传承人精神利益的保护——关于歪曲、篡改与戏仿非物质文化遗产行为的认定及责任》，《河北法学》2009年第6期。
11. 鲁春晓：《非物质文化遗产产业化中的权利归属研究——以手工技艺类为例》，《东岳论丛》2011年第4期。
12. 彭一敏等：《非物质文化遗产"合理利用"问题的探讨》，《学术探索》2012年第2期。
13. 齐爱民、赵敏：《非物质文化遗产商业开发中的利益分享机制之确立》，《电子知识产权》2007年第8期。
14. 祁庆富：《论非物质文化遗产保护中的传承及传承人》，《西北民族研究》2006 年第 3 期。

15. 孙正国：《论非物质文化遗产传承人的类型化保护》，《求索》2009 年第 10 期。
16. 汤凌燕、柳建闽：《非物质文化遗产代表性传承人认定与管理的法律思考——以福建省为主要分析对象》，《福建农业大学学报》（哲学社会科学版）2010 年第 6 期。
17. 田艳：《非物质文化遗产传承权制度初探》，《贵州民族研究》2010 年第 4 期。
18. 文永辉：《少数民族非物质文化遗产传承人知识产权保护问题研究——以贵州为例》，《贵州民族研究》2012 年第 1 期。
19. 吴安新、朱凤：《论非物质文化遗产传承人的刑法保护问题》，《兰州学刊》2010 年第 12 期。
20. 吴平：《传承人当代生境与传承——基于黔东南非物质文化遗产传承人的调查研究》，《原生态民族文化学刊》2010 年第 4 期。
21. 吴效群：《对今年我国非物质文化遗产研究几个重要问题的看法》，《文化遗产》2011 年第 1 期。
22. 萧放：《关于非物质文化遗产传承人的认定与保护方式的思考》，《文化遗产》2008 年第 1 期。
23. 徐辉鸿：《非物质文化遗产传承人的公法与私法保护研究》，《政治与法律》2008 年第 2 期。
24. 叶盛荣：《非物质文化遗产传承人的法律机制探讨》，《长沙民政职业技术学院学报》2010 年第 9 期。
25. 尹凌、余风：《从传承人到继承人：非物质文化遗产保护的创新思维》，《江西社会科学》2008 年第 12 期。
26. 苑利：《名录时代的非物质文化遗产保护问题》，《江西社会科学》2006 年第 3 期。
27. 苑利：《从日本韩国经验看中国戏曲类文化遗产保护》，《艺术评论》2007 年第 1 期。
28. 苑利：《非物质文化遗产传承人保护之忧》，《探索与争鸣》2007 年第 7 期。
29. 苑利：《保护与传承非物质文化遗产是否可以创新（三人谈）》，

《中原文化研究》2015 年第 4 期。

30. 赵世林、田婧：《主客位语境下的民族文化遗产保护》，《云南社会科学》2008 年第 1 期。
31. 郑晓幸：《农村非物质文化遗产代表性传承人养老问题研究》，《中华文化论坛》2014 年第 1 期。
32. 周安平、龙冠中：《我国非物质文化遗产传承人的认定探究》，《知识产权》2010 年第 5 期。